Gemeinsam schlau statt über Schule meckern

Duden

Gemeinsam schlau statt über Schule meckern.

So begleiten Eltern ihre Kinder erfolgreich
durch die Schulzeit.
Mit 100 Spielen und Ideen.
Stärkt die Eltern-Lehrende-Kind-Beziehung
Von Béa Beste und Stephanie Jansen

Dudenverlag
Berlin

Impressum

Bibliografische Information der Deutschen Nationalbibliothek
Die Deutsche Nationalbibliothek verzeichnet diese Publikation in der Deutschen Nationalbibliografie; detaillierte bibliografische Daten sind im Internet über http://dnb.dnb.de abrufbar.

© Duden 2022   D C B A
Bibliographisches Institut GmbH, Mecklenburgische Straße 53, 14197 Berlin

Redaktionelle Leitung Susanne Klar
Unter redaktioneller Mitarbeit von Larissa Krull
Lektorat Friederike Moldenhauer, www.moldenhauer-text.de
Herstellung Alfred Trinnes
Layout und Satz Veronika Neubauer
Illustrationen Béa Beste
Umschlaggestaltung 2issue, München
Umschlagabbildung © Jan von Holleben, Berlin
Druck und Bindung AZ Druck und Datentechnik GmbH, Heisinger Straße 16, 87437 Kempten
Printed in Germany

ISBN 978-3-411-75656-8
Auch als E-Book erhältlich unter: ISBN 978-3-411-91339-8
www.duden.de

Inhaltsverzeichnis

Vorwort

Liebe Menschen, die ihr Kinder erzieht,

eure Kinder gehen (bald) zur Schule? Dann kennt ihr das Thema „Eltern und Schule". Und es regt viele Menschen auf, seit Beginn der Pandemie sogar um ein Vielfaches. Es geht dabei um viele unterschiedliche Aspekte: Es geht um unsere Kinder, das Wichtigste in unserem Elternleben überhaupt. Es geht ums Lernen, um nachhaltige Bildung, die zukunftstauglich ist. Es geht um die Institution Schule als solche, es geht um Ver- und Gebote, um Lehrende und es geht um euch, liebe Eltern. Ihr Eltern schickt das Wertvollste, was ihr habt, zur Schule und hofft, dass die Lehrenden alles voll und ganz in eurem Sinne machen. Und die Lehrkräfte tun ihr Mögliches und hoffen, dass das Elternhaus ihrer Schützlinge in ihrem Sinne kooperiert und alle wertvollen Empfehlungen umsetzt. Wir haben es erlebt, es funktioniert so noch nicht. Das gewünschte Miteinander gerät oft zum GEGENeinander.

Und letztlich meckern meistens alle über alles!

Das reicht uns nicht, deswegen haben wir dieses, unser zweites Buch *Gemeinsam schlau statt über Schule meckern* geschrieben.

Ach ja: Unser erstes Buch! *Gemeinsam schlau statt einsam büffeln* war die Grundlage unserer Co-Learning-Idee für Eltern und Kinder. Wir haben gezeigt, dass Freude, Spielen und Lernen einfach untrennbar zusammengehören. Und wir haben gezeigt, dass das nur gemeinsam klappen kann. Wir nutzen jetzt die Gelegenheit, uns für euer begeistertes Feedback zum Buch zu bedanken (♥), und schlagen euch vor: Nehmt diese Begeisterung mit in die Lernzukunft eures Kindes. Begleitet es durch seine Schulzeit. Ihr denkt jetzt an Hausaufgaben, Zensuren und Elternabende und habt vielleicht gerade keinen Spaß, wenn ihr daran denkt. Wir zeigen euch, dass es Möglichkeiten, Ideen, Aktivitäten und Spiele gibt, die mehr Freude machen können und Eltern und Lehrende zu Verbündeten. Vielleicht nicht immer, aber immer öfter.

Wir beide sind selbst Schulmenschen. Stephanie war als Schulleiterin und ist als Lehrerin aktiv, Béa ist Mutter und sie gründete und leitete mehrere Schulen sowie deren Dachorganisation. Wir erleben Schulalltag in all seinen Facetten live und in bunten Farben! Uns liegen Kinder am Herzen und wir finden: **Eltern und Lehrkräfte können sich gegenseitig nichts anordnen UND kommen dennoch gemeinsam mit den Kindern weiter als je zuvor.**

Warum das so ist, erzählen wir euch in Teil 1 - „Gemeinsam schlau - Eltern, Lehrende & Kinder" dieses Buchs. Wir beleuchten das Thema „Lernen" kurz aus neurologischer Sicht, werfen einen Blick in das „System Schule" und definieren Beziehungen zwischen Kindern und Lehrenden und zwischen Eltern und Lehrenden. Denn Lernen (und jede Art von Bildung) ist Beziehungssache und geprägt vom MITeinander. Wir laden euch in Übungen zum Mitmachen ein, um euch selbst dabei zu reflektieren und eure Perspektive auf viele und vieles zu verändern.

In „Teil 2 - Gemeinsam machen" liefern wir euch fast 100 Inspirationen für das aktive Miteinander von Elternhaus und Schule im Schulkontext. Denn zusammen entstehen so für unsere Kinder starke Beziehungen zwischen Eltern und Lehrenden und tragfähige Erziehungspartnerschaften.

**Wir schlagen vor: Lernt euch kennen und verstehen, redet mitein-
ander, stimmt euch zeitlich und inhaltlich ab und bildet so
belastbare Netzwerke, damit diese alle weiter bringen als je zuvor.**

Nein, die Erkenntnisse und die Perspektivwechsel, die wir euch im Buch
als Übungen und Checklisten zur Selbstreflexion anbieten, heilen kein
krankes System. Aber sie sind für uns, vielleicht auch für euch, der erste
Schritt in die Zukunft eures Kindes im aufbauenden Miteinander. Wir
glauben, unsere Co-Learning-Ideen für Eltern-Lehrkräfte und Kinder in
diesem Buch können einen sinnvollen und alltagstauglichen Beitrag
dazu leisten.

Wir laden euch ein, von unseren (von Béa liebevoll illustrierten) Übungs-
vorlagen reichlich Gebrauch zu machen: Schreibt rein, malt, zeichnet
und nutzt sie, um selbst aktiv zu werden. Habt den Mut, eure bekritzelten
Vorlagen mit euren Kindern, Partnern, Freundinnen, Lehrkräften und
vielen anderen zu teilen.

Ihr könnt die Vorlagen mit einem Zugangscode (siehe Seite 351)
herunterladen. Und wir werden euch auch in den Tollabea-Social-Media-
Kanälen die Möglichkeit anbieten, euch auszutauschen – mit uns und
allen Interessierten. Folgt uns und bleibt dran!

Liebe Lehrkräfte,

wenn ihr das jetzt (auch) lest, freut uns das! Egal, ob ihr lange im Beruf oder gerade angehende Lehrende seid. Wir brauchen euch alle sehr maßgeblich für die Weiterentwicklung an unseren Schulen.

Um Erkenntnisse und Impulse unmittelbar aus der Lehrendenausbildung mit ins Buch einfließen zu lassen, ist Larissa Krull, Lehramtstudentin für Englisch und Geografie, mit in die Entwicklung dieses Buchs eingestiegen. Sie hat viel recherchiert und eigene Textpassagen beigesteuert. Das war - für uns wie fürs Buch - in jeder Hinsicht bereichernd. Und wir sind dankbar für den frischen Bildungswind, den Larissa mit hereingebracht hat. Was für ein Co-Learning-Spaß!

Béa, Stephanie & Larissa

Teil 1: Gemeinsam schlau: Eltern, Lehrende & Kinder

Bevor wir uns in die Welt der Eltern, Kinder und Lehrenden begeben, möchten wir euch einen kurzen Einblick geben, wie sich euer Kind entwickelt, welche Familien- und Schulkultur es gibt und welche Aspekte für unser Modell des Co-Learnings und Co-Sharings wichtig sind.

KAPITEL 1

Die frühkindliche Entwicklung: Vom Neugeborenen zum Schulkind

Willkommen neuer Erdenbürger! Fühlt es sich für euch so an, als ob euer Kind erst gestern geboren wurde? Und kaum habt ihr euch umgedreht, schon steht ihr mit einer Schultüte und einem Ranzen in der Hand bei der Einschulung. Ein großer Tag und ein ganz neuer Lebensabschnitt, der euch herausfordert und viel von euch verlangt. Nicht nur von euch, auch von eurem Kind und auch von den Menschen, die euer Kind unterrichten werden.

Bevor wir aber auf das Verhältnis zwischen euch als Eltern, euren Kindern und ihren Lehrenden eingehen, wollen wir mit euch einen kurzen Blick zurück auf die letzten fünf bis sieben Jahre werfen.

Wenn euer Kind geboren wird, ist es erst einmal ganz und gar von euch abhängig, auf allen Ebenen. Ihr müsst es füttern, waschen, kleiden und euch mit ihm auf emotionaler und sozialer Ebene beschäftigen. Was es lernt, das lernt es (erst mal) von euch. Verantwortlich dafür sind die sogenannten Spiegelneuronen, die es dem Kind ermöglichen, sich durch Nachahmung in der Welt zu orientieren und zu erfahren.

Ganz allgemein funktionieren die Spiegelneuronen so: Ihr lächelt? Euer Kind lächelt. Ihr macht ein ernstes Gesicht? Euer Kind legt die Stirn in Falten. Ihr seid erschöpft und müde? Euer Kind nimmt diese Emotion wahr und wird womöglich unleidig und unruhig. Dass Eltern ein Vorbild für ihre Kinder sind, ist also nicht nur ein moralisierender Spruch, sondern schlicht und ergreifend Realität, in allen Bereichen eurer Interaktion. Und die Kleinen lernen dank der superschnellen Vernetzung ihrer Nervenzellen im Gehirn sehr viel in kürzester Zeit.

Das ist euch sicherlich schon aufgefallen, aber habt ihr euch mal Gedanken gemacht, was sich eure Kinder so alles von euch abschauen? Nicht nur die Dinge, die ihr möchtet, dass sie euer Kind kann, sondern häufig auch andere Verhaltensweisen, die ihr euch vielleicht ganz unbewusst angeeignet habt. Kinder spiegeln euch im wahrsten Sinne des Wortes wider. Und das gilt auch für die anderen Bezugspersonen, mit denen sie viel Zeit verbringen. Nehmt euch einen Moment Zeit und schreibt auf, was sich euer Kind von euch und anderen abgeschaut hat.

Zum Wachsen und Sichentwickeln gehört es auch, dass eure Kinder ihre Welt erobern, um nach und nach räumlich unabhängiger zu sein. War da zunächst das Strampeln auf einer Decke oder im Bett, geht es schon bald mit Rollbewegungen, Krabbeln (oder anderen Fortbewegungsabläufen vor dem Laufen) und schließlich mit dem Laufen weiter. Kinder erkunden nach und nach den zu ihrer Entwicklung passenden Aktionsradius - zumindest in eurem Zuhause recht unabhängig. und schließlich erkunden sie mit und durch euch auch die Außenwelt. Die Straße, einen Kinderspielplatz, den Park, das Dorf oder die Stadt. Ob zu Fuß oder mit rollendem Untersatz, sie sind neugierig auf die Welt und kaum zu bremsen. Und auch wenn jedes Kind unterschiedlich abenteuerlustig ist: Alle wollen die Welt innerhalb ihrer Komfortzone entdecken.

Mit der zunehmenden Mobilität geht auch die sprachliche Entwicklung einher. Durch beständiges Hören von Wörtern, Lauten, Liedern - auch in Kombination mit Bewegung - entsteht nach und nach die Sprache eurer Kinder. Von kleinen Glückslauten, Ein-Wort-Sätzen bis hin zu ganzen Geschichten, die euer Kind euch erzählt, wird es in seiner Sprache und seinem Denken zunehmend unabhängiger. Auch wenn Kinderlogik

WAS SICH MEIN KIND VON MIR ABSCHAUT

Was mein Kind
von mir
nachahmt

Was mein Kind
von anderen
nachahmt

nicht immer mit unserer Erwachsenenlogik deckungsgleich ist, oft ist sie bestechend, und so manches Mal wünschen wir uns, dass die Welt so einfach wäre.

Stephanie erzählt: Die Weisheit eines Erstklässlers
Auf einer Busfahrt fragte mich ein Schüler aus der ersten Klasse einmal, ob ich Kinder hätte. Als ich verneinte, schwieg er für einen Moment, schaute sich um und sagte dann im Brustton der Überzeugung und mit einem Hauch von Bewunderung: „Das macht nichts, Frau Jansen, Sie haben ja die ganzen Kinder in der Schule!"

Aber Bewegung und Sprache allein machen die Entwicklungsschritte eures Kindes nicht aus. Ein wichtiger Bestandteil für eine gesunde Entwicklung ist auch die emotionale Beziehung, die ihr zu und mit ihm aufbaut.

Ihr könnt euer Kind versorgen und ihm Sprechen und Gehen und all die anderen Dinge beibringen, jedoch erst durch Emotionen und soziale Interaktion gebt ihr eurem Kind die Möglichkeit, sich selbst wahrzunehmen und Sicherheit im Umgang mit anderen Menschen zu bekommen. Hierbei sind Stabilität und Verlässlichkeit entscheidend.

Wenn ihr jedes Mal in der gleichen oder einer ähnlichen Situation vollkommen unterschiedlich reagiert, kann euer Kind kein Referenzsystem entwickeln und bleibt unsicher, wie es sich verhalten kann oder soll. Im Rahmen eines solchen Systems entwickelt es die Sicherheit, in schwierigen Situationen mit euch kommunizieren zu können. Selbst wenn es sicherlich gut ist, dass Kinder Grenzen lernen, ist das Gefühl, uneingeschränkt geliebt zu werden, essenziell, um sich sicher zu fühlen. So wie sich eure Kinder die Welt der Worte und des Bewegens erschließen, wachsen sie auch an ihren Emotionen und sozialen Interaktionen.

Für uns Erwachsene scheint es selbstverständlich, dass es nicht gut ist, einem anderen Kind einfach die Schippe über den Kopf zu ziehen, aber Kinder müssen erst lernen, dass ihr Handeln nicht bei ihnen selbst aufhört, sondern auch andere betrifft.

Dafür reicht die soziale Interaktion nur mit euch als Eltern oder anderen Erwachsenen in eurem Umfeld nicht aus. Andere Kinder in der Krabbelgruppe oder etwa auf dem Spielplatz kennenzulernen ist ein wichtiger Bestandteil der Entwicklung. Je selbstständiger euer Kind in Sprache, Bewegung und sozialer Interaktion wird, je mehr es sich seiner selbst bewusst wird, desto autonomer wird es auch in seiner emotionalen Reife.

Erst um das dritte Lebensjahr herum benutzen Kinder das Pronomen „ich". Vorher benutzen sie ihren Namen, wenn es um sie selbst geht. Ist das Ich-Sagen erst mal da, kann es zu einer ungeahnten Herausforderung werden. Früher nannte man diese Zeit die Trotzphase, heute sprechen wir von einer Autonomiephase und das trifft es auf den Punkt. Euer Kind unternimmt die ersten Schritte hin zu seiner Selbstständigkeit, weg von euch als Beschützende und alles Organisierende. Es will seine Kleidung selbst aussuchen, dieses oder jenes liegt ihm quer, und das kann, wenn es es noch nicht schafft, seine Gefühle in Worten zu kommunizieren, zu unendlichem Frust und viel Geschrei auf beiden Seiten führen.

Für euch als Eltern ist es deshalb spätestens dann an der Zeit, ein Stück loszulassen. Es seid nicht mehr ihr, die am besten wisst, was euer Kind jetzt braucht. Euer Kind ist ein Teil des Entscheidungsprozesses und hat die Hand mit am Lenkrad. Das kann bedeuten, dass ihr es aushalten müsst, dass euer Kind zwei unterschiedliche Socken trägt - oder gar Schuhe! -, aus Prinzip nichts isst, was grün ist, oder sich keine Bücher mehr vorlesen lassen will ... zumindest eine Zeit lang.

Die Community erzählt: Wenn das Kind sich durchsetzt
Wir haben in unserer Tollabea-Community einige Beispiele zu diesem Thema gesammelt:

- Leo wurde in Hauspuschen eingeschult, das ging in dem Städtchen, in dem seine Eltern lebten, viral und stand sogar im Ortsblatt.

- Carl isst gern stehend am Tisch. Anfangs fand seine Mutter es unmöglich, doch dann fiel ihr auf, dass er viel entspannter und ausreichend isst – das war vorher nicht der Fall.
- Die Kinder von Ulrike wollten im Taucheroutfit, Brille und Schnorchel inklusive, zum Supermarkt. Die Truppe wurde ein wenig belustigt angeschaut, aber die Kinder fanden es klasse.
- In Gummistiefeln und Bademantel auf einem Familienfest? Warum nicht? Alva hatte ihren Spaß und wir anderen auch.

All das sind Schritte auf dem Weg in die Unabhängigkeit und wollen liebevoll begleitet werden, denn den Wunsch eines Kindes zu ignorieren, weil es gerade nicht passt oder ihr keinen Sinn darin seht, hinterlässt Narben. Das bedeutet nicht, dass ihr eurem Kind alles durchgehen lassen solltet, aber schon ziemlich früh könnt ihr mit euren Kleinen Deals aushandeln und versuchen zu verstehen, warum etwas eurem Kind so wichtig ist, aber auch, warum es für euch jetzt wichtig ist, dass es seinen Willen nicht bekommt.

Die Meilensteine, die wir hier aufgezeigt haben, Laufen, Sprechen, Ich-Sein, sind aber vielleicht gar nicht die Meilensteine, die ihr bei eurem Kind oder bei euch selbst beobachtet habt. Welche sind es für euch und eure Kinder?

Noch mal zurück zu den Spiegelneuronen. Eure Kinder spiegeln nicht nur euer äußeres Handeln, sie sind auch innerlich durch eine „emotionale Nabelschnur" mit euch verbunden. Auch wenn sie es vielleicht nicht so deutlich aussprechen können, fühlen sie sehr genau, was in euch vorgeht. Ihr seid ängstlich, dass etwas bei der Eingewöhnung im Kindergarten schiefgeht, und habt ein schlechtes Gewissen, euer Kind loszulassen? Dann ist es sehr wahrscheinlich, dass euer Kind mit der Eingewöhnung kämpft und relativ viel Energie darauf verwendet, nicht im Kindergarten zu bleiben, weil es nicht möchte, dass es euch schlecht geht. Manchmal sind Kinder aber auch einfach grundverschieden, wie die Geschichte von Béa zeigt.

MEIN KIND ANVERTRAUEN

Béa erzählt: Jeder nach seinem Geschmack

Bei meiner Schwester gab es einen krassen Gegensatz zwischen ihren zwei Söhnen: Während der Ältere vom ersten Tag an den Kindergarten mochte, gar abwechselnd in drei Erzieherinnen „richtig verliebt" war und am liebsten auch am Wochenende hingegangen wäre, war der zwei Jahre Jüngere ein sturer Kitaverweigerer. Er erklärte bereits in der Eingewöhnung, dass er nicht dableiben wolle, und büxte regelmäßig aus. Sobald sich nur eine Gelegenheit ergab, verließ er die Einrichtung und lief schnurstracks nach Hause. Häufig heulte er oder verweigerte alles. Nach gut vier Monaten gab die Familie auf und ließ ihn noch ein Jahr zu Hause.

Ein Jahr später wiederholte sich alles genau so, auch in zwei weiteren Kitas. Als das Vorschuljahr anstand, versprach der Jüngere, sich zu Hause an den Vormittagen selbst zu beschäftigen, ohne jemanden zu stören, und dann ab der ersten Klasse ohne Protest zur Schule zu gehen. Da meine Schwester und ihr Mann selbstständige Architekten sind, gingen sie mit ihm den Pakt ein. Er blieb das Vorschuljahr immer brav in seinem Zimmer und trat die erste Klasse ohne weiteres Murren an. Heute ist er erfolgreicher Informatiker.

Loslassen

Aber nicht nur euer Kind muss sich auf ein neues Umfeld einlassen, auch ihr müsst den Sprung ins kalte Wasser wagen und euer Kind - auf Gedeih und Verderb - jemandem überlassen, den ihr nicht persönlich kennt, jedenfalls nicht so gut, dass ihr zusammen in Jogginghosen auf dem Sofa einen Hollywoodfilm anschauen würdet. Ihr gebt euer Kind an jemanden ab, der dafür Geld bekommt, dass er es betreut, versorgt und für sein seelisches und leibliches Wohl sorgt. Diesen Menschen habt ihr euch nicht ausgesucht. Was für eine Zumutung! Ihr müsst Mut sowohl für euch als auch für euer Kind aufbringen, dieser Person zu vertrauen. Habt ihr eine stabile Bindung zu eurem Kind und es kann spüren, dass ihr dem Betreffenden vertraut, dann habt ihr einen guten Grundstein für eine

WAS VERMISSE ICH WANN WIE VIEL?

Wenn ich bei
der Arbeit
bin, vermisse
ich die Kinder:

0 % 100 %

Wenn ich bei
den Kindern
bin, vermisse
ich die Arbeit:

0 % 100 %

und manchmal vermisse ich:

0 % 100 %

mich selbst

erfolgreiche Kindergartenzeit gelegt. Aber mal ehrlich, wie geht es euch eigentlich in der Situation?

Wenn ihr euer Kind in eine Betreuungssituation abgebt, egal ob es der Kindergarten, die Tagesmutter oder Oma und Opa sind, dann ist die eine Seite das partielle Loslassen, die andere ist aber auch die Rückeroberung eures eigenen Lebens- und Arbeitsraums. Manchen von euch fällt es leichter, weil ihr euren Job vermisst habt, anderen vielleicht schwerer, weil euch nichts anderes übrig bleibt, als wieder arbeiten zu gehen. Egal zu welcher Gruppe ihr gehört, nichts ist mehr so wie früher. Im Hintergrund läuft immer die Frage nach dem Wohlergehen eures Kindes mit, und sei es „nur" die Frage, ob ihr es rechtzeitig zum Abholen zur Kita schafft.

Ihr müsst darauf gefasst sein, dass es auf die eine oder andere Art eine schwierige Situation ist. Wir möchten hier nicht von Belastung sprechen, weil es auch Menschen gibt, denen sie Freude bereitet. Aber ihr müsst einen neuen Rhythmus entwickeln und gleichzeitig damit leben, dass euer Kind immer mehr lernt und kann, von dem ihr gar nicht mitbekommen habt, wie es zustande kam.

Und hier schließt sich der Kreis, kaum ist euer Kind schulreif, schon sucht ihr nach der passenden Ausrüstung, um es für die Schule vorzubereiten. Oft vergeht die Zeit so schnell, dass ihr gar nicht mitbekommen habt, dass euer Kind von seiner Wissbegierde getrieben jetzt endlich die Welt der Zahlen und Buchstaben entdecken möchte. Höchstens das Wort „warum", das ihr vermutlich manchmal aus dem Vokabular streichen möchtet, hat euch daran erinnert.

Für die meisten von euch ist es bestimmt keine Frage, auf welche Grundschule euer Kind gehen wird, entweder weil es nur eine in der unmittelbaren Nähe gibt oder weil ihr eine Schule durch das Schulamt zugeteilt bekommt. Aber immer mehr Eltern möchten Einfluss darauf nehmen, auf welche Schule ihr Kind geht. Das führt sie entweder zu Privatschulen oder im Extremfall zu einem Umzug, um im „richtigen" Einzugsgebiet der „richtigen" Schule zu wohnen. In Kapitel 2 werden wir ein bisschen mehr auf die Schulwahl schauen, hier geht es erst einmal darum zu fragen, warum sie wichtig sein kann.

Lernen und Motivation

Lasst uns einen kleinen Ausflug in die Welt der Bedürfnisse und eine Bestandsaufnahme machen: Was sind eigentlich eure Bedürfnisse und was die eures Kindes?

Ist Lernen überhaupt ein Bedürfnis? Wollen und brauchen wir das überhaupt? Die einfache Antwort ist ein Ja, nur die Frage ist, woher kommt das? Wir werden als Lernende geboren, jeder von uns. Wenn das nicht so wäre, könnten wir nicht überleben. Am Anfang lernen wir, um unsere Grundbedürfnisse zu befriedigen. Wir müssen essen und trinken, brauchen ein Dach über dem Kopf. Maslow[1] bezeichnet diese in seiner Bedürfnispyramide als Grund- oder Existenzbedürfnisse, denen Sicherheits- und Sozialbedürfnis folgen. Schutz durch unsere Eltern, ihre Liebe und Unterstützung, aber auch Anerkennung, sei es in der Familie, bei Freunden oder in der Schule, gehören ebenfalls dazu. In seinem Ursprungsmodell identifiziert Maslow darüber hinaus das Bedürfnis nach Selbstverwirklichung - und da liegt der Hase im Pfeffer. Wenn wir uns nicht entwickeln und lernen, werden wir nicht dorthin kommen können, wo wir hinmöchten. Um aber unser Ziel erreichen zu können, bedarf es einiger Faktoren: das richtige Umfeld, Motivation und lebenslanges Lernen.

Das Letztere ist immer auf die eine oder andere Art möglich, und das verdanken wir der Neuroplastizität unseres Gehirns. Schon mal gehört? Lange war man der Überzeugung, dass wir mit zunehmendem Alter nicht mehr lernen, sondern nur noch verlernen können. Mit der modernen Forschung wurde aber nach und nach deutlich, dass unser Gehirn plastisch ist, das heißt: Es ist formbar und dynamisch, es bleibt nicht ein Leben lang gleich, sondern es kann sich ständig verändern und anpassen - ein ganzes Leben lang.

Jedes Mal, wenn wir etwas Neues lernen, werden neue Pfade im Gehirn angelegt. Jeder kennt doch diese kleinen Trampelpfade, die irgendwo quer über eine Wiese laufen und meistens an einer Bushaltestelle

WELCHE BEDÜRFNISSE HABEN MEIN KIND UND ICH?

mir sehr wichtig

mir wichtig

mir nicht wichtig

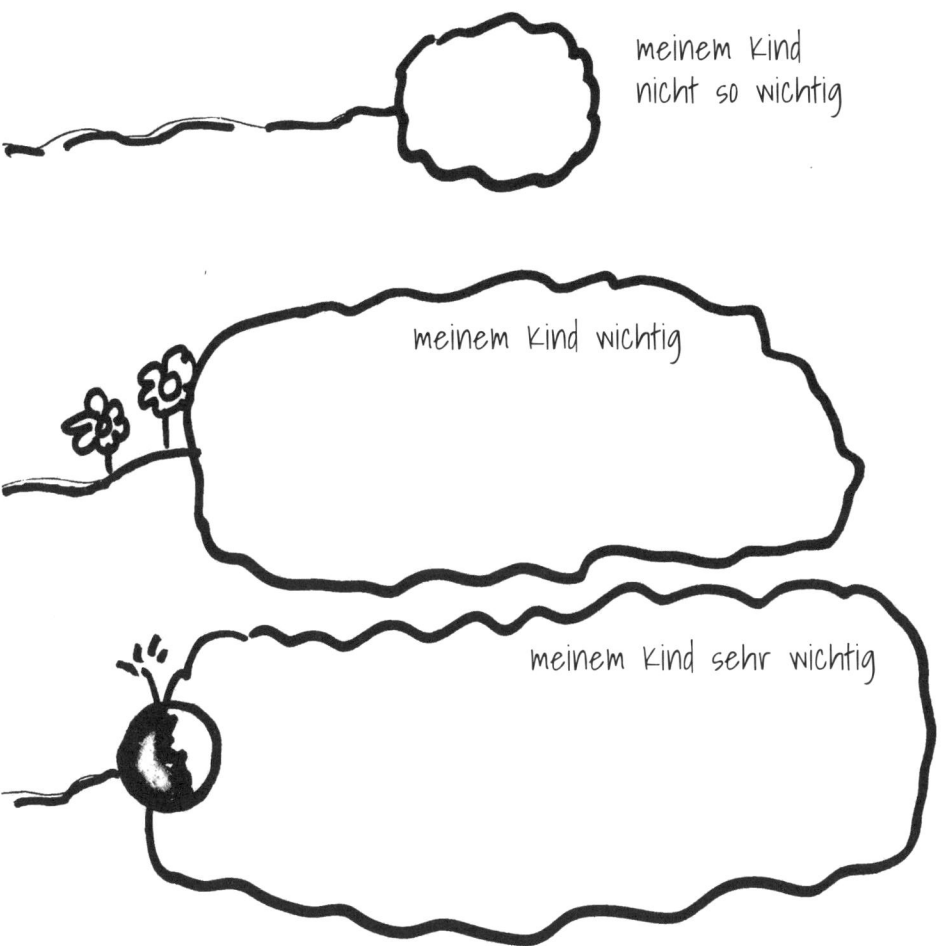

enden. Wo zunächst noch überall hohes grünes Gras wuchs, wird aus einem häufig genutzten Pfad ein erkennbarer Weg. So funktioniert das auch im Gehirn. Wenn du das erste Mal Golf spielst, dann werden passende Neuronen oder Nervenzellen, die Reize weiterleiten, gebildet, ebenso wie Synapsen, die unterschiedliche Neuronen miteinander verknüpfen. Je häufiger du dann den Golfschläger schwingst, desto mehr erforderliche Neuronen und Synapsen entstehen und desto mehr wird dieser Pfad gestärkt. Dadurch fällt es uns leichter, Dinge, die wir schon oft geübt oder angewendet haben, abzurufen. Dein Gehirn lässt sich also darauf ein, alles zu lernen – wenn du es genügend fütterst! Und das bis ins hohe Alter.

Wir lernen aber langsamer oder über die Jahre womöglich immer weniger, wenn die ersten beiden Bedingungen, also das richtige Umfeld und die Motivation nicht vorhanden sind oder nur sehr reduziert zur Verfügung stehen. Wie sieht es mit eurer Motivation aus? Schon mal drüber nachgedacht?

Lernen findet zwar ständig und überall statt, aber nicht immer unter gleichermaßen günstigen Bedingungen, deshalb ist es wichtig, ein Augenmerk darauf zu haben, wie sich das Lernumfeld gestaltet.

Als günstiges Lernumfeld bezeichnen wir einen (Lebens-)Raum, in dem sich Kinder sicher fühlen und bereit sind, Risiken beim Lernen einzugehen. Sie wissen, dass Eltern und Lehrende im Hintergrund stehen, die ihnen genug Freiheit geben, sich auszuprobieren, aber ihnen helfen, wenn es eng wird. In diesem Umfeld geht man wertschätzend und achtsam miteinander um und versucht nicht, durch Drohung oder gar Strafe Macht zu demonstrieren. Hier gibt man sich gegenseitig durch Respekt, klare Grenzen und Aufgabenzuteilung Sicherheit.

Kinder, Eltern und Lehrende haben alle eine bestimmte Rolle im Lernprozess. Diese können so gestaltet werden, dass alle miteinander auf Augenhöhe sind. Sicherlich macht es auch Spaß, ab und an in die Rolle des anderen zu schlüpfen, um dann umso wertschätzender seinen eigenen Anteil am Gelingen beizutragen.

Die gute Nachricht ist: Kinder sind immer motiviert! Von sich aus sind sie kleine Lern-Kampfroboter, die gar nicht stillstehen: „Mehr", „noch mal" und „warum" lautet ihr Motto, und sie sind nicht nur ständig Lernende, sie sind auch ausdauernde Lehrende. Wir haben mehr als einmal von Eltern gehört, dass sie von ihren Kindern unendlich viel lernen. Es handelt sich dabei sicherlich nicht um höhere Mathematik, aber um viele wertvolle Ideen und Sichtweisen. Die schlechte Nachricht lautet allerdings: Wenn die Motivation erst mal durch Regeln und Verbote, durch Befehle wie „Du musst jetzt aber das und nicht das machen" zu Grabe getragen wurde, ist es fast unmöglich, sie wieder zu entflammen, schon gar nicht von außen und mit Druck. Ebenso kontraproduktiv ist es, Lernwünsche und Interessen eines Kindes zu unterdrücken, weil in dieser Zeit noch Hausaufgaben „nur" fürs Erreichen einer guten Zensur gemacht werden müssen. Zuckerbrot und Peitsche dienen nicht der Motivation.

Und das ist unser Problem. So, wie Schule bis in die heutige Zeit im Wesentlichen funktioniert, fehlt häufig etwas, um Menschen zu motivieren, für sich selbst zu lernen. Aber eigentlich möchte jeder Mensch, der Kinder hat, dass es seinem Kind gut geht, und wird das Beste dafür tun. Auch ihr fühlt euch verantwortlich dafür, dass euer Kind eine gute Schulbildung bekommt.

Durch die Entwicklung der letzten Jahrzehnte und den Input der Bildungsforschung ist der Ort Schule nicht mehr nur eine Blackbox, in die Kinder morgens hineingehen und mittags wieder herauskommen, mit neuem Wissen und Hausaufgaben. Schule ist ein eigenes Universum, zu dem ihr als Eltern oft nur bedingt Zugang habt. Das wollen wir ändern. Dazu müssen wir aber erst einmal verstehen, was Schule eigentlich ist und welche Entwicklung - vor allem in sozialer Hinsicht - eure Kinder dort durchlaufen.

WAS BRAUCHE ICH ZUM LERNEN UND WER UNTERSTÜTZT MICH DABEI?

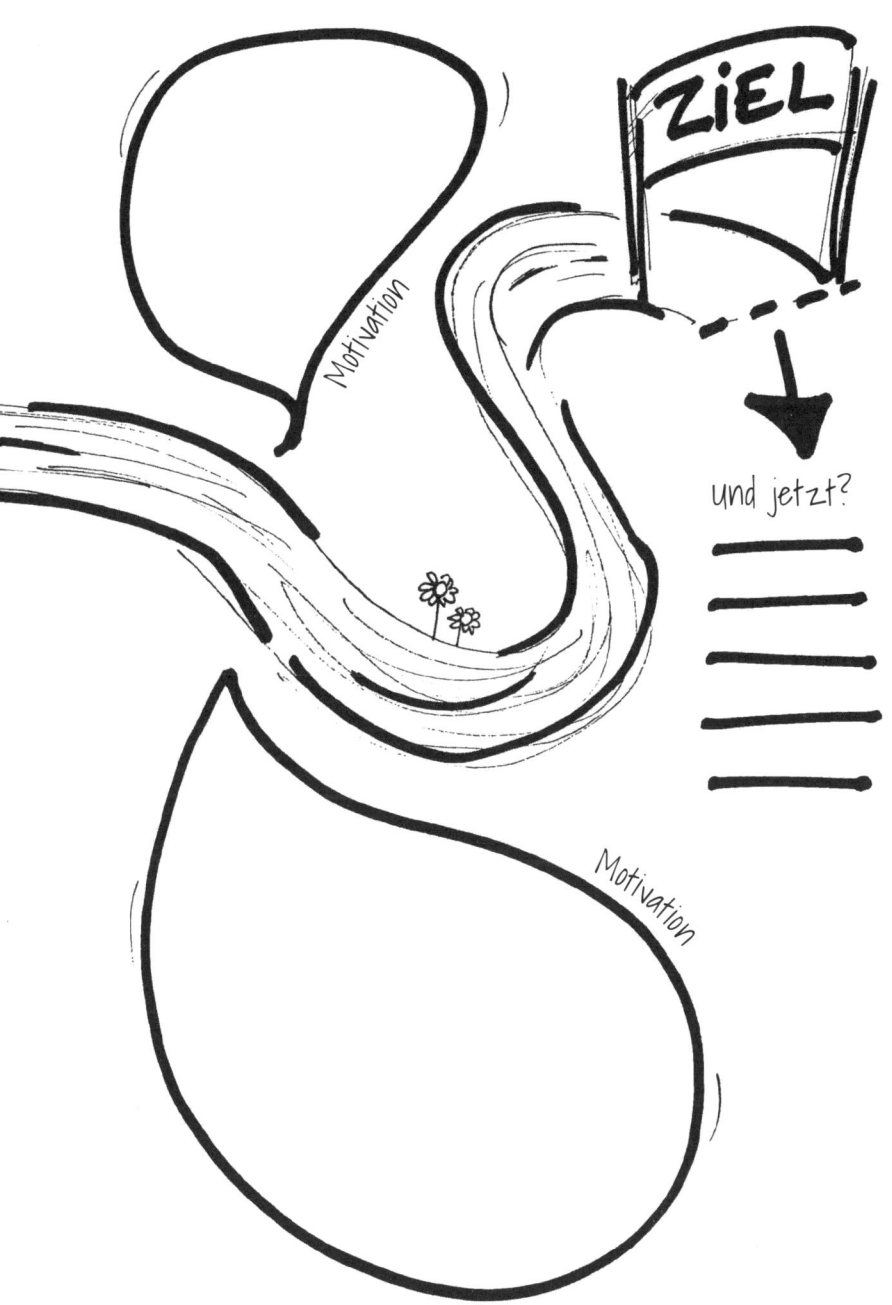

WAS MOTIVIERT MEIN KIND - BIS HEUTE?

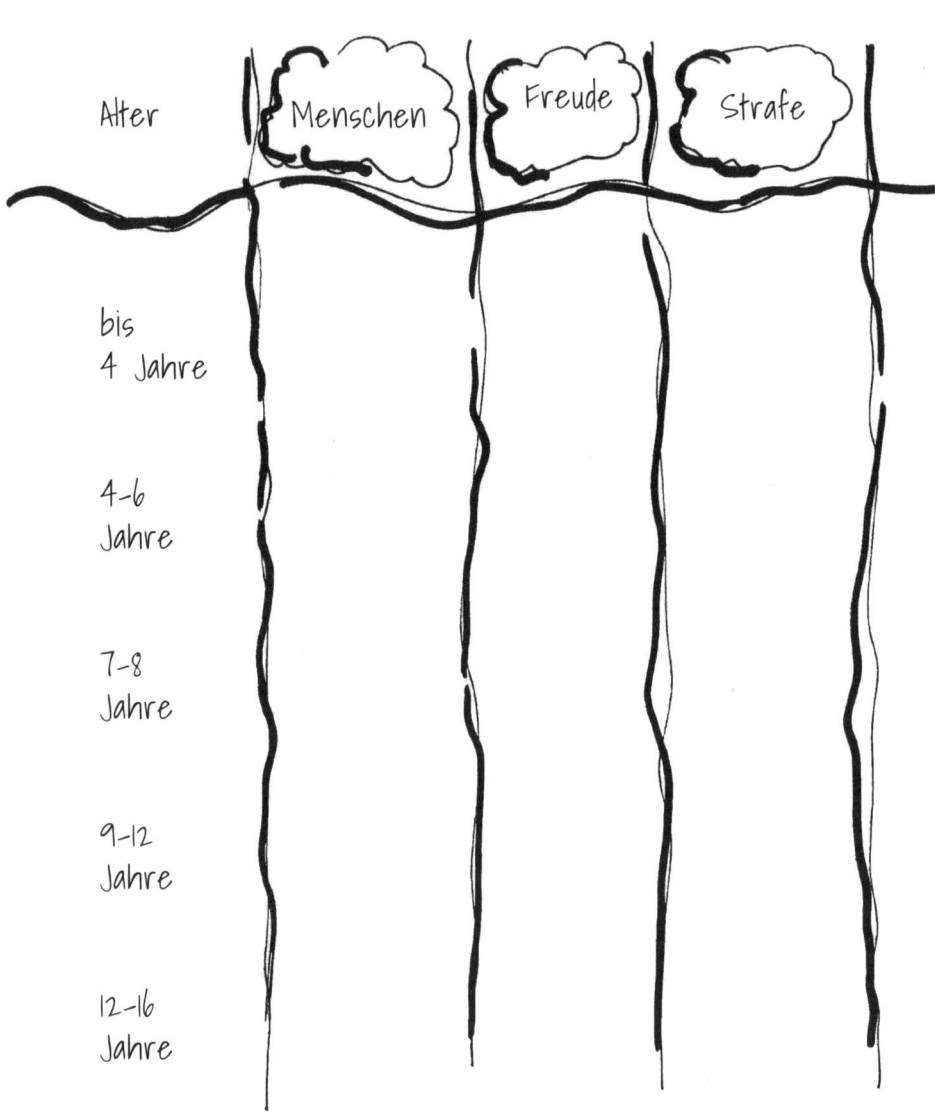

Alter | Menschen | Freude | Strafe

bis
4 Jahre

4-6
Jahre

7-8
Jahre

9-12
Jahre

12-16
Jahre

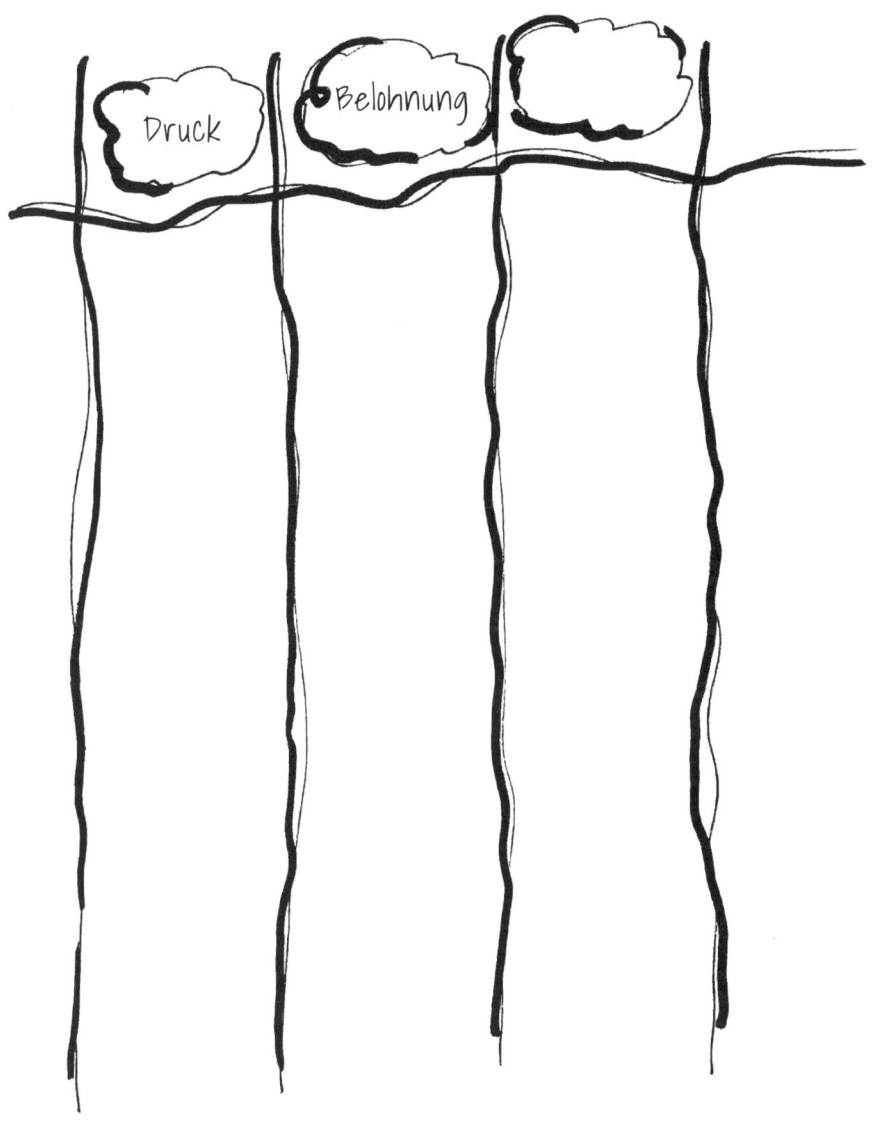

Schule, was ist das eigentlich?

Erinnert ihr euch noch an euren ersten Schultag? Wisst ihr noch, wie eure Schultüte aussah? Und wusstet ihr, dass es eine feierliche Einschulung eigentlich nur in Deutschland gibt? In anderen Ländern werden die Kinder einfach am ersten Tag hingebracht und gut ist.

Was glaubt ihr, was sich seit eurer Einschulung in der Schullandschaft verändert hat und welche Konsequenzen das für euer Kind und euch selbst hat? Ist es einfacher, heute Schulkind zu sein als zu der Zeit, als ihr zur Schule gegangen seid, oder schwerer? Haben eure Kinder ein schöneres und vielfältigeres Lernumfeld? Und wie sieht es mit der Wahl der Schule aus? Was waren die typischen Kommentare von euren Eltern, wenn es um Schule ging, und welche davon habt ihr übernommen?

Eure Kinder werden eingeschult, aber was ist eigentlich Schule? Auf den ersten Blick scheint das ganz einfach zu sein: eine Einrichtung, die Kinder und Jugendliche im Alter von 6 bis 16 Jahren besuchen müssen, um die grundlegenden Kulturtechniken wie Lesen, Schreiben und Rechnen zu erlernen. Über diese Definition hinaus ist Schule über die Zeit hinweg auch zu einem Lebensraum geworden.

Der Gedanke, gemeinsam an einem Ort zu lernen, ist nicht neu. Bereits im 4. Jahrtausend vor Christus gab es bei den Sumerern Schulen. Sie wurden von den Kindern, die sie besuchen durften, sehr wohl geschätzt, denn es bedeutete, nicht auf dem Feld oder im elterlichen Handwerksbetrieb arbeiten zu müssen. Der Schulbesuch kostete Geld und blieb oft nur der Gesellschaftsschicht vorbehalten, die es sich leisten konnte.

Diese Struktur blieb über die Jahrtausende gleich. Der Gedanke einer Schule, wie wir sie heute kennen, existiert hingegen erst gut 350 Jahre und wurde im Jahr 1657 von dem Gelehrten Comenius eingefordert: Jeder sollte zur Schule gehen dürfen.

In Deutschland besteht die allgemeine Schulpflicht seit 1919 und bezog sich zunächst nur auf die Volksschule, die acht Jahre dauerte. Trotz dieser allgemeinen Schulpflicht bedeutete das noch lange nicht, dass alle dieselben Möglichkeiten hatten, denn der Besuch einer sogenannten höheren Schule war in der BRD bis in die 1950er-Jahre kostenpflichtig.

Inzwischen ist das überwiegend nicht mehr der Fall, nachdem 1964 Georg Picht den Begriff der „Bildungskatastrophe" prägte und damit die Politik zum Handeln zwang. Von einer Bildungskatastrophe wird in Deutschland schon seit fast 60 Jahren gesprochen, und auch wenn sich seitdem einiges getan hat, scheinen sich immer wieder neue Probleme aufzutun. Eines davon ist der Föderalismus, der bildungspolitische Entscheidungen auf Bundesländerebene trifft und regelt. Das führt zu vielen landesspezifischen Unterschieden in der Beschulung, und das macht jegliche Einheitlichkeit und damit auch eine deutschlandweite gute Schulbildung unmöglich. Wer dafür die Verantwortung trägt, ist umstritten. Ohne in diesem Buch weiter in dieses bedeutungsvolle Thema einzusteigen, wird klar, dass dies für alle Eltern schulpflichtiger Kinder Konsequenzen hat. Denn in der Hoffnung, höhere und bessere Bildungschancen zu erreichen, entscheiden sich manche Familien, die es sich leisten können, für einen Schulplatz an einer privaten Schule.

Schule, wofür ist sie gut?

Schule ist also ein Ort, an dem wir lernen, aber das können wir eigentlich auch woanders, was uns die Monate des Fernunterrichtes während der Corona-Pandemie gezeigt haben. Wozu also in die Schule gehen, um dort zu lernen? Um das beantworten zu können, müssen wir uns erst einmal deutlich machen, was Lernen eigentlich ist. Alles, was wir uns als neue Fähigkeiten, Fertigkeiten und Wissen aneignen, ist Lernen. Es kann bewusst oder unbewusst stattfinden bzw. mit Absicht oder unabsichtlich - und überall. Lernen findet anhand dieser Definition nicht nur in der Schule statt. Wenn ich ein Instrument erlerne, dann ist das ein ganz bewusstes Lernen, für das ich mich entschieden habe und das in der Regel zu Hause oder auch in einer Musikschule oder einem Verein stattfindet. Beim Lesen eines Buches kann ich unbeabsichtigt neue Informationen

GLAUBENSSÄTZE ZUM ERSTEN SCHULTAG

Mein 1. Schultag war am

Wie lauteten die Glaubenssätze meiner Familie?

Wenn du ...

dann wirst du in der Zukunft ...

Wie lauten die Glaubenssätze für mein Kind?

Wenn du …

. . . . . .

dann wirst du in
der Zukunft …

. . . .

aufnehmen, nach denen ich nicht gesucht habe, die aber meinem Gedächtnis als so relevant erscheinen, dass es sie abspeichert. Der Ort aber, an dem ich dieses Buch lese, ist dabei weniger wichtig. Wichtig ist aber, dass wir ständig lernen, an vielen Orten, ganz allein, mit anderen, durch Medien und durch eigenes Tun. Welche anderen Orte und Lernvarianten oder -inhalte gehören für euch eigentlich noch zum Lebensraum Schule? Welche finden an anderen Orten statt? Welche sind das?

Egal was wir lernen, wir lernen immer und fast alles von unserer unmittelbaren Umwelt. Unsere Eltern, Geschwister und Nachbarn sind mindestens genauso wichtig, und in den ersten Jahren noch viel wichtiger als unsere Erzieher, Erzieherinnen, Lehrer und Lehrerinnen. Sportvereine, Musikschulen und Freunde spielen eine Rolle und die Medien sowieso. Und ganz nebenbei sind wir nicht nur Lernende, immerzu, sondern auch Lehrende. Wie sonst sollten unsere Eltern verstehen, dass wir Äpfel nicht mögen, wenn wir sie nicht jedes Mal im hohen Bogen ausspucken würden? Die Konstellationen sind also vielfältig und vielschichtig. Was also ist so wichtig daran, in der Schule zu lernen?

Welche Aufgaben hat Schule?

Fangen wir mit dem Offensichtlichen an. Oft wird davon gesprochen, dass Schule der Ort von Wissensvermittlung ist. Wir möchten das aber gerne umbenennen und von Wissensaufbau sprechen. Der Begriff Wissensvermittlung ist für uns zu unstrukturiert und wirkt beliebig, wir denken da an den Nürnberger Trichter, durch den alles in Kinder gleichsam hineingekippt wird. Der Lehrstoff wird an den oder die Lernende herangetragen, das bedeutet aber nicht, dass diejenige ihn dann auch tatsächlich annimmt bzw. behält.

Wissensaufbau jedoch geht davon aus, dass Lerninhalte und Gelerntes miteinander in Verbindung stehen und aufeinander aufbauen können, sich also gegenseitig - auch fächerübergreifend - verstärken. Idealerweise entsteht ein tragendes Fundament, das, analog zu den Hängenden Gärten von

Babylon in der sumerischen Hochkultur, Wissensgärten entstehen lässt, die blühen und wachsen, doch auch ständiger Pflege bedürfen. Wissen, das nicht genutzt wird, verkümmert.

Man kann Wissen auch mit einer Kiste voller Bausteine vergleichen. Bei der Wissensvermittlung werden alle Teile einfach nur in die Kiste getan, damit alles schön ordentlich weggeräumt ist. Dann ist zwar nach außen hin alles sortiert, also an alle Inhalte des Lernplans ein Haken gemacht, aber in der Kiste herrscht oft heilloses Chaos.

Sobald die Teile auf dem Boden verteilt sind und das Kind mit seinen Ideen und seiner Kreativität etwas daraus entstehen lässt, können wir von Wissensaufbau sprechen. Es wird gebaut und zusammengefügt und so entstehen fantastische Gebilde, die alle eine Geschichte haben.

Manchmal bleiben einfach Steine übrig, weil sie nicht gebraucht wurden. Das sind dann die Teile, auf die ihr tretet und die euch laut aufschreien lassen. Wir finden das kreative Chaos außerhalb der Kiste genau richtig, denn genau hier findet der Wissensaufbau statt. Der Gedanke, dass alle gleichzeitig das Gleiche lernen können, ist veraltet und bei genauem Hinsehen auch vollkommen unlogisch, denn wir alle haben nicht nur unterschiedliche Geburtsdaten, sondern auch Veranlagungen.

Wie genau passiert aber dieser Wissensaufbau? Wenn wir ehrlich sind, dann ist das von Schule zu Schule, ja eigentlich von Lehrerin zu Lehrer und von Kind zu Kind anders. Wir alle kennen das aus unserer Schulzeit. Es gab Lehrende, bei denen haben wir uns alles gemerkt und das Lernen ging leicht von der Hand, und bei anderen konnte die Stunde nicht schnell genug vorbei sein.

WO LERNT MEIN KIND?

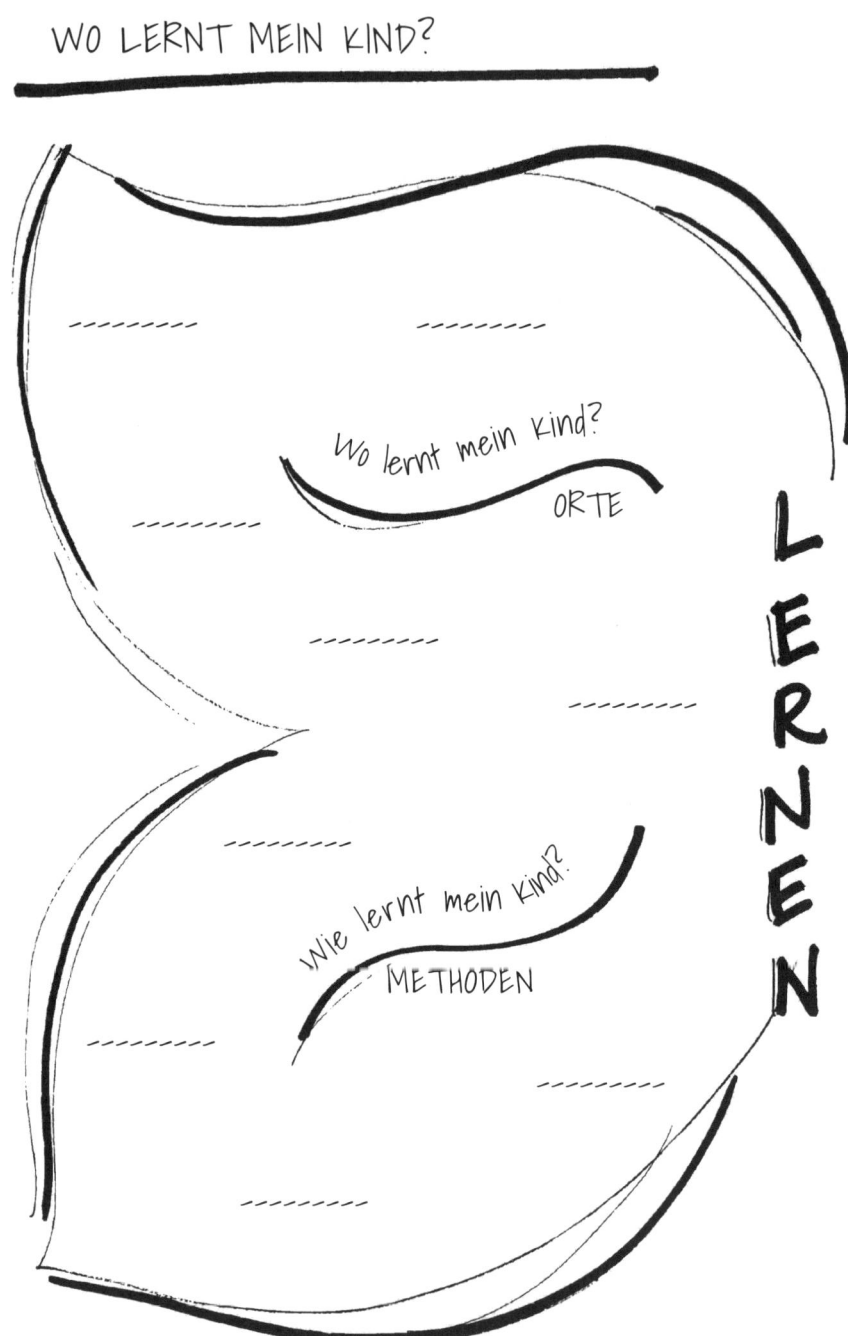

Wo lernt mein Kind?

ORTE

Wie lernt mein Kind?

METHODEN

LERNEN

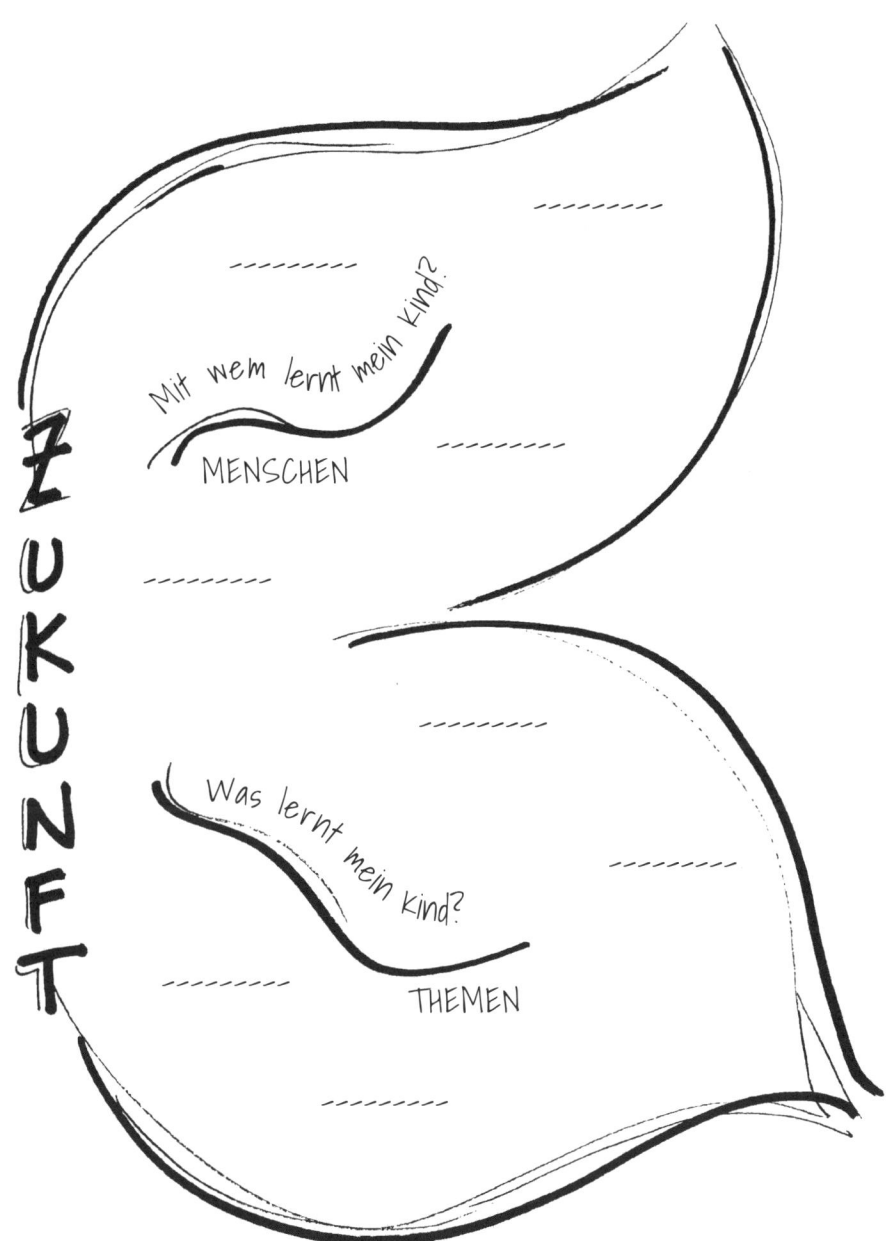

Lernen in der Schule – ein paar alte und ein paar neue Ideen

Lasst uns den Blick vom Lehrenden zu den Lernenden wenden, denn dann bekommt Wissensaufbau eine ganz neue Bedeutung. Als kleine Kinder lernen wir durch Nachahmung. Diese Fähigkeit bleibt uns auch noch zu Anfang der Schulzeit, so etwa bis zur dritten Klasse, in abgeschwächter Form erhalten. Weshalb es uns häufig genug verwundert, was Kinder, die weder schon lesen, schreiben noch rechnen können, schon alles behalten.

Es bestehen verschiedene Theorien, wie Kinder am besten lernen, und noch mehr Ansätze, wie dieses Lernen im Schulkontext umgesetzt werden kann. Reformpädagogische und alternative Schulkonzepte sind allerorten zu finden. Im Lernumfeld des innovativen Bildungszentrums aus Barcelona namens „Learnlife"[2] zum Beispiel bestimmen Schüler selbst, womit sie sich beschäftigen. Sie können sich Projekte aussuchen, die auch außerhalb der Schule einen Sinn ergeben – zum Beispiel in der freien Wirtschaft oder in anderen Einrichtungen wie Kitas oder Hilfsprogrammen. In der Evangelischen Schule Berlin Zentrum spricht man nicht mehr von Lehrenden, sondern von „Lernbegleitern"[3]. Auch hier sind Lernprozesse den Lernenden überlassen, um nur zwei Beispiele zu nennen.

Allen neuen Ansätzen, egal ob an staatlichen oder privaten Schulen, ist aber eins gemeinsam: Lernen ist kein passiver Prozess. Inhalte müssen von unserem Gehirn aktiv „ergriffen" und zusammengesetzt werden, um sich verankern zu können. Die Bedingung dafür, dass unser Gehirn dazu bereit ist, ist nicht die Tatsache, dass wir auf einem Stuhl an einem Tisch in einem Raum sitzen, der zu einem Gebäude gehört, das sich Schule nennt.

In den letzten Jahren hat sich das Verständnis mehr und mehr durchgesetzt, dass das Lernen von singulären Wissensblöcken nicht nachhaltig ist. Das klassische Lernen für den Test, um eine gute Zensur zu bekommen, ist zwar immer noch weit verbreitet, deshalb aber nicht effektiv. Oft ist alles Erlernte nach dem Test wie weggeblasen.

Wer lernt, muss eine Sinnhaftigkeit in diesem Lernen erkennen oder zumindest wahrnehmen. Warum ist es wichtig, Maßeinheiten zu kennen? Im alltäglichen Leben begleiten sie uns ununterbrochen. Will ich etwas backen, muss ich ein Verständnis von Gramm und Kilogramm haben. Möchte ich einen Schrank kaufen, der genau an diese eine Wand passt, ist es wichtig, dass ich mit Metern, Zentimetern und Millimetern umgehen kann. Und so weiter. Das bedeutet, dass mit lebenspraktischem Lernen auch denen, die mit der Abstraktion von Zahlen zu kämpfen haben, ein Zugang zu diesem Wissen geschaffen werden kann.

Ein anderer Ansatz, Lernen zu vernetzen, sind Projekte, die nicht nur den praktischen Sinn von Inhalten vermitteln, sondern auch verschiedene Bereiche zusammenbringen. Das kann zum Beispiel ein Projekt sein, bei dem Lernende ein Video oder einen Podcast in der zu lernenden Fremdsprache zu einem bestimmten landeskundlichen oder Geschichtsthema präsentieren. Neben den sprachlichen Fähigkeiten werden Medienkompetenz, Teamwork, Recherche und Inhalt sowie Zeitmanagement miteinander verknüpft.

Gelerntes Wissen der Art, wer zum Beispiel 1970 Bundespräsident war, ist hier nicht mehr gefordert, sondern der Fokus liegt darauf, Kompetenzen zu fördern, die auch außerhalb der Schule in anderen Kontexten hilfreich sind. Schlüsselkompetenzen nannte man das in den 1990er-Jahren, heute wird oft von Skills gesprochen. Vor allem an den klassischen Reformschulen wie Montessori- und Waldorfschulen, die beide bereits rund 100 Jahre existieren, ist der Gedanke des lebenspraktischen Bezugs des Lernens wichtig.

Aber auch an staatlichen Schulen gibt es viele Ansätze, das Lernen anders zu definieren, als ihr es als Eltern vielleicht noch erlebt habt. Klassenverbände werden aufgelöst und es gibt Lerngruppen, Fächer wie „Verantwortung" werden eingeführt und statt Zensuren gibt es Lerngespräche. Am deutlichsten zeigt sich diese Veränderung oft in der Diskussion, wie Kinder lesen und schreiben lernen sollen. Die einen schwören auf Fibeln, andere sind der Ansicht, dass das phonetische Schreiben ein guter Ausgangspunkt ist. Und alles Mögliche dazwischen, das gibt es auch.

Die Community erzählt: Was wünschen sich die Eltern?

Eine Mutter wünscht sich für ihr Kind, dass es herausfindet, was es selbst für ein Lerntyp ist und dass die Lehrkräfte dies verstehen und mittragen. Dass es nach seinen individuellen Möglichkeiten und in seinem Tempo arbeiten darf und auch, dass die Benotung wegfällt. Ein Vater findet es wichtig zu lernen, wie man sich selbstständig Wissen aneignet und wo man Recherche betreibt und wo nicht. Er vermisst neuen, zeitgemäßen Input.

Ein anderer empfindet die Schule seines Kindes als pausenlos Druck ausübend. Sein Sohn hat oft Bauchweh. Er ist lieb und auch nicht dumm, aber er hat große Schwierigkeiten damit, in eine Schublade gepresst zu werden. Leider haben sich die Schubladenbeschriftungen fast gar nicht geändert. Es gibt Vorurteile wie „dick" = kann sich nicht bewegen, „wild" = kann sich nicht konzentrieren, „groß" = kann mehr, als er müsste.

Schulen sind also im Prozess, vieles neu zu denken. Und ihr als Eltern und als Lehrende, die ihr den Anspruch habt, vieles neu und besser zu machen, lauft immer wieder in dieselbe Falle: Ja, wir alle wollen das Beste für die Kinder! Ja, wir möchten, dass es ihnen gut geht und dass sie glücklich werden! Aber niemand weiß so genau, wie das aussehen müsste. Und wenn wir viele Wünsche und erste konkrete Ideen hätten, wir wüssten einfach nicht, wo wir anfangen sollten. Welche Wünsche habt ihr (nicht) für euer Kind?

Oft stehen altmodische und unnötige Vorurteile einer positiven Veränderung im Weg: „Also, als ich zur Schule ging, da habe ich das aber so und so gelernt!", „Das ist doch die Aufgabe der Schule/Eltern" oder „Ich habe keine Zeit, keine Kraft, keine Lust … mich zu engagieren". Das gilt sowohl für die Lehrenden als auch für die Eltern. Oft lautet die Frage einfach, wo ihr am besten anfangt und was ihr einsetzen und erreichen möchtet.

Auf der Suche nach den Voraussetzungen dafür, wie Schule erfolgreich glückliche, selbstwirksame, lebenslang Lernende hervorbringen kann, veröffentlichten John Hattie und Kollegen[4] 2009 eine Studie, in der sie Kriterien herausarbeiteten, wie dies gelingen kann. Gutes Lernen - also Lernen, das nachhaltig ist und Freude bereitet - wird durch eine Vielzahl von Faktoren beeinflusst. Erstaunlicherweise identifiziert Hattie als wichtigsten Aspekt die Selbsteinschätzung des oder der Lernenden. Die wiederum hat damit zu tun, was sie sich zutrauen. Erfolgreiches Lernen oder besser gesagt gutes Unterrichten hat also nicht nur mit Fachwissen, sondern mit Mutmachen und Vertrauenschaffen zu tun, und das wiederum ist Beziehungsarbeit. Die findet zwischen den Lernenden und den Lehrenden - so könnte man denken - statt, aber unserer Meinung nach auch zwischen dem Lernenden und den Eltern sowie den Eltern und den Lehrenden. Und zu einer Beziehung gehört Vertrauen.

An vielen Schulen verstehen sich mittlerweile Lehrende und Lernende als Lerngemeinschaft. Wer aber in dieser Gemeinschaft oft übersehen wird, seid ihr, die Eltern.

Am Anfang des Kapitels haben wir davon gesprochen, dass eure Kinder zunehmend selbstständiger werden und ihr euch nach und nach daran gewöhnen müsst, sie loszulassen. Die Einschulung ist einer dieser Momente. Ähnlich wie bei der Kita vertraut ihr euer Kind Menschen an, die ihr oft erst Wochen, nachdem sie schon mit eurem Kind gearbeitet haben, kennenlernt. Das ist ganz schön starker Tobak.

Ist euer Kind dann erst einmal in der Schule, führt es dort ein Eigenleben in einer für es wichtigen Gruppe Gleichaltriger und in einer Lerngemeinschaft aus Lehrenden und anderen Schulkindern. Merkt ihr was? Irgendwie seid ihr Eltern außen vor. „Außen vor?!" werdet ihr jetzt entrüstet fragen. Klar, ihr seid die Schulbucheinkäufer, die Chauffeurinnen, manchmal auch die Matheversteher und die Hausaufgabennachfragerinnen, ihr lest und schreibt E-Mails und geht zu Elterngesprächen. Ja, ihr seid mittendrin - und doch seid ihr nicht dabei. Das ist total schwierig, denn

SORGEN UND WÜNSCHE

① Ich mache mir Sorgen, dass mein Kind in der Schule ...

② Was wünsche ich mir also für mein Kind?

3 Ich vertraue meinem Kind, dass …

_____

_____

_____

4 Ich vertraue den Lehrkräften, dass …

_____

_____

_____

der Druck, alles richtig zu machen, ist hoch. Und manchmal finden dann diese emotionalen Gespräche im Dreieck statt. Alle reden übereinander, aber niemand kann etwas direkt mit allen anderen klären. Das endet oft in Missverständnis, Unsicherheit und Ärger. Toleranz und Vertrauen? Fehlanzeige! Wir haben aber gerade erzählt, dass gegenseitiges Verständnis und eine gute Beziehung zueinander für alle Lernprozesse wichtig sind. Um das Miteinander von Eltern und Lehrkräften anzuschieben und zu erleichtern, haben wir dieses Buch geschrieben. Denn wir sind der Überzeugung, dass Kinder nur dann gut lernen können, wenn das Verhältnis und die Zusammenarbeit zwischen Schule und Elternhaus funktioniert. Übrigens: Die Motivation von Eltern und Lehrenden ist dieselbe. Beide möchten das Beste für das Kind im Lebens- und Schulumfeld erreichen. Es lohnt sich also.

Was machen Kinder eigentlich in den ersten Jahren so in der Schule? Wir nehmen euch mit und erzählen euch, was da in den ersten vier bis sechs Jahren in etwa passiert.

Lehrende versuchen Tag für Tag, mit jedem einzelnen Kind eine Lernverbindung herzustellen, die es ermöglicht, die neuronalen Bahnen der Kinder so auszubauen, dass sich neue Gebiete im Lesen, Schreiben und Rechnen erschließen.

Achtung, hier kommt ein Fettnäpfchen, das ihr problemlos umgehen könnt: „Ich habe immer so und so am besten gelernt." Es ist großartig, wenn ihr Eltern wisst, was für ein Lerntyp ihr seid. Ihr solltet aber auch wissen, dass euer Kind womöglich ein ganz anderer Lerntyp ist und eine ganz andere Herangehensweise braucht, um Inhalte in seinem eigenen Kopf zu vernetzen.

Die vier Lerntypen nach Frederic Vester[5]

Für diejenigen von euch, für die das inhaltlich ein neues Feld ist, hier eine kurze Übersicht. Im Wesentlichen sprechen wir von vier Lerntypen:

- Als visueller Lerntyp gelten Menschen, die sich etwas gut merken können, wenn es als Bild an sie herangetragen wird. Visualisierungen von Sachverhalten helfen ihnen beim Lernen. Auch sich selbst eine Handzeichnung von einem Thema anzufertigen ist für diesen Typ besonders hilfreich. Gut strukturierte und ansprechend gestaltete Inhalte sind für sie ein Genuss, und neben der Tatsache, dass sie gerne lesen, haben sie vermutlich immer etwas zum Zeichnen oder Markieren in der Hand. Häufig sind sie Fans von Comics oder Graphic Novels. Wenn ihr ein Kind zu Hause habt, das nicht gerne liest, dann versucht es doch mal mit einer Graphic Novel. Ihr könntet überrascht sein.

- Menschen des **auditiven Lerntyps** bevorzugen es, Dinge zu hören oder auch selber laut auszusprechen. Das hilft ihnen, sie sich zu merken. Hier findet ihr Freunde von Hörspielen jeglicher Art, und oft sind dies auch Menschen, die beim Lernen gern Musik hören.

- Für **motorisch Lernende** ist nichts schöner, als anzupacken und sich beim Lernen zu bewegen. *Learning by moving* ist hier die Devise. Menschen dieses Lerntyps „begreifen" die Inhalte im wahrsten Sinn des Wortes.

- Ein weiterer Lerntyp ist der **kommunikative**, der in der Interaktion mit anderen sein Wissen erweitert und festigt. Er braucht den Dialog, um das Gelernte zu vertiefen. Solche Menschen tauschen gern Gedanken aus: Lerngruppen, Interviews - echte oder gespielte - und Rollenspiele helfen ihnen genauso wie Frage-Antwort-Spiele.

Über diese Lerntypen nach Frederic Vester hinaus wurde von Howard Gardner eine Typologie verschiedener Intelligenzen erarbeitet, das Modell der multiplen Intelligenzen[6] genannt.

Darauf aufbauend hatten wir in unserem ersten Buch übers Co-Learning *Gemeinsam schlau statt einsam büffeln*[7] für Spiele und Lernspiele für zu Hause unsere eignen „Schlaus" entwickelt, die es euch erleichtern, gezielt diejenigen Spiele und Aktionen auszuwählen, die zu euch und eurem Kind passen. Hier ist eine Übersicht:

- Wort-schlau fördert die Fähigkeit, Sprache einzusetzen.
- Musik-schlau fördert die Fähigkeit, in Melodien und Rhythmen zu denken.
- Zahlen-schlau fördert die Fähigkeit, abstrakt zu denken.
- Bild-schlau fördert die Fähigkeit, Räume in der eigenen Vorstellung zu verwandeln.
- Körper-schlau fördert die Fähigkeit, durch Bewegung zu lernen.
- Hand-schlau fördert die Fähigkeit, mit den Händen Probleme zu lösen.
- Ich-schlau fördert die Fähigkeit, mit den eigenen Gefühlen gut umzugehen.
- Wir-schlau fördert die Fähigkeit, andere Menschen zu verstehen.
- Umwelt-schlau fördert die Fähigkeit, Naturphänomene zu erkennen und zu beobachten.
- Welt-schlau fördert die Fähigkeit, das Leben zu hinterfragen.

In diesem Buch geht es in erster Linie darum, wie wir lernen, miteinander umzugehen. Dazu ist es wichtig zu wissen, in welchen Bereichen wir besondere Stärken und Interessen aufweisen, die für uns im gemeinsamen Lernprozess hilfreich sind.

Welche Möglichkeiten haben Lehrende eigentlich, um optimalerweise allen Lerntypen gerecht zu werden? Das können viele verschiedene sein, die in Grundschulen bereits umgesetzt werden. Um es nur einmal am Beispiel des Alphabets festzumachen: Es kann gesungen werden, Kinder können es im Sand auf dem Schulhof nachlaufen, Bilder mit Buchstaben zu verbinden ist mehr für die visuell geprägten Menschen geeignet, aber es mit Salzteig oder Knete zu formen, liegt den motorisch Lernenden mehr, genauso wie das Ausschneiden und Aufkleben. Auditiv Lernende dagegen können das Abc besser mit Gedichten verbinden. Das sind nur einige der Ideen, mit denen man die unterschiedlichen Lerntypen ansprechen kann.

Beim Lernen ist ein wichtiger Faktor zudem Wiederholung und Zeit. Unsere neuronalen Netzwerke brauchen Wiederholungen, um sich aufzubauen und messbar stärker zu werden. Je öfter eine Nervenbahn genutzt wird, desto kräftiger und zuverlässiger wird sie. Der Lernprozess braucht Zeit, sich zu entwickeln. Wenn wir einmal von sehr begabten Menschen absehen, kann niemand von einem auf den anderen Tag das ganze Alphabet lernen. Das Alphabet ist ein geeignetes Beispiel, weil vor allem das Lesen und das handschriftliche Schreiben beim Wissensaufbau eine wichtige Rolle spielen.

Abgesehen von dem rein kognitiven Erlernen von Fachwissen wie „Wann begann die Reformation?" und „Was ist der Unterschied zwischen Milliliter und Millimeter?" kann Schule mehr. Die Schule ist auch der Ort, an dem Kinder einen großen Teil ihrer Sozialisation erfahren. Sie stellt nach dem Zuhause und dem Kindergarten das wichtigste Lebensumfeld eures Kindes dar. Ganz bewusst benutzen wir den Begriff Sozialisation hier sehr vereinfacht. Wir beschreiben ihn als einen Prozess, bei dem Kinder in Wechselwirkung mit Umwelt und Lebenswelt Schule soziale Normen und Werte erlernen. Letztere sind die Grundlage dafür, dass wir Rollen annehmen und unsere Identität ausbilden. Zum Teil geschieht dies - was wir als Erziehung bezeichnen können - sowohl im Elternhaus als auch in der Schule. Während in der Sozialisation eher unbewusst Werte und Normen mitgegeben werden, wird Erziehung durchaus bewusst von den Eltern, aber auch von den Lehrenden betrieben.

Stephanie erzählt: Erziehung ist eine Kunst, kein Kampf

Ich habe den Begriff „Erziehung" noch nie besonders gemocht. Ich habe dann immer alle möglichen Horrorbilder vor Augen. Eine Lehrkraft, die das Kind am Ohr zieht, eine Karotte vor der Nase eines Esels, damit er den Wagen zieht, ein Elternteil, das dem Kind die Hose herunterzieht, um ihm den Hintern zu versohlen. Das Entziehen von Liebe oder das Tauziehen um das Sorgerecht bei einer Scheidung.

WELCHE INTERESSEN HAT MEIN KIND?

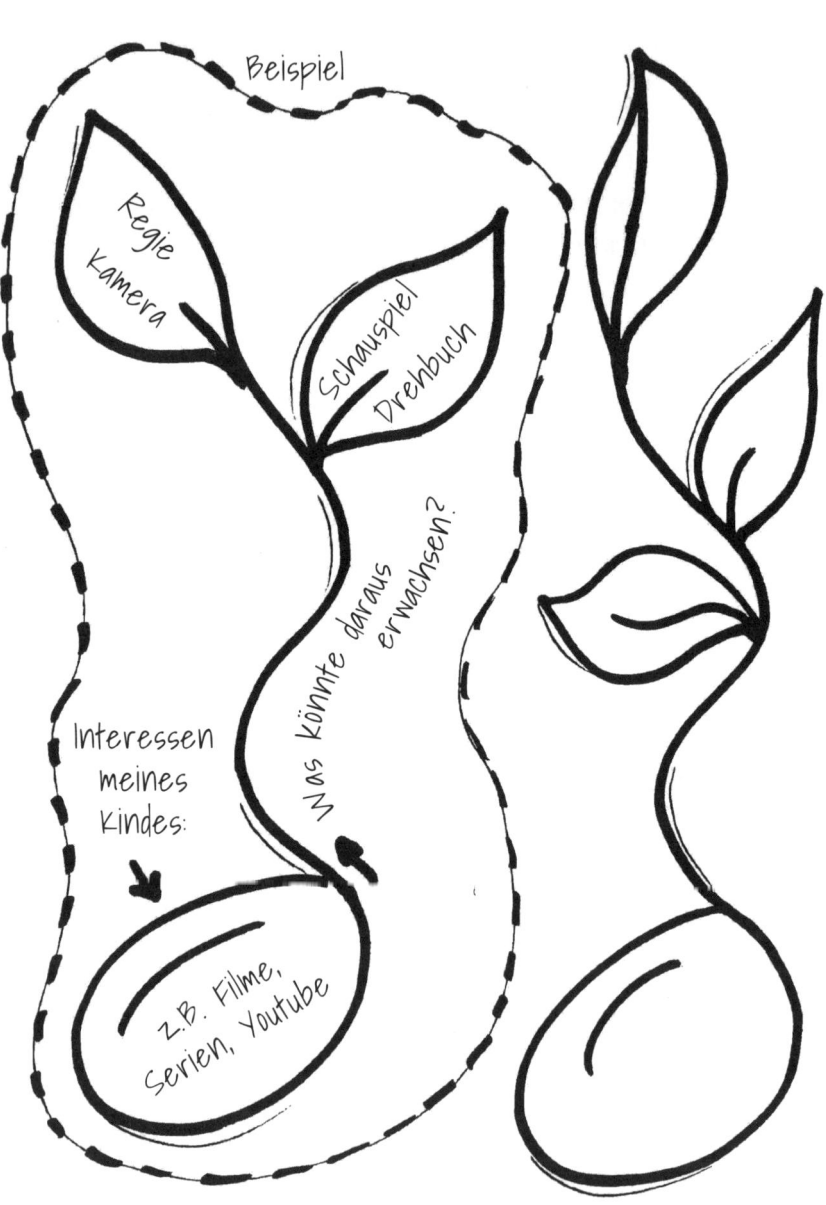

Beispiel

Regie
Kamera

Schauspiel
Drehbuch

Was könnte daraus erwachsen?

Interessen
meines
Kindes:

z.B. Filme,
Serien, Youtube

WAS VERSTEHE ICH UNTER ERZIEHUNG?

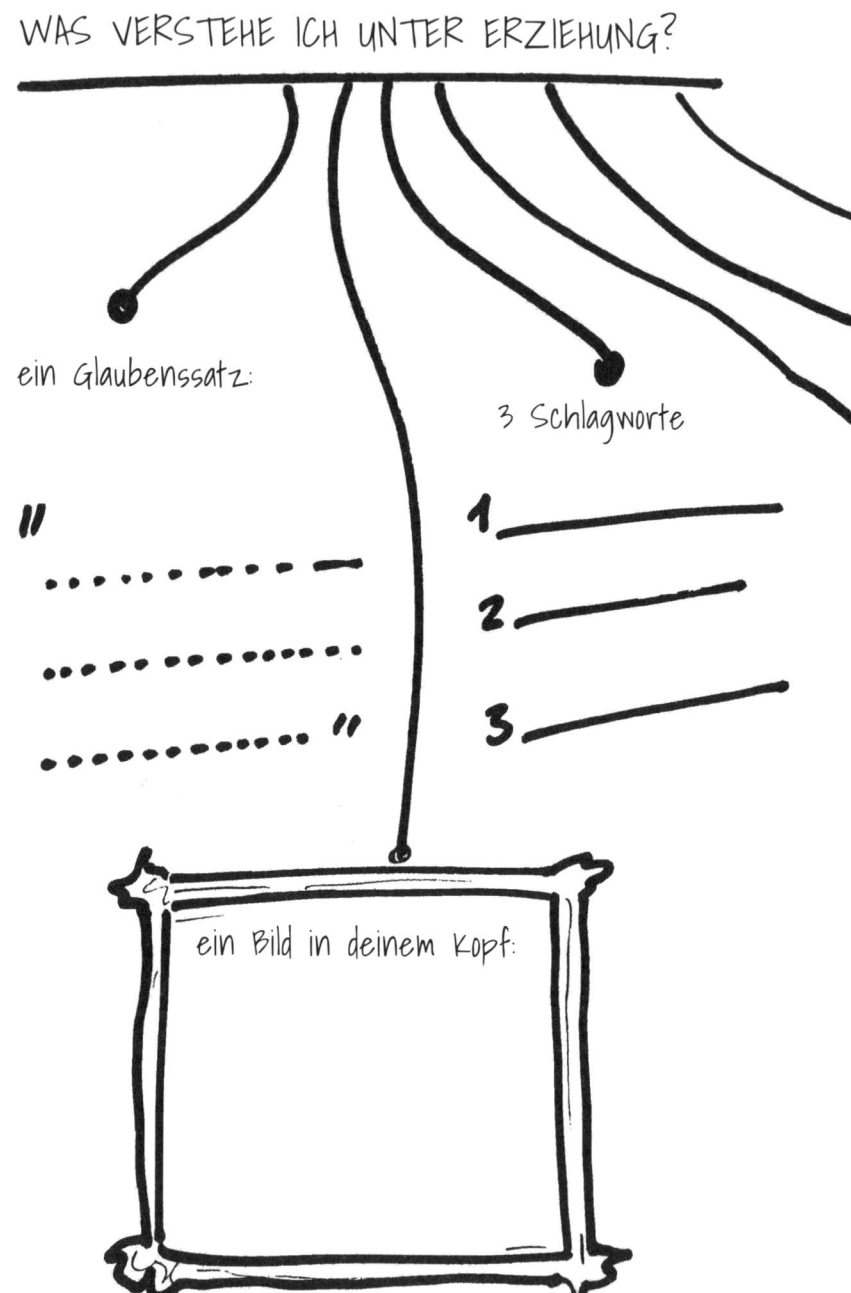

ein Glaubenssatz:

3 Schlagworte

1

2

3

ein Bild in deinem Kopf:

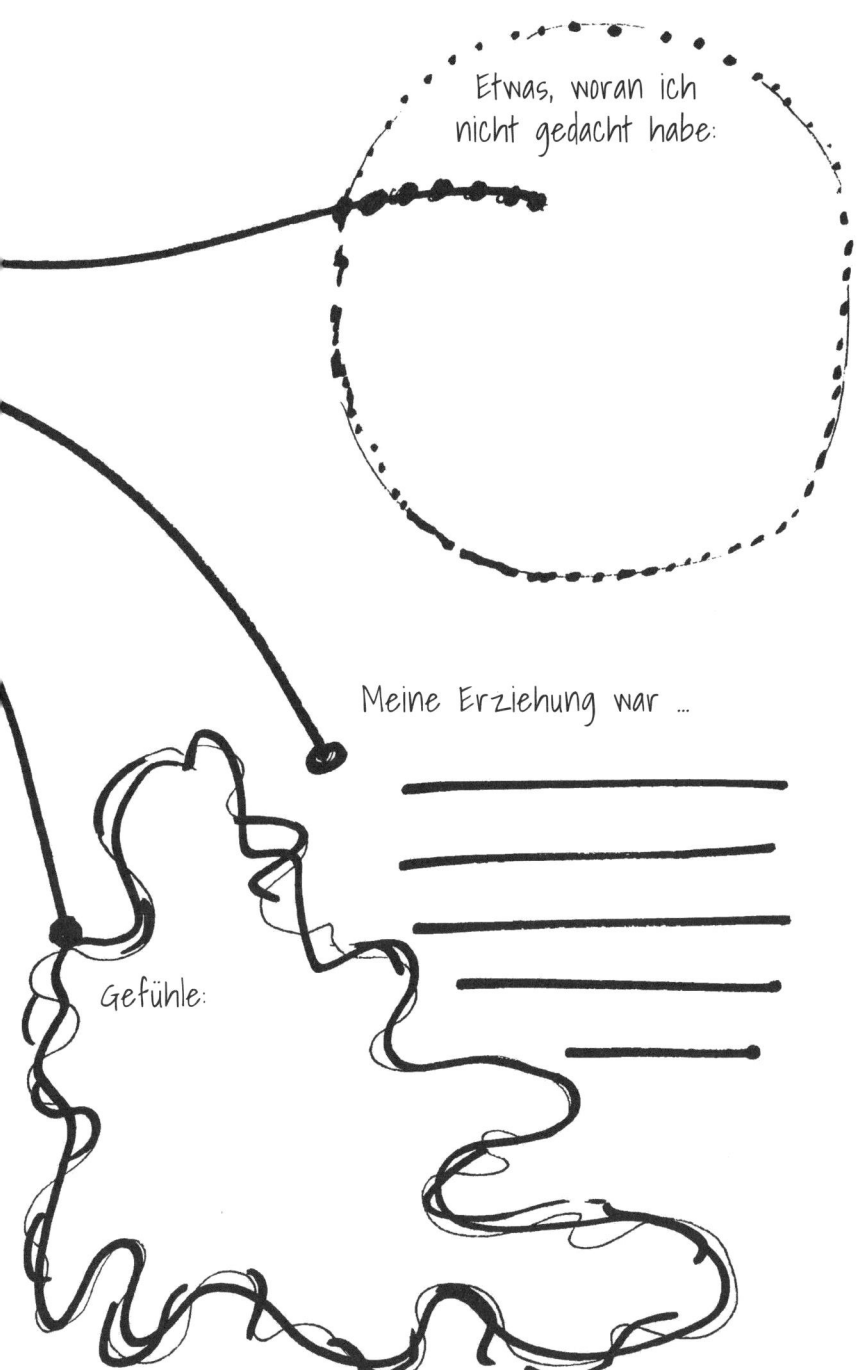

Etwas, woran ich nicht gedacht habe:

Meine Erziehung war ...

Gefühle:

> **Wir haben Erziehen so definiert:**
> Erziehung ist der Prozess, in dem Menschen sich gegenseitig helfen,
> sich zu entwickeln und ihr Leben selbstständig zu gestalten, indem
> sie einander als Vorbild dienen.

Gerne hätten wir alle möglichen positiven Adjektive in diese Definition hineinfließen lassen. Aber wenn wir es realistisch betrachten, Vorbilder sind nie einseitig und Kinder gucken sich unsere guten wie schlechten Seiten ab. Das muss uns bewusst sein. Bevor ihr widersprecht, dies sei keine Definition, wie wir sie in einem Lehrbuch finden können, bedenkt bitte, dass unser Buch einen klar umrissenen Zweck hat: Wir möchten eure Aufmerksamkeit für das Verhältnis zwischen Eltern, Lernenden und Lehrenden schärfen.

Früher war Erziehung etwas, das einzig und allein den Eltern oder im weitesten Sinne „Erziehungsberechtigten" oblag. Wir sprechen von guter und schlechter Erziehung oder fragen „Hast du keine Erziehung genossen?". Zu einer allgemein als gut angesehenen Erziehung gehört, dass Kinder höflich sind, grüßen, Bitte und Danke sagen und sich ganz allgemein benehmen. Häufig wird dabei „gute" oder „schlechte" Erziehung mit dem sozialen Status einer Familie gleichgesetzt und automatisch erwartet, dass Kinder aus wohlhabenderem Haus besser erzogen sind als solche, deren Eltern nicht über so viel Geld verfügen. Erziehung hat aber nicht nur etwas mit dem Elternhaus zu tun oder gar mit Geld. Es geht bei Erziehung darum, welche Beziehung wir zu unseren Kindern pflegen.

Inzwischen ist auch der Erziehungsauftrag der Schulen im Grundgesetz und in den Landesverfassungen verankert. Die Meinung darüber, was der Erziehungsauftrag ist, geht aber von Bundesland zu Bundesland ziemlich weit auseinander. In Bayern[8] gehört zum Beispiel zum Erziehungsauftrag, dass Schulen auch Herz und Charakter bilden sollen. Dort ist eines der obersten Bildungsziele die Ehrfurcht vor Gott neben der Liebe zur bayrischen Heimat. Außerdem sind die Lernenden im Geiste der Demokratie zu erziehen. In Berlin[9] hingegen wird das Recht auf die individuelle Entfaltung betont.

Stephanie erzählt: Wer kümmert sich eigentlich um wen?

Als ich an einer neu gegründeten Privatschule gearbeitet habe, war ich noch recht blauäugig und voller Optimismus, ich wollte Schule neu denken. Das änderte sich rasch, denn wir befanden uns in einem ununterbrochenen Widerspruch: Eltern bezahlten Geld, damit ihre Kinder möglichst ganztägig bei uns waren. Waren dann aber nicht mit dem zufrieden, was sie dafür „bekamen". So sagte tatsächlich einmal ein Vater zu mir, dass er erwarte, dass wir uns um alles kümmern und dem Kind beibringen, wie es sich zu verhalten habe. Schließlich zahle er ja genug dafür und wolle sich dann abends nicht mehr um die Erziehung und Manieren seines Kindes kümmern müssen.

Schulen haben zwar einen Erziehungsauftrag, der kann aber nicht darin bestehen, die Erziehung durch die Eltern zu ersetzen, denn die Erziehungsziele einer Schule (besser gesagt durch die Vielzahl der Menschen in der Schule) und die der Erziehungsberechtigten können schnell (wie die Ziele in den Landesverfassungen) in grundlegenden Fragen auseinanderdriften.

Die Community erzählt: Reine Erziehungssache?

Das spiegelt sich auch in der Tollabea-Community. Die Kommentare reichen von der Meinung, dass Kinder zum Erziehen Eltern haben, bis hin zu der Meinung von Lehrkräften, dass die Kinder so viel Zeit in der Schule verbringen, dass diese sie nicht nicht erziehen kann.

Ihr Eltern habt von Geburt eures Kindes an die Aufgabe, eure Kinder zu sozialisieren (unbewusst Werte und Normen zu vermitteln) und zu erziehen (bewusst Werte und Normen zu vermitteln), aber die Übergänge sind fließend. Beides sind Prozesse, die Kinder durch ihr Umfeld, also zunächst durch die Familie, ein Teil einer Gesellschaft werden lässt. Prozesse, die dann später im Kindergarten, in der Schule und allen weiteren Lebensbereichen fortgesetzt werden.

Wir können Sozialisation in viele verschiedene Teilsozialisationen unterteilen. Die geschlechtsspezifische Sozialisation sei hier nur als ein Beispiel genannt. Nach wie vor werden Kinder von einem Großteil der Bezugspersonen unterschiedlich behandelt, abhängig davon, ob man bei der Geburt als männlich oder weiblich identifiziert wurde. Das fängt bei der Farbe der Kleidung und des Kinderzimmers an und geht weiter über die Auswahl des Spielzeugs bis hin zu den Kinder- und Jugendbüchern.

Stephanie erzählt: Babypuppe vs. Bagger

Als ich Kind war, fand ich Puppen schrecklich langweilig. Ich konnte nichts anderes damit tun, als sie an- und auszuziehen, und war bitter enttäuscht, dass ihre Haare nicht nachwuchsen, nachdem ich sie geschnitten hatte. Bausteine und Autos dagegen waren viel interessanter. Kein Turm konnte so hoch sein, dass mein kleiner Plastikbauarbeiter, den ich mir im Fahrradladen bei uns im Haus von meinem eigenen Taschengeld gekauft hatte, ihn nicht rauf- und wieder runterklettern konnte. Die Abenteuer, die er als einsamer Kämpfer für die Gerechtigkeit erlebte, waren ungezählt, und ständig musste er sich neuen Herausforderungen stellen.

Durch die Sozialisation und durch unsere Erziehung als ihr bewusster Teil wird uns ein Gerüst mitgegeben, das uns vermittelt, welches Verhalten in welcher Situation von uns erwartet wird - innerhalb der Familie, in der Schule oder unter Freunden und Kollegen; größer gedacht auch innerhalb einer Gesellschaft oder Kultur.

Stephanie erzählt: Das Ich in der Gesellschaft

Als ich das erste Mal nach Japan ging, musste ich mich vollkommen neuen Verhaltensweisen und Strukturen anpassen. Ich wurde in meinem neuen Umfeld faktisch neu sozialisiert. Immer wenn ich japanischen Boden betrete, lege ich meine deutsche Sozialisation ab und meine japanische Sozialisation an, was bei Mitreisenden, wenn sie mich, aber Japan nicht kennen, oft zu Irritationen führt.

Sozialisation kann als umfassende Grundlage angesehen werden, uns in der Gesellschaft zu orientieren. Neben dem von staatlicher Seite so postulierten Erziehungsauftrag übernimmt Schule aber, wie bereits erwähnt, auch noch weitere Aufgaben, die selten in den Mittelpunkt gerückt werden. Kinder üben dort ihre Rollen, sie probieren sich darin aus und entwickeln dabei ihre eigene Identität und Individualität. Dies sind keine Prozesse, die zwangsläufig nur in der Schule stattfinden, aber da Kinder sich einen Großteil ihrer Lebenszeit dort aufhalten, hat sie daran signifikanten Anteil.

Was ist meine Rolle?

Zur Schule zu gehen ist wie eine Wundertüte: Mit welchen Menschen wird euer Kind seine Grundschulzeit verbringen? Dieselbe Frage stellt sich auch euch. Ihr könnt euch die Eltern der Mitschülerinnen und Mitschüler nicht aussuchen - vollkommen unabhängig davon, ob es sich um eine Kiezschule oder eine private Schule handelt.

Eine Klasse setzt sich aus einer Vielzahl von Individuen zusammen, die die unterschiedlichsten Erfahrungen und Hintergründe haben. Sie ist eine Schicksalsgemeinschaft. Manche Kinder kennen sich vielleicht aus dem Kindergarten und sind bereits gute Freunde (oder auch erbitterte Feinde), andere sind Einzelkinder oder haben zwischen zwei und sechs Geschwister. Die einen haben Deutsch als einzige Familiensprache, wieder andere verfügen über mehrere Sprachen. Es gibt Einzelgänger und Draufgänger, schüchterne Mädchen und Jungen und andere, die ohne Mikrofon eine große Halle beschallen könnten. Und dann bringen alle noch unterschiedliche Vorlieben mit. Fußballheldinnen und Puppen-väter genauso wie Baumeroberinnen und Stubenhocker, die mit Computerspielen oder mit Knetteig ihre Zeit verbringen. Nehmt euch einen Moment und findet heraus, wer ihr seid.

Täglich und manchmal im Sekundentakt wechseln wir je nach Situation unsere Rolle. Wir sind Kind, Elternteil, Kollegin, Klassen-kamerad, Schülerin, Partner, Freundin, Feind, Tante oder Onkel,

WER BIN ICH UND WELCHE ROLLEN HABE ICH?

Enkelkind, Nachbar, Kundin, Vorgesetzte oder Urlauber. Die Liste ließe sich unendlich weiterführen ... Vielleicht scheint es euch zunächst unsinnig, denn ihr könnt natürlich sagen: „Ich bin doch ich!" Aber es wird schnell deutlich, dass dies zwar richtig ist, ihr euch aber in jeder eurer Rollen mit anderen Facetten zeigt.

Schauen wir mal in einen Klassenraum: 5. Klasse, zwei befreundete Kinder, die wie Pech und Schwefel zusammenhalten. Die eine hat die Rolle des Klassenclowns für sich eingenommen und ist zu jeder Zeit zu einem Scherz, einer launigen Bemerkung bereit. Der andere ist fleißig, pflichtbewusst und versucht immer alles richtig zu machen. Unsere Draufgängerin macht mal wieder Blödsinn und ihr Freund wird jetzt von der Lehrkraft gefragt, was da passiert ist. Welche Rolle wiegt für ihn stärker, die des Freundes oder die des zuverlässigen Schülers? Unsere Rollen können uns also auch schnell mal hinsichtlich unserer Loyalitäten in Bedrängnis bringen.

Unsere Identität wiederum setzt sich aus den verschiedenen Rollen, unseren Sozialisationserfahrungen und anderen ganz persönlichen Erfahrungen zusammen. Selbst eineiige Zwillinge haben keine gleiche Identität, da sie in ihren Veranlagungen, Rollen und Erfahrungen trotz einer identischen DNA verschieden sind.

Alles in der Gruppe oder lieber mal alleine?

Welche Aufgabe hat die Schule in der Identitätsentwicklung von Kindern und Jugendlichen?

Kinder betreten, wenn sie in die Schule kommen, eine neue Welt. Neue Menschen, neue Möglichkeiten und viele neue Erfahrungen, die sie an diesem Ort machen können. Bei aller Ungewissheit, was sie vielleicht erwartet, steht doch eigentlich immer die Neugier und der Wissensdurst, der Wunsch nach mehr Unabhängigkeit im Vordergrund. Schule bildet alleine schon durch die Anzahl der Stunden, die die Kinder dort verbringen, den Rahmen dafür. Idealerweise dürfen Kinder sich ausprobieren, besteht Unterricht nicht nur aus dem Beibringen von totem Wissen, sondern ist besonders in der Grundschule ein Ort, an dem Kinder mutig Risiken eingehen dürfen und gehalten und getragen werden, wenn ihnen etwas nicht so gut gelingt. Jedes Erlebnis, sei es negativ oder positiv, prägt und fördert die Entwicklung der eigenen Identität. Das bezieht sich auch auf das Verhältnis zu den Mitschülern und Mitschülerinnen.

Und was ist jetzt der Unterschied von Identität zu Individualität? Um diesen Unterschied herauszuarbeiten, schauen wir uns zunächst an, was eine Gruppe für Kinder bedeuten kann.

Gruppe prägt: „Meine Schuhe sind aber von der teuren amerikanischen Marke!" „Oh, hast du das T-Shirt bei einem Billigladen gekauft? Die Farbe ist ja gar nicht mehr angesagt dieses Jahr." „Also ich fahre in den Winterferien für eine Woche auf die Bahamas."

Wir kennen sie alle, diese kleinen, aber doch verletzenden Bemerkungen, die in der Schule auf diese oder ähnliche Weise geäußert werden. Dabei ist der Inhalt als solcher egal, es ist das Gefühl, das damit vermittelt wird. Was hängen bleibt, ist: „Du gehörst nicht dazu!"

Der Wunsch, einer Gruppe anzugehören, die nicht die eigene Familie ist, ist gerade für Erstklässler und Erstklässlerinnen wichtig. „Ich will dazugehören, Teil eines großen Ganzen sein, das mich beschützt und mir zeigt, dass ich angenommen bin." Es ist wichtig für die Entwicklung, sich in sozialen Gefügen auszuprobieren und dadurch mehr über sich und seine Bedürfnisse zu erfahren, aber manchmal ist das eben nicht einfach.

Häufig gibt es Lernende, die nicht dazugehören, Einzelgänger sind und lieber ihr Ding machen. Oft kleiden sie sich anders oder interessieren sich für andere Dinge. Jetzt scheint es ein Allgemeinplatz zu sein, wenn wir sagen, dass Schule Kinder und Jugendliche dazu befähigen sollte, mit jedem Menschen klarzukommen. Nur leider funktioniert es nicht immer so einfach.

Gerade wenn Kinder in die Schule kommen, ist es deshalb unglaublich wichtig, viel Zeit und Energie darein zu investieren, ihnen unterschiedlichste Arbeitsformen beizubringen, damit sie dazu befähigt sind, mit allen zusammenzuarbeiten.

Oft bilden sich Gruppen, die sehr dynamisch sein können, sodass der Außenseiter von letzter Woche plötzlich der Boss der neuen Formation

WELCHEN GRUPPEN HABE ICH FRÜHER ANGEHÖRT?

Eine Gruppe, zu der ich nicht gehört habe, aber gern gehört hätte:

Merkmale:

Eine Gruppe, zu der ich gehört habe und auch gern gehören wollte:

Merkmale:

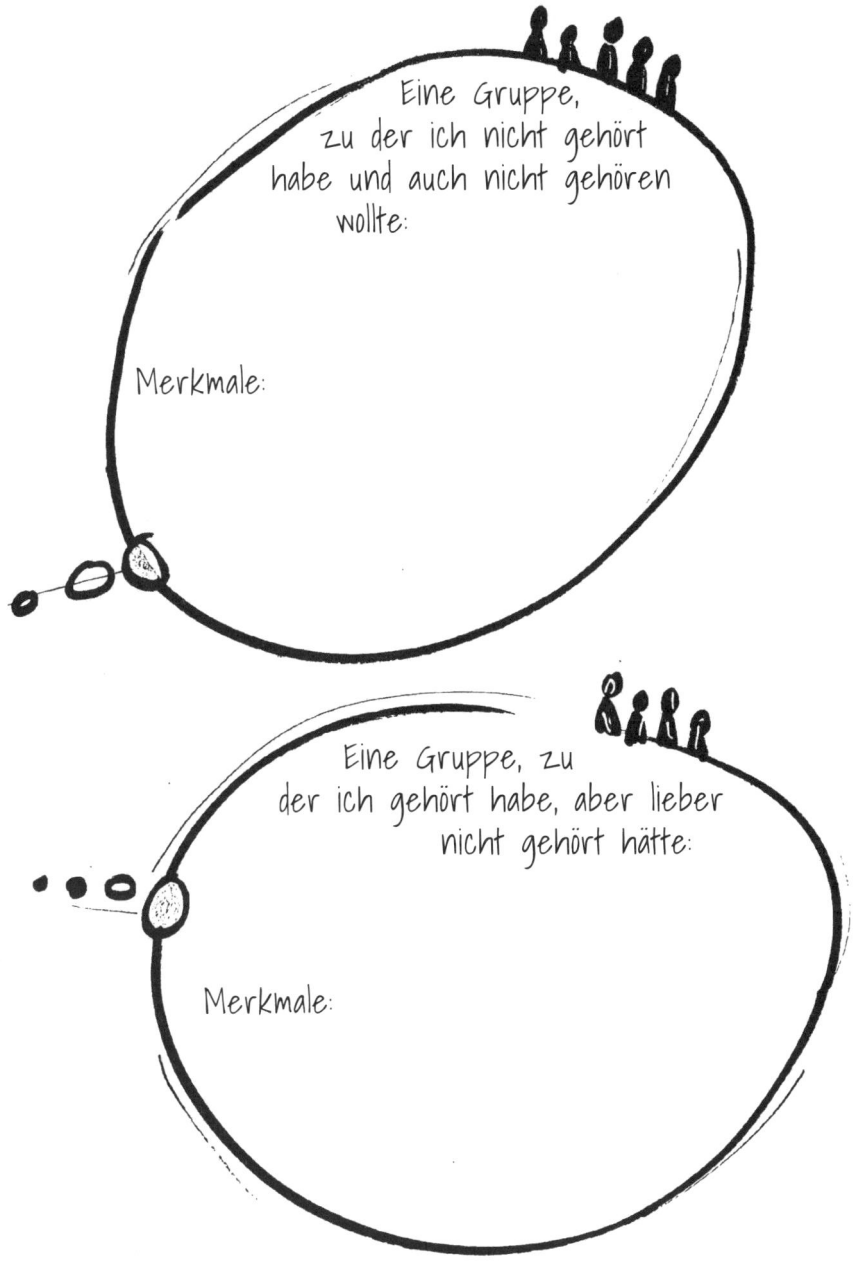

Eine Gruppe,
zu der ich nicht gehört
habe und auch nicht gehören
wollte:

Merkmale:

Eine Gruppe, zu
der ich gehört habe, aber lieber
nicht gehört hätte:

Merkmale:

in dieser Woche sein kann. Aber wenn sich Gruppenstrukturen verhärten und systematisch Menschen aus der Klassengemeinschaft ausschließen, besteht dringender Handlungsbedarf. Wir wollen hier absichtlich nicht von Mobbing sprechen, aber „Wehret den Anfängen" ist sicherlich ein gutes Motto an dieser Stelle, denn missbräuchliches Verhalten innerhalb der Gruppe kann große Schäden anrichten. Gruppen können für die Entwicklung von Kindern und Jugendlichen positiv und fruchtbar sein, aber nur so lange, wie ihre Individualität darin nicht Schaden nimmt.

Wir haben jetzt von Sozialisation, Rolle, Identität und Gruppenzugehörigkeit gesprochen und immer geht es dabei um vielfältige und komplexe Zusammenhänge. Damit wagen wir jetzt den Sprung in den Begriff „Individualität". Die Definition von Duden lautet: „Summe der Eigenschaften, Merkmale, die die Besonderheit eines Menschen ausmachen"[10]. Wir wollen den Begriff hier vereinfacht und gleichzeitig um die Situation erweitert verwenden. Individualität ist für uns alles, was einen einzigartigen Menschen im Jetzt und Hier ausmacht.

> **Wir haben Individuum so definiert:**
> Mich als einzigartigen Menschen macht aus, was ich jetzt gerade in diesem Moment empfinde und erlebe, was ich jetzt und hier lese, die Musik, die ich höre, die Gedanken, die ich habe, und die Gefühle, die ich spüre, und die Dinge, die ich jetzt lernen kann. Als Erfahrungen werden sie Teil meiner Sozialisation und meiner Identität, aber in diesem Moment machen sie mich aus.

Wenn wir uns das vor Augen halten, dann ist es verständlich, warum immer wieder die Frage und der Wunsch nach individualisierten Lernplänen entsteht, denn nicht alle können zu jeder Zeit das Gleiche lernen. Selbst wenn wir uns nur einen einzigen Aspekt anschauen, z. B. die Altersspanne innerhalb einer Klasse, ist das klassische Konzept des Curriculums schwer umzusetzen. Was also tun? Für das Miteinander von Lehrenden und Eltern ist es unserer Meinung nach hilfreich, den

Kindern eine Stimme zu geben und sie dazu zu befähigen, uns zu sagen, was sie brauchen.

Wir haben uns den Weg eurer Kinder zu mehr Selbstständigkeit in der Schule unter verschiedenen Aspekten angesehen. Wichtig ist es uns, dabei deutlich zu machen, dass erfolgreiches Lernen aus einem Wechselspiel entsteht zwischen dem, was zu Hause, und dem, was in der Schule gelebt wird. Kinder stehen als sich entwickelnde Menschen mit ihren Bedürfnissen im Mittelpunkt. Zu diesen Bedürfnissen gehören die Freude an Neuem und Wissensdrang, Begegnung und Entwicklung mit Gleichaltrigen sowie die Möglichkeit, die eigenen Fähigkeiten zu entdecken und zu entwickeln.

Ihr Eltern seid die größten Fans und Unterstützer eurer Kinder – vor allem zu Hause. Ihr habt eine der schwierigsten Aufgaben: Verantwortung für ihre Entwicklung zu übernehmen und zu wissen, wann ihr diese abgeben bzw. teilen solltet, nämlich dann, wenn die Schule ins Spiel kommt. Lehrende schließlich übernehmen den schulischen Teil der Erziehung und tragen die Verantwortung dafür, dass Kinder so gut wie möglich dabei unterstützt werden, ihr Potenzial zu entfalten.

Dieses Verständnis von gemeinsamer Verantwortung wird leider nicht von allen in dem Maße geteilt, wie wir es uns wünschen würden. Das liegt vielleicht daran, dass das Bildungswesen in Deutschland erst am Anfang ist, sich zu verändern, und noch viele alte Gewohnheiten vorherrschen. Ein Beispiel dafür ist, dass der Kontakt zwischen Eltern und Lehrenden meist nur dann stattfindet, wenn es Probleme gibt. Unser Ziel ist es, euch für das gemeinsame Entwickeln und Lernen zu begeistern und dafür Leichtigkeit und eine gesunde Portion Humor mitzugeben. Als ersten Schritt haben wir die Idee des Co-Learnings deshalb um die Lehrenden erweitert.

Bevor wir uns im nächsten Kapitel über Familien und Schulkultur Gedanken machen und euch mit dem Co-Learning vertraut machen, laden wir euch ein zu reflektieren, was für euch Schule und die Kooperation mit der Schule bedeutet:

ELTERN UND LEHRENDE - UNTERSCHIEDE UND GEMEINSAMKEITEN

KAPITEL 2

Der Paradigmenwechsel in Familien- und Schulkultur – oder warum Co-Learning die neue Lernkultur ist

Die Zukunft wird immer anders sein, als wir sie uns vorgestellt haben. Das einzig Gewisse ist die Ungewissheit. Nur einer Sache können wir sicher sein: unserer Fähigkeit, uns anzupassen, aus Veränderungen zu lernen, miteinander und füreinander - nicht gegeneinander - zu handeln. Das schauen wir uns in diesem Kapitel etwas genauer an.

Im Kapitel 1 habt ihr bereits eine Übung zu den Glaubenssätzen gemacht, mit denen ihr bzw. euer Kind die Schule angefangen habt. Die Story, die uns unsere Eltern noch versucht haben zu erzählen, ist mittlerweile komplett überholt: Wenn du brav zur Schule gehst, fleißig lernst, gute Noten schreibst und einen Abschluss bekommst, der dich befähigt,

DIE GESPENSTER MEINER SCHULZEIT

Schreib deine Glaubenssätze hier auf:

z.B.: Jetzt beginnt der Ernst des Lebens

eine höhere Bildungsanstalt zu besuchen, ist alles bestens. Wenn du dort einen weiteren Abschluss mit Bestnoten bekommst, dann hast du für die Zukunft ausgesorgt und dein Leben wird richtig gut sein. Dieses „Kind, du musst für die Zukunft lernen!" haben wir ihnen schon damals nicht abgekauft - und heute glaubt das niemand mehr so richtig.

Was waren genau die Sätze, mit denen du von deiner Familie genervt wurdest, und gibt es Floskeln, die du heute manchmal noch gebrauchst?

„Kinder wollen nicht auf das Leben vorbereitet werden, sie wollen leben." [11] Das schrieb mal der freie Publizist und Kinderrechtler Ekkehard von Braunmühl und gründete Anfang der 1970er-Jahre die Antipädagogik, ein für die damalige Zeit im Schulwesen echt skandalöses Gedankengut. In ihr wurde das traditionelle Machtverhältnis, das in der Pädagogik bis dahin herrschte, kritisiert. Seitdem hat sich viel getan. Propagieren wir jetzt ebenfalls eine Schulrevolution? Na ja klar, und wir sind schon mittendrin!

Langsam dämmert es uns, dass das Lernen der vergangenen Jahrzehnte sich radikal verändert hat und sich damit auch das System Schule ändern muss. Auch das System Familie ist ganz schön in Bewegung - über Bindungsorientierung bis hin zu neuen Kommunikationsstilen und Erwartungsmanagement. Darauf gehen wir später noch ein. Lasst uns vorher kurz einen Moment überlegen, was diese Systeme überhaupt miteinander zu tun haben.

System Schule und System Familie - wie hängen beide zusammen?

Als Eltern eines schulpflichtigen Kindes wandelt ihr zwischen der Schule und der Familie hin und her und schleppt die Gefühlslast mit - die mal mehr und mal weniger schwer wiegt. Wichtig ist: Zuhause und Schule stellen zwei verschiedene Systeme dar.

Und hier passiert jetzt das Spannende: Eure Kinder sind die Grenzgänger, durch die die beiden Systeme miteinander in Austausch kommen. Sie tragen bewusst und auch unbewusst Informationen von A nach B und umgekehrt. Die Lehrkraft war schlecht drauf? Ihr könnt euch sicher sein, dass dieses Erlebnis einen Einfluss auf euer System Familie haben wird. Die schlechte Laune von Herrn Specht bringt das Kind sicher mit nach Hause! Und natürlich auch umgekehrt. Je nachdem wie kommunikations-freudig eure Kinder sind, wissen Lehrende und die Klasse oft auch mehr über euch, als euch vielleicht lieb ist. (Eine Krankenschwester erzählte mal, dass ihr Kind in der Schule erzählt hatte, sie arbeite den ganzen Tag mit einem „Delfinvibrator" statt „Defibrillator".)

Beide Systeme verändern sich - oft chaotisch beziehungsweise zufällig. Können Eltern oder Lehrkräfte sie steuern und gestalten? Sicherlich. Wie geht das am besten? Dieser Frage wollen wir nachgehen.

Warum die systemische Betrachtung sinnvoll ist? Sowohl Eltern als auch Lehrkräften fehlt manchmal das Bewusstsein dafür, dass Lernende insbesondere in unterschiedlichen Systemen schlichtweg anders drauf sind. Sie verwandeln sich nicht in andere Persönlichkeiten - sie zeigen und entwickeln aber Persönlichkeitsmerkmale unterschiedlich stark.

Wenn ihr euer Kind zu Hause anders erlebt als seine Lehrkräfte in der Schule, ist das ganz normal: Die heimische Plappertasche ist in der Schule eher zurückhaltend, und die schüchterne Leseratte wird zur Rampensau,

MEIN KIND - ZWEI MENSCHEN

Wo sind Unterschiede (X) und
wo Gemeinsamkeiten (O)?*

Mein Kind zu Hause ist

_____ →

_____ →

_____ →

_____

verhält sich

_____

_____

_____

_____

* bitte entsprechend markieren

Mein Kind in der Schule

ist

verhält sich

sobald die Situation nur ansatzweise einer Bühne gleicht. Diesen Entwicklungsspielraum brauchen die Kinder, genauso wie die liebevolle Abstimmung und Verständigung zwischen den jeweiligen Systemzentren: Eltern und Lehrenden. Dabei müssen wir berücksichtigen, dass unsere kleinen Informationsträger nicht die Einzigen sind, die zwischen den kleinen und großen Systemen hin und her wandern - sondern dass auch die Zentren gelegentlich aufeinandertreffen. Wenn es dabei zum Eklat kommt, leiden nicht nur die Kinder, sondern letztlich alle. Um Missverständnisse zu vermeiden und für ein möglichst gutes Klima zwischen den Interessengruppen zu sorgen, schreiben wir dieses Buch.

Wie spiegelt sich nun der gesellschaftliche Wandel in beiden Systemen bzw. Kulturen? Was brauchen wir, um die Systeme für uns und unsere Kinder besser zu gestalten? Darum geht es im Folgenden.

Familienkultur

Was ist das? Der Begriff klingt schlüssig im Sinne von: „Na, wie wir uns in der Familie halt so gegenseitig behandeln", wie die 12-Jährige einer befreundeten Familie formulierte. Klar. Geschieht dies aber implizit oder explizit? Oder für 12-Jährige verständlich: Reden wir darüber oder nicht? Und mit wem eigentlich? Und wer oder was ist eigentlich dieses Wir?

Erziehungswissenschaftlern zufolge findet mit dem gesellschaftlichen Paradigmenwechsel auch eine Diversifizierung der Familien und auch der Familienkulturen statt. Große Haushaltsfamilie, Mehrgenerationenfamilie, bürgerliche Kleinfamilie, Stieffamilie, Patchworkfamilie, Alleinerziehende, Regenbogenfamilien oder Pflege- und Adoptionsfamilien. Mit jeder Familienform erweitert sich auch das Spektrum der Erfahrungen und der kulturellen Werte, die dann auf die Schulkultur treffen - und sie mit beeinflussen.

Paradigmenwechsel Familie

Generell können wir feststellen, dass mit neuen Erziehungsansätzen eine Umorientierung hin zu deutlich weniger patriarchalischen Werten stattfindet - etwa hin zu Bedürfnis- und Bindungsorientierung.

Auch wenn sich Tragetücher und Beistellbettchen fürs Schlafzimmer mittlerweile durchgesetzt haben - vor 50 Jahren war das noch mehr Statement als Norm! Der Generation unserer Großeltern wurde klargemacht: Kinder sollten so früh wie möglich zur Selbstständigkeit erzogen werden! Dafür haben sie die Babys stundenlang schreien lassen - bloß nicht verhätscheln und liebkosen. Auch wenn das elementar gegen den Elterninstinkt ging, wurde es doch gesellschaftlich als Erfolg gesehen, wenn die Kinder „hart wie Kruppstahl"[12] wurden.

Aufgrund psychologischer Erkenntnisse sieht es mittlerweile in der Familienwelt ganz anders aus: Die Themen beziehungs- und bedürfnisorientierte Elternschaft haben es bis in die Social Media geschafft. Heute fragen wir uns nämlich vielmehr: Wie tickt mein Kind? Was braucht es gerade? Wie kann ich ihm helfen, seine Bedürfnisse zu stillen? Das *Attachment Parenting*[13] aus Amerika brachte in den 1980er-Jahren wichtige Aufklärung darüber, dass Kinder Liebe, Nähe und Geborgenheit brauchen, um seelisch stark zu werden. So gesehen kann man sie gar nicht verwöhnen.

Wir Eltern wollen unseren Kindern zeigen, dass sie geliebt werden und wertvoll sind! Dass sie zu uns kommen können, wenn sie vor Freude sprudeln, aber auch, wenn sie tieftraurig sind. Dass sie sich zeigen dürfen, mit allem Bockmist und mit allen Schokoladenseiten, und sie sollen erfahren: Ich bin immer angenommen, so wie ich bin. Zuwendung zu unseren Kindern und ihre Bestärkung sind eine große Aufgabe!

Mit den eigenen Kindern Zeit zu verbringen, mit ihnen zu spielen und gemeinsame Aktivitäten durchzuführen ist noch ein vergleichbar junges Phänomen. Gespielt wurde in unserer Kindheit (den 1970er- und 1980er-Jahren) mit Gleichaltrigen und Geschwistern auf der Straße, aber nicht mit

FAMILIENKULTUR VON ANFANG AN

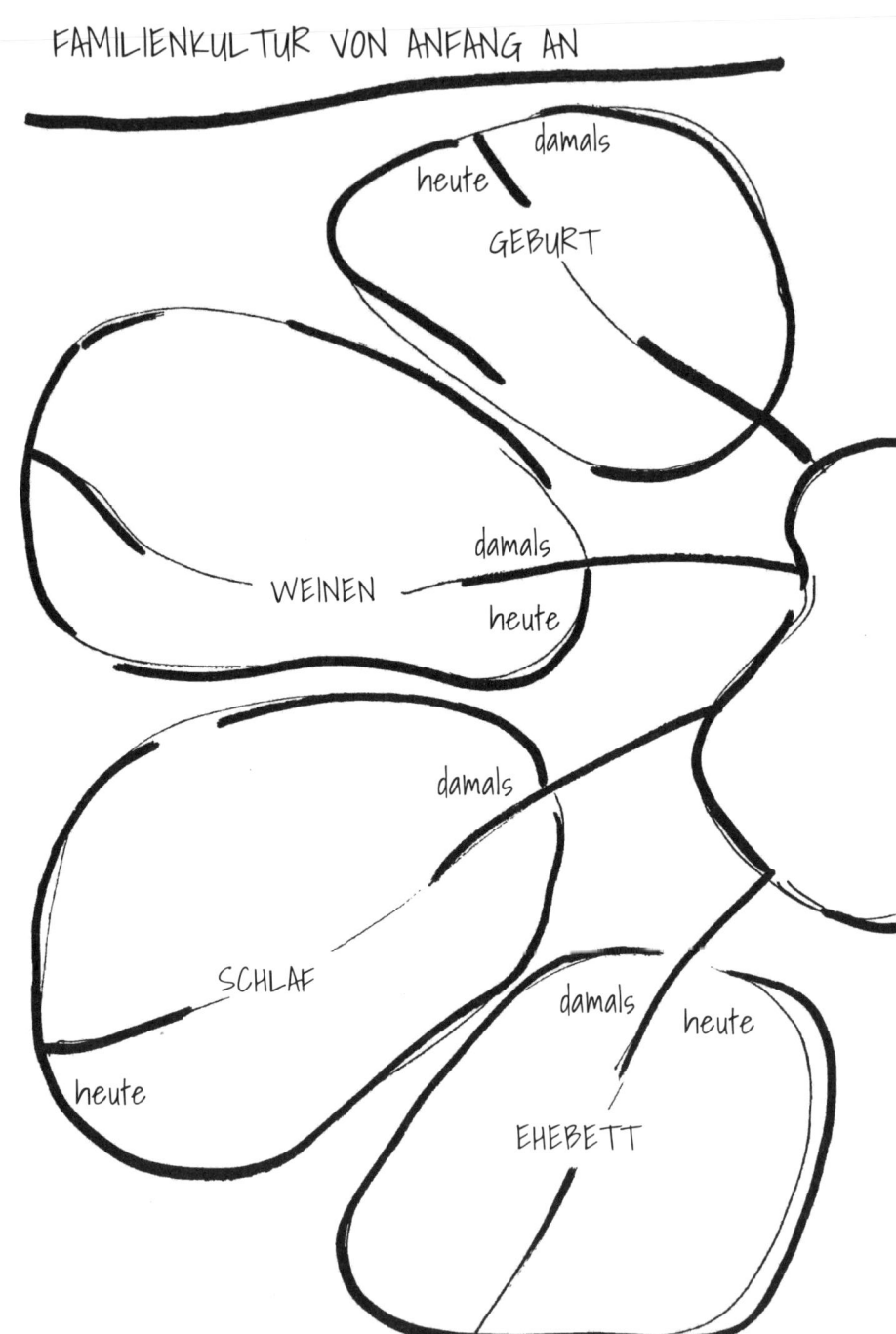

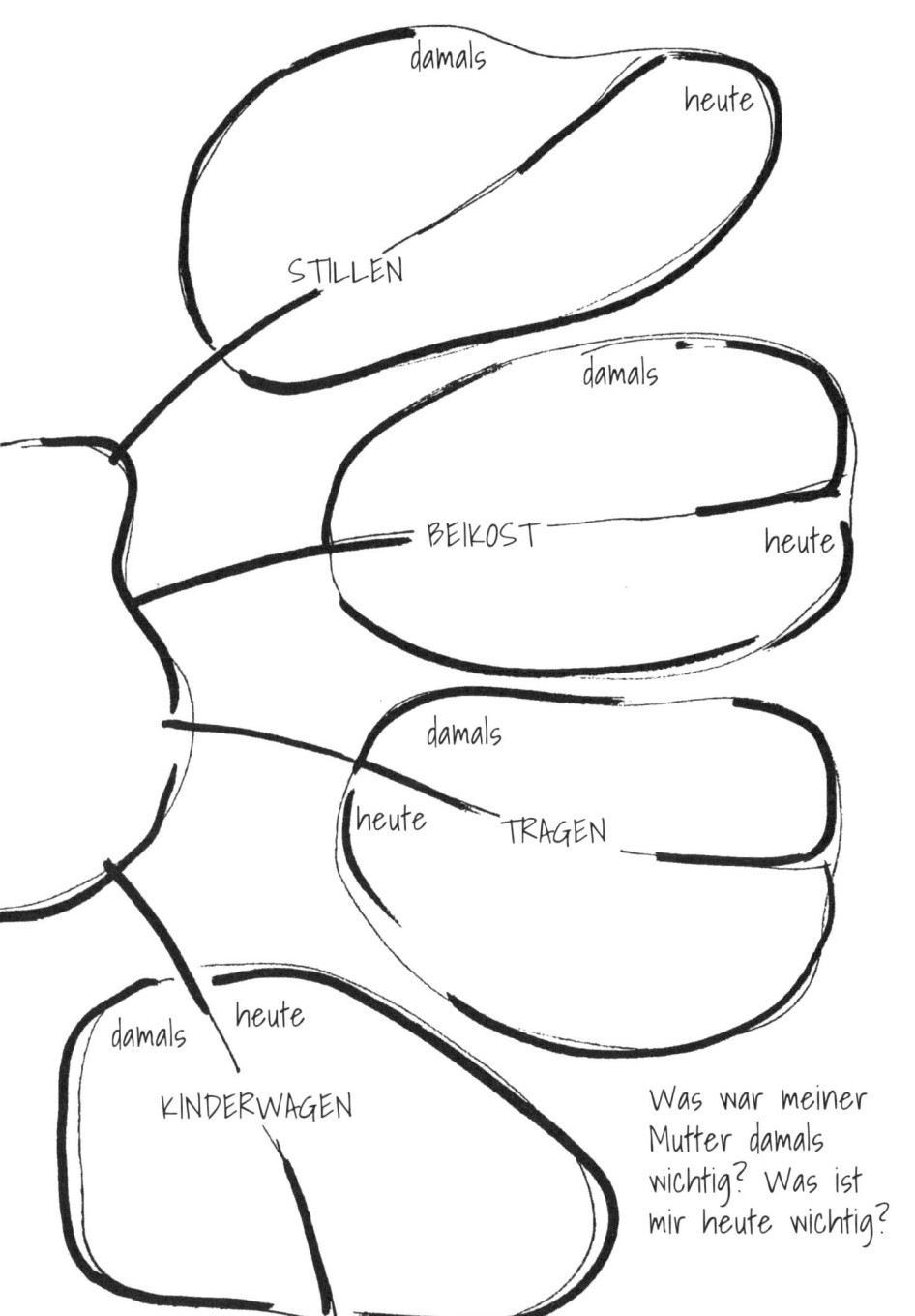

damals

heute

STILLEN

damals

BEIKOST

heute

damals

heute   TRAGEN

damals   heute

KINDERWAGEN

Was war meiner
Mutter damals
wichtig? Was ist
mir heute wichtig?

der Mama im Sandkasten. Könnt ihr euch das vorstellen, Spielplätze ohne Bänke für die Eltern? Gleichzeitig gehören Kitas und Tagespflege mittlerweile zum Alltag, denn es wird von den Mamas erwartet, so schnell wie möglich wieder zurück in den Beruf zu gehen.

Puh, dem Elterndasein wird ganz schön viel Verantwortung zugeschrieben – mehr als je zuvor! Erziehung ist komplexer geworden: weniger Ziehen und Schieben, mehr Begleiten. Weniger Auf-Prinzipien-Pochen, mehr Kennenlernen. Weniger „Das hat so zu sein", mehr „Was ist möglich?". Im Grunde genommen lässt sich der Paradigmenwechsel der Familie einfach beschreiben:

Mehr Zeit fürs Kind.

Gerade in einer Welt, in der Zeit ein kostbares Gut ist, ist das eine tolle Entwicklung!

Die Familien-Checkliste – Dimensionen

Wo verortet ihr euch in eurer Familienkultur? Diese Checkliste hilft euch, es herauszufinden. Am spannendsten ist es, sie mehrfach zu kopieren und sie allen Familienmitgliedern zu geben mit der Bitte, eine Einschätzung für die ganze Familie zu geben. Die Unterschiede sind bestimmt spannend – redet drüber!

Sicherheit	vs.	Abenteuerlust
○　　　○	○	○　　　○

Bewahren	vs.	Entwicklung
○　　　○	○	○　　　○

Perfektion	vs.	Gelassenheit
○　　　○	○	○　　　○

Ernsthaftigkeit	vs.	Leichtigkeit
○　　　○	○	○　　　○

Verbundenheit		vs.		Unabhängigkeit
○	○	○	○	○

Intellektualität		vs.		Emotionalität
○	○	○	○	○

Bodenständigkeit		vs.		Entfaltung
○	○	○	○	○

Ruhe		vs.		Geselligkeit
○	○	○	○	○

Diskretion		vs.		Mitteilungsfreude
○	○	○	○	○

Die Community erzählt: Unsere Familienkultur

Wir haben die Tollabea-Community nach ihrer Familienkultur gefragt, und die Mitglieder finden mehrheitlich: Familie ist mehr als Blutsverwandtschaft! Zur Familie zählen die Kinder, Tante, Opa und Neffen und eben auch enge Freunde oder ganze befreundete Familien. Bei manchen ist auch die Fellnase ein ebenso vollwertiges Familienmitglied.

Familie beschreibt Ulla als Gruppe von Menschen, mit denen man gerne auf der Couch Serien schaut und unter denen es nicht komisch ist „zu rülpsen und zu pupsen". Zur Familie zählen Menschen, bei denen jeder so sein darf, wie er ist, wo man ankommen kann und akzeptiert wird.

Familie sind auch die, die mit unseren Schwächen umzugehen wissen und sie uns nicht vorhalten, schreibt Martina sinngemäß.

Beschreiben die Mitglieder der Tollabea-Community Familienkultur, fallen unterschiedliche Begriffe: lachen, kuscheln, reden, Halt geben, alle fünfe gerade sein lassen, ebenso wie Fürsorge, Freundlichkeit, Respekt, verstehen wollen und Rücksicht nehmen. Auch wichtig sind die Begegnung auf Augenhöhe, Gleichwertigkeit und der Gedanke „Wir sind ein Team!" und vor allem: bedingungslose Liebe.

Wir fragen uns: Aufgeladen mit diesen Werten gehen unsere Kinder in die Schulen. Worauf treffen sie dort?

Paradigmenwechsel Schule

Das Bildungssystem wird mindestens seit der PISA-Studie 2018[14] als veraltet und überholt scharf kritisiert. Die starren Lehrkonzepte, altmodische Unterrichtsinhalte und Lehrkräfte, denen es scheinbar nach wie vor Vergnügen bereitet, ihre Lernenden leiden zu sehen - all das passt doch eigentlich so gar nicht in das aufregende, fortschrittliche 21. Jahrhundert mit den bindungsorientierten Familien!

Es gibt kaum ein Medium, das diese Zustände nicht regelmäßig kritisiert, keine politische Partei, die kurz vor Wahlen das Thema Bildungssystem nicht angeht. Es wird diskutiert, verhandelt, groß getönt oder vorsichtig angemerkt, geforscht, appelliert, die Verantwortung hin- und hergeschoben ... Es ist gar nicht so leicht durchzublicken, was überhaupt gerade im Bildungssystem passiert! Gleichzeitig ist es wohl nicht nur mir als Schulgründerin aufgefallen, wie viele Schulen mit alternativen Konzepten aus dem Boden sprießen. Um nicht den Überblick zu verlieren, haben wir mal ein bisschen Ordnung geschaffen.

Was hat es mit dem Paradigmenwechsel der Schule auf sich?

Was hat sich verändert?

Reformation der Bildungssysteme weltweit, der Fokus liegt auf:

- forschen
- informieren
- entwickeln
- gründen
- planen
- Pionierarbeit
- erfinden
- interpretieren
- austauschen
- ermöglichen
- erproben
- erneuern
- bewegen
- vernetzen
- probieren

Warum hat es sich verändert?

Die Welt hat sich grundlegend verändert, sie wird dadurch komplexer:

- Digitalisierung
- Vernetzung
- Automatisierung
- Globalisierung

Und das Bildungssystem der Vergangenheit, das durch die Aufklärung und Industrialisierung geprägt ist, passt nicht mehr.

Wie kommen wir von ...

- Wissen zu Kompetenz
- Instruktion zu Konstruktion
- Kontrolle zu Verantwortung
- Konformität zu Differenzierung
- Lehrenden-zentrierung zu Schüler- und Schülerinnen-orientierung
- Fachleuten zu Lernbeglei-tenden
- Bewertung zu Diagnostik

Es sind längst nicht mehr nur manche Politiker und Politikerinnen oder Bildungsfachleute, die ihre Stimmen erheben. Zum Glück! Denn um wirklich Veränderung und frischen Wind in das marode System zu bringen, brauchen wir unterschiedliche Herangehensweisen, Ressourcen und Meinungen, die den Prozess bereichern.

Vielfach bringen Menschen, die Unternehmen gründen, ohne große Kultusbürokratie Dinge ins Rollen: von Lern-Apps über Coding-Workshops bis hin zur Start-up-Beratung in der Oberstufe. Es gibt Wissenschaftlerinnen und Wissenschaftler, die nicht nur die neuesten psychologischen Erkenntnisse über das Lernen in Uni-Vorlesungen herunterleiern, sondern ihre Entdeckungen lautstark publik machen und mit ihren begründeten Ansichten argumentieren. Auch wenn der Punkt strittig ist: Es gibt Stiftungen und Initiativen, die Schulentwicklungen auch finanziell fördern. Sie vergeben Schulpreise, plädieren für Bildungsgerechtigkeit und unterstützen Schülerinnen und Schüler mit Stipendien. Lehrende und Schulen wagen mutig Neues und erproben es in der Praxis. Darüber hinaus öffnen Netzwerke, Konferenzen und Communitys den Raum zum Austausch. Der Paradigmenwechsel in der Schule ist eine Mammutaufgabe! Da können wir nicht nur Däumchen drehen und auf die alleinige Initiative des Staates warten. Stattdessen müssen wir Eltern und Lehrenden in unseren Schulen aktiv werden und von innen und unten nach dem Grassroot-Prinzip die Verwandlung vorantreiben. Was ist das Grassroot-Prinzip? Im Englischen bedeutet Grassroots Basis- oder Volksbewegung. Also das direkte Mitmachen von allen Interessierten an einem Thema oder einem Projekt. Das ist das, was wir euch im Folgenden für die Verbesserung der Beziehung von Schule und Elternhaus eures Kindes vorschlagen wollen: Macht mit und werdet (ein kleiner) Teil einer Bewegung, die die Veränderung konkret angeht. Knüpft ein Netzwerk, verteilt Aufgaben und gestaltet die Zeit für eure Kinder so selbst aktiv mit.

Macht euch einmal einen Moment lang Gedanken darüber, welche Verhaltensweisen von anderen bei euch eine gute Lernatmosphäre geschaffen haben und welche euch am Lernen gehindert haben.

WAS HAT MICH BEIM LERNEN UNTERSTÜTZT, WAS DARAN GEHINDERT?

Verhaltensweisen, die mich als Kind
beim Lernen unterstützt haben

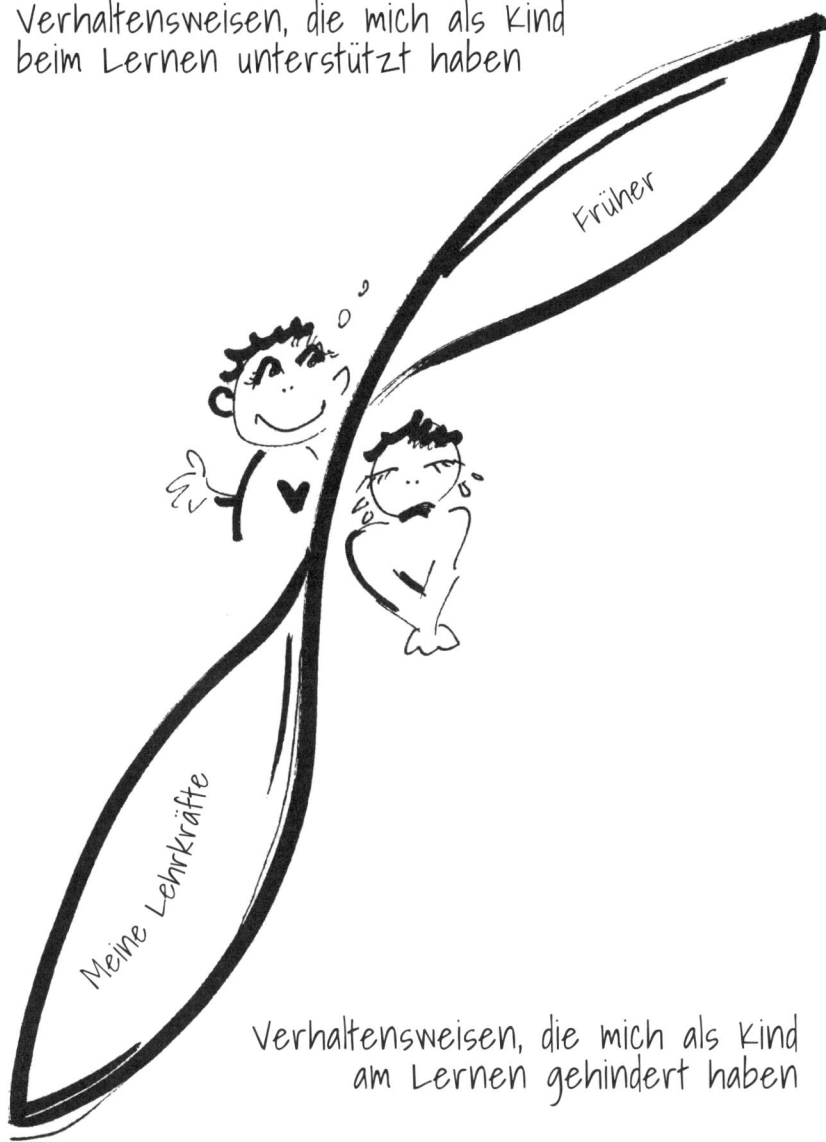

Früher

Meine Lehrkräfte

Verhaltensweisen, die mich als Kind
am Lernen gehindert haben

LERNEN IST WACHSEN

Das werde ich erreichen

Ich werde es können

Ich kann daran arbeiten, das zu können

Ich kann noch nicht

Ich kann nicht

Um den Paradigmenwechsel der Schule zu ermöglichen, braucht es eine grundsätzliche Veränderung in unserer eigenen Denkweise und damit unserer Haltung!

Was ist „Fixed und Growth Mindset"?

In ihrem Buch *Mindset*[15] erklärt Carol S. Dweck, dass es zwei unterschiedliche Arten von Denkweisen gibt: Das *Growth Mindset* und das *Fixed Mindset*. Sie zeigt auf, dass diese Denkweisen absolut ausschlaggebend für unser Verhalten in den unterschiedlichsten Bereichen unseres Lebens sind. Außerdem prägt es unsere Beziehung zu persönlichen Erfolgen und Misserfolgen. Dweck erforschte ihr Konzept nicht nur durch unterschiedliche Studien. Es basiert auf Untersuchungen des Gehirns. Wie erzählt, entwickelt sich das Gehirn ständig, wenn wir es füttern.

Menschen mit einem Growth Mindset glauben, dass sich sowohl der Charakter, die Intelligenz als auch die Talente des Menschen entwickeln können. Sie sagen: Jeder kann sich verändern! Jeder kann wachsen! Erfolg besteht dann darin, wenn du hart arbeitest, um die beste Version von dir selbst zu werden. Fehler sind kein Zeichen von mangelnder Intelligenz, sondern ein Sprungbrett, um zu wachsen. Und wenn einige aus einem Umfeld Erfolg haben, dann ist es für alle anderen eine Inspiration.

Larissa erzählt: Ich messe mich an mir selbst

Ein Schüler, den ich betreue, hat ein absolutes Growth Mindset. Um sich für die gymnasiale Oberstufe zu bewerben, musste er zusätzlich einen Sporttest absolvieren. Wir stellten einen Trainingsplan auf, wie er sich auf die unterschiedlichen Disziplinen vorbereiten konnte. In den folgenden Wochen kam er echt an seine Grenzen und erreichte seine Ziele nicht immer so, wie er sich das vorgestellt hatte. Trotzdem fokussierte er sich immer wieder auf seine Fortschritte und Anstrengungen: „Ich muss zwar noch schneller sprinten, aber heute war es schon besser als letzte Woche." Weil er dann doch durch das reguläre Verfahren in die Oberstufe aufgenommen wurde, erzählte er mir nach der vierten Trainingswoche, dass er nun gar nicht mehr am Sporttest teilnehmen muss. Dennoch blieb er dem Trainingsplan treu, denn er wollte sich weiterhin sportlich herausfordern. Dieser Schüler hat durch das Training so viel gewonnen, weil er glaubte, es würde ihm nützen – selbst wenn er den Test nicht bestehen würde! So funktioniert das Growth Mindset.

Menschen mit einem Fixed Mindset glauben, dass Charakter, Intelligenz und Talente der Menschen angeboren und damit unveränderbar sind. Sie fragen sich dauernd: „Werde ich Erfolg haben oder scheitern? Werde ich akzeptiert oder zurückgewiesen? Werde ich gewinnen oder verlieren?" Der Erfolg für sie liegt im Ergebnis, also darin zu zeigen, dass sie intelligent oder talentiert sind. Ihnen zufolge deuten Fehler darauf hin, dass sie nicht gut genug sind, und sind deshalb oftmals schambesetzt - Fehler sollten besser vermieden werden. Wenn andere aus ihrem Umfeld erfolgreich sind, dann ist es für diese Menschen oftmals beängstigend.

Schule fokussiert sich leider viel zu oft auf das Ergebnis statt auf die Möglichkeiten und die Entwicklung der Lernenden. Es geht um Leistung, Noten, darum, wer die Besten sind. Das dreigliedrige Schulsystem basiert auf dem Glauben, Intelligenz sei unveränderbar. Das heißt nicht, dass jeder Lernende diese Denkweise übernimmt, wie das Beispiel oben zeigt. Doch der Rahmen dieser Haltung prägt natürlich maßgeblich, wie wir Erfolg sehen - oder Misserfolg. Er entscheidet darüber, ob wir von Konkurrenten oder von Partnern umgeben sind.

Von Curricula und Notendämonen

An dieser Stelle wollen wir ein weiteres Problemfeld benennen: Lehrpläne oder auch Curricula sind das Gerüst, aber auch zugleich der Tod des Lernens. Werden sie flexibel und als Orientierung genutzt, ist Außergewöhnliches möglich, werden sie sklavisch befolgt, können sie jeden Lernwillen ersticken.

WAS PASSIERT, WENN ES KEINE SCHULNOTEN MEHR GIBT?

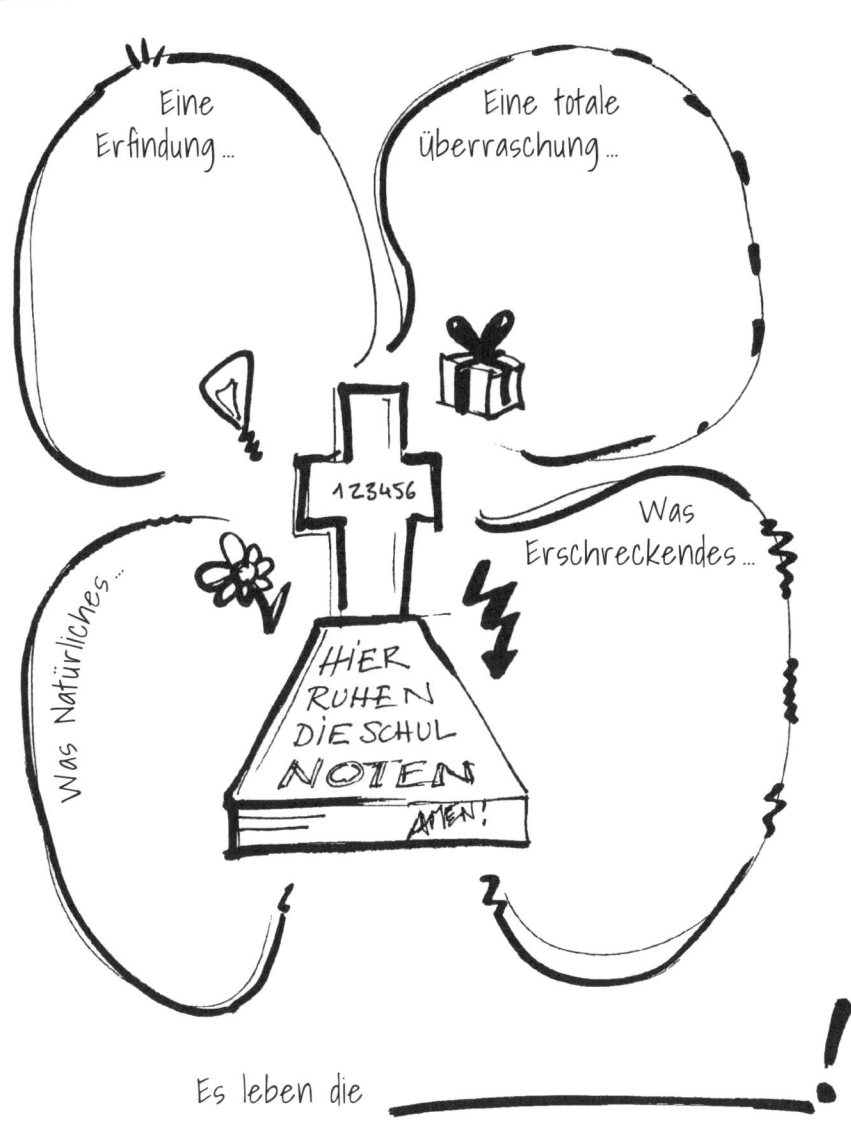

(Was ersetzt die Schulnoten?)

Wie stehen wir beide zu Noten überhaupt? Wir haben uns selbst mal die „Wunderfrage" gestellt:

„Stellt euch vor, ihr wacht eines Tages auf, und der ganze Krampf um das Thema Benotung ist durch ein Wunder überstanden. Was ist magischerweise passiert?"

Wir beide finden, dass eine echte Befreiung von dem klassischen Notensystem wichtig ist fürs Lernen, für die Schulkinder, die Lehrenden und die Eltern. Es gibt bereits immer mehr Schulen, die möglichst lange auf Noten verzichten und stattdessen Entwicklungsgespräche führen, um den Lernenden und den Eltern den Leistungsstand verständlich und transparent mitzuteilen.

Wir beide wissen aus vielen Briefen, Mails und aus den sozialen Medien: Ihr alle wünscht euch, dass eure Kinder gute Noten bekommen, gut abschneiden, ihre Prüfungen und Tests bestehen. Denn das Notenbewertungssystem ist auch ein Zugangssystem zu unserer Gesellschaft, unserer Berufswelt und auch zur weiteren Bildung. Bitte, liebe Eltern, denkt auch daran, dass unter allen diesen Kindern immer ein Mensch dabei ist, dem Mathe nichts sagt oder den das Fach Deutsch nicht erreicht. Es gibt genug Beispiele für Leute, die das ebenfalls so durchlebt haben und aus denen „etwas geworden" ist. Vielleicht sind da zukünftige Dirigenten der Londoner Philharmoniker dabei, die sich für Chemie einfach nicht begeistern konnten.

Wenn euer Kind gut benotet wird, ist das fein. Wenn nicht, dann erhaltet ihm sein Selbstbewusstsein und seine Würde. Es ist wirklich *nur* eine Zahl, die nichts über euer Kind aussagt. Zeigt ihm, dass ihr es liebt. Zeigt ihm, dass ihr Vertrauen in seine Zukunft habt, egal wie das Ergebnis aussieht. Euer Kind kann die Welt erobern, mit genau den Talenten und Interessen, die es hat. Bitte lasst euer Kind nicht glauben, dass nur Anwältinnen und Ärzte die glücklichen Menschen auf Erden sind.

Schlau für die Zukunft - unsere Schulschlaus

Wie soll Schule aber bitte funktionieren, ohne Noten? Ihr werdet lachen, aber die Mutter aller Bewertungsinstanzen für Schulen, die Organisation für wirtschaftliche Zusammenarbeit und Entwicklung, OECD, plädiert seit ca. 20 Jahren für ein Paket von Fähigkeiten für das 21. Jahrhundert und hat schon verlauten lassen, dass diese nicht mehr in klassischen Noten erfasst werden können! Sie hat stattdessen 12 „Skills for the 21st Century" ausgegeben.[16]

Stephanie und ich haben uns entschieden, für dieses Buch eine kleinere Auswahl an Fähigkeiten, auf die Skills der OECD aufbauend, zu erstellen. Aus unserer Sicht sind diese 7 für unser Buch ausreichend und dienen auch einem guten menschlichen Miteinander.

Aus den „Skills for the 21st Century" der OECD haben wir die für uns wichtigsten Schulschlaus entwickelt. Von links nach rechts: Kommunikation, Kreativität, Neugier, Verantwortung, Zusammenarbeit, Lernbegeisterung und Humor

Folgende Skills sind die für uns wichtigsten, wir bezeichnen sie als „Schlaus" oder „Schulschlaus":

Kommunikation (communication) oder wie wir sagen: **Rede-schlau**
Das bedeutet, dass ihr nicht nur gerne redet, sondern auch gut und für alle verständlich, und dass ihr vor allem achtsam und respektvoll sprecht; aktives Zuhören gehört auch noch dazu.

Kreativität (creativity – und wir glauben, dass flexibility hier dazugehört): **Lösungs-schlau**

Ja, es geht dabei auch darum, Dinge zu gestalten, aber es geht vor allem darum, Lösungen zu finden, auf die noch keiner gekommen ist, und Probleme unter verschiedenen Aspekten zu beleuchten.

Neugier (critical thinking): **Entdeckungs-schlau**

Als kleine Kinder sind wir immer auf der großen Entdeckungsreise, das muss aber nicht aufhören, wenn wir erwachsen sind. Es gibt so vieles, was entdeckt werden kann: alte Ideen, neue Menschen oder besondere Orte und Kulturen.

Verantwortung (citizenship = leadership and initiative): **Welt-schlau**

In der Welt können wir nicht anders, als Verantwortung zu übernehmen. Wir tragen Verantwortung für unsere Umwelt und für andere Menschen, nicht nur in unserem direkten Umfeld, sondern durch die globale Vernetzung. Das kann ganz schön belastend sein. Aber wenn wir alle ein bisschen Verantwortung übernehmen und uns bewusst machen, dass wir nicht alleine sind, ist es gar nicht mehr so schwierig.

Zusammenarbeit (collaboration): **Wir-schlau**

Und genau da schließt unser Wirschlau an. Einzelkämpfer wie Rambo sind out. Gemeinsam Dinge bewegen, gemeinsam gestalten, gemeinsam Freude haben.

Und für uns ist zusätzlich wichtig:

Lernbegeisterung (Growth Mindset): **Chancen-schlau**

Immer wieder stellen sich uns neue (Lern-)Herausforderungen, die Chancen öffnen, die wir alleine oder gemeinsam meistern können.

Der aus dem Englischen stammende Begriff „Growth Mindset" bezeichnet den Wunsch und die innere Haltung, zu wachsen und (auch problematisches) Neues als Chance und Herausforderung in der eigenen Entwicklung anzusehen. Er impliziert auch, sich Herausforderungen mit Offenheit und Tatkraft zu nähern und diese allein oder im Miteinander zu bewältigen.

Humor (gibt es in den „Skills for the 21st Century" gar nicht): **Spaß-schlau**

Nur mit Freude und Spaß lässt sich gut lernen, und dafür braucht ihr eher häufig eine große Portion Humor. Nicht alles zu ernst nehmen und auch mal ein befreiendes Lachen zuzulassen ist nicht so einfach, wie ihr denkt, und eine wichtige Fähigkeit.

Mit diesen 7 Fähigkeiten und Fertigkeiten wächst eine neue Lernkultur heran, die für Familien und für Schulen zukunftsfähig ist.

Das Co-Learning – warum wir unseren Kindern nichts mehr beibringen können und miteinander weiter kommen als je zuvor

Der Begriff Co-Learning leitet sich aus dem Englischen ab: „collaborative" oder auch „cooperative learning", also kollaboratives beziehungsweise kooperatives Lernen. Diese Lernweisen fanden in den vergangenen Jahren in Schulen und Kindergärten, aber auch an Unis und anderen Erwachsenenbildungsstätten Eingang.

Wir nutzen den Begriff Co-Learning in diesem Buch (und übrigens auch in unserem *Gemeinsam schlau statt einsam büffeln*[17]) also für das gemeinsame Lernen, bei dem mindestens zwei Personen involviert sind, die beide etwas lernen. Im Gegensatz zum individuellen Lernen nutzen die Co-Lernenden die Ressourcen und Fähigkeiten der jeweils anderen Person. Das heißt, sie tauschen sich aus, sie ziehen die Informationen und Ideen der anderen hinzu, entwickeln sie weiter und suchen gemeinsam nach neuen Ideen und Informationen – womöglich gar zusammen mit anderen co-lernenden Personen.

Wichtig fürs Co-Learning ist also der Teamgedanke, der durch gemeinsame Werte und eine offene Kommunikation gefördert wird:

- Alle Menschen einer Gruppe bringen ihr Wissen und ihre Fähigkeiten ein.
- Alle erhalten Aufgaben und führen sie aus.
- Alle sind mit allen im Gespräch und verständigen sich, was die Gruppe wie tun wird und welches Ziel sie erreichen möchte.
- Alle geben Feedback und werten das gemeinsame Vorgehen zusammen aus.
- Alle lernen aktiv.
- Alle wählen ihre Rolle selbstbestimmt.

- Alle übernehmen Verantwortung fürs Miteinander und fürs eigene Lernen.
- Alle übernehmen Verantwortung für ihren Beitrag in der Gruppe.

Einer der zentralen Aspekte des Co-Learnings ist ein Perspektivwechsel, der auf der Fähigkeit basiert, dass Erwachsene ihr Eltern-Ich (siehe auf Seite 100) im Zaum halten können – und dennoch die Führungsrolle behalten. Wie kann das zwischen den drei Gruppen funktionieren – zwischen Eltern, Kindern und Lehrenden? Wir gehen davon aus, dass ihr wahrscheinlich instinktiv denken werdet: „Autsch, die Lehrerinnen und Lehrer haben ja per Job-Definition die Eltern-Ich-Rolle inne!" Wie lässt sich das lösen?

Schauen wir uns die Grundlagen der *Transaktionsanalyse* an – ein Konzept, das Mitte des 20. Jahrhunderts vom Psychiater Eric Berne[18] begründet wurde. Bei der „Transaktionsanalyse" zwischenmenschlicher Beziehungen geht es um Kommunikation. Die Grundlagen Bernes sind Erkenntnisse aus der Tiefenpsychologie, der Verhaltenspsychologie und der humanistischen Psychologie.

Der Ausgangspunkt seiner Überlegungen ist so überzeugend und schlüssig, dass ihn auch eure Kinder verstehen und empfinden können. Die Überlegungen basieren auf drei Grundsätzen:

- Der Mensch ist von Geburt an okay, er kommt mit dem auf die Welt, was er braucht.
- Jeder Mensch, auch jemand mit psychischen, körperlichen oder geistigen Beeinträchtigungen, ist eine vollwertige und intelligente Person.
- Im Menschen selbst sind die notwendigen Werkzeuge angelegt, um das eigene Leben zu gestalten.

Das ist schon mal super. Und jetzt kommt der Clou: Jeder Mensch hat drei verschiedene Verhaltensarten in sich; in der Transaktionsanalyse sind dies die sogenannten drei Zustände des Ichs.

Die drei Zustände des Ichs

Folgen wir der Transaktionsanalyse, entspringt jede unserer Handlungen
einer dieser drei Kategorien:

1. Das Eltern-Ich

Laut Berne trägt jeder in seinem Inneren seine Eltern mit sich herum.
Unsere Eltern sind unsere ersten Idole, unsere erste Liebe, unsere ersten
Vorbilder. Was sie sagen und tun, prägt uns nachhaltig, vor allem in
den ersten Lebensjahren bis zum Schulbeginn. Ihre Regeln und Befehle
übernehmen wir als Kinder ungeprüft, da wir noch nicht in der Lage sind,
Anordnungen kritisch zu hinterfragen und wirklich zu reflektieren. Wir
speichern sie darum in unserem Eltern-Ich.

Unser Eltern-Ich ist zuständig fürs Bevormunden, Zurechtweisen oder
Umsorgen. Nahezu automatisch katapultiert uns Verantwortung für andere
Menschen auf diese Ebene. Und je größer unser Stress ist, desto eher neigen
wir dazu, genau die Muster zu wiederholen, die sich hier seit frühester
Kindheit verankert haben.

2. Das Erwachsenen-Ich

Der Zustand des Erwachsenen-Ichs ist geprägt von Reife und einem sach-
lichen, objektiven, reflektierten Umgang mit der jeweiligen Situation.
Wer aus dem Erwachsenen-Zustand heraus agiert, kennt seine Handlungs-
möglichkeiten und nimmt aktiv Einfluss auf die Gegebenheiten, indem
er auf der Grundlage von überprüften Informationen ausgewogene Entscheidungen trifft. In der Kommunikation mit anderen Menschen zeigt
sich das Erwachsenen-Ich durch aufmerksames Zuhören und reflektiertes
Sprechen.

3. Das Kind-Ich

In der Phase frühkindlicher Prägung merkt sich das (Unter-)Bewusstsein
brav Regeln und Gesetze. Zeitgleich strömen auf ein Kind alle möglichen
Eindrücke und Gefühle ein und prägen das Kind-Ich. Wenn alles gut läuft,
ist das Kind kreativ, hat Spaß, baut fröhlich Mist. Allerdings ist dies nicht

immer und überall der Fall. Berne geht davon aus, dass in den ersten fünf Lebensjahren das Gefühl der Hilflosigkeit dominant ist, da Kinder stark von ihren Eltern abhängig und in der Regel unselbstständig sind. Wie stark dies ausgeprägt ist, hängt vom Elternhaus ab: Zu viel oder zu wenig Autorität und Richtungsklarheit können bewirken, dass ein Mensch zunächst tief in sich die Haltungen „Ich bin nicht okay" oder „Ich kann einfach nichts" beziehungsweise „Was gehen mich die andern an, ich mach, was ich will" mit sich herumträgt. Ist das Verhältnis von Autorität und Freiraum (annähernd) ausgeglichen, entwickelt sich ein gesundes Kind-Ich, es hilft dem oder der Erwachsenen, fantasievoll, kreativ und neugierig der Umwelt zu begegnen.

Eines der zentralen Prinzipien des Co-Learning-Ansatzes besteht darin, dass Eltern ihre Eltern-Ich-Ebene möglichst ausschalten und sich entweder auf Erwachsenen-Ich- (gut!) oder auf Kind-Ich-Ebene (noch besser, aber dafür braucht es Übung!) begeben.

Eine gemeinsame Lern-Entdeckungsreise ist das Gegenteil von dem, was passiert, wenn Mama und Papa so viel Wissen wie möglich ins Kind „hineinkippen". Letzteres wäre ein „traditionelles Modell", die Kaskadierung von Wissen von Alt zu Jung. Beim Co-Learning geht es darum, zu einem auf Augenhöhe agierenden Team zusammenzuwachsen.

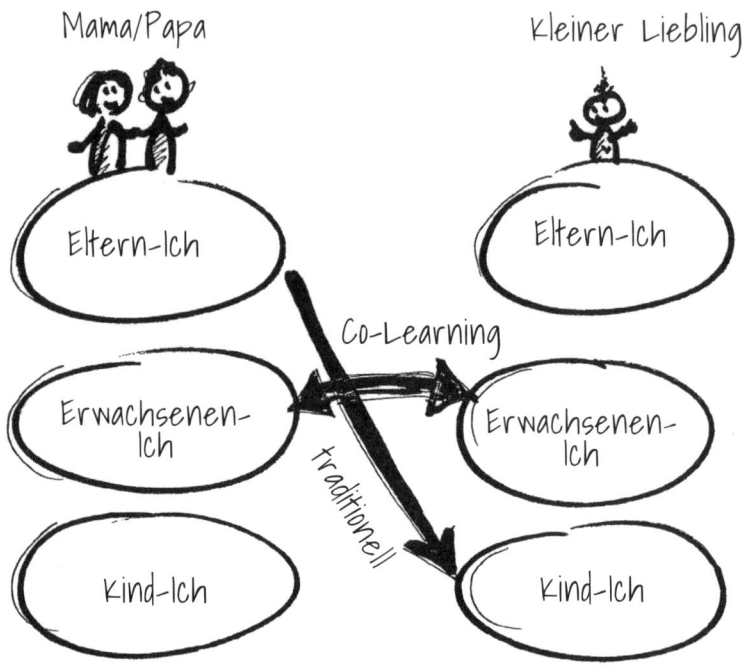

Transaktionsanalyse-Duett nach Berne (2002)[19]

Im Fall der Interaktion zwischen Eltern, Schülern und Lehrkräften ist das umso schwieriger , weil auf jeder der „Baustellen" das Verhältnis justiert werden muss: Traditionell agieren Eltern und Lehrende aus der Eltern-Ich Position heraus. Im Glücksfall kann es passieren, dass Eltern und Lehrkräfte es schaffen, „ums Kind herum" zu gehen und auf Augenhöhe zwischen Erwachsenen eine Beziehung zu etablieren.

Im schlechtesten Fall ringen Eltern und Lehrende um die höhere Position und bekämpfen sich mit Rechthabereien und Schuldzuweisungen. Das „Frau-Müller-muss-weg"-Phänomen, bekannt nach dem gleichnamigen Theaterstück, tritt überall dort auf, wo die Schulkultur keinen Boden für sinnvolle menschliche Beziehungen bietet, doch damit beschäftigen wir uns gleich.

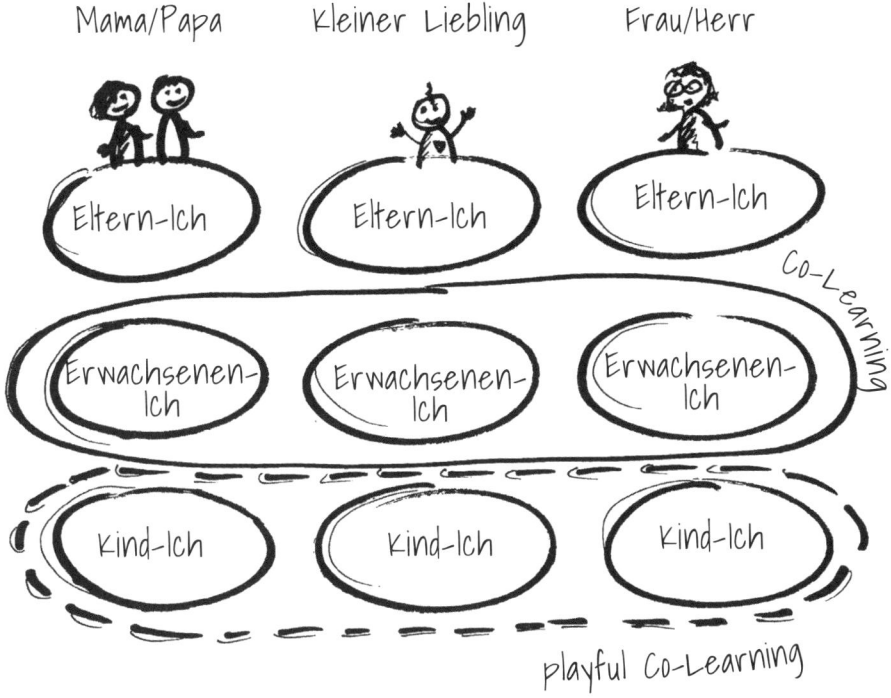

Transaktionsanalyse-Trio nach Berne (2002)[20]

Freude und gute Laune klingen harmlos, können aber so wirkungsmächtig sein, denn Lernen ist Beziehungssache. Gute Beziehungen basieren auf einem einzigen Treibstoff: positive Emotionen. Wer nicht gut drauf ist, lernt bzw. lehrt schlechter. Ohoho!, werdet ihr jetzt sagen, da kommt wieder eine daher, die antiautoritär-eurythmische Namenschoreografiestätten mit Wohlfühlduft predigt? Besteht nicht der Sinn der Schule darin, zum Lernen anzuspornen und den Leistungsstand zu erheben? Brauchen unsere Kinder nicht einen ordentlichen Tritt in den Allerwertesten, damit sie ordentlich auf die Welt „da draußen" und auf das Leben „später" vorbereitet sind? Nein. Schlechte Laune schafft schlechte Leistung.

Leistung finden wir gut. Wir sind überzeugt, es gibt keinen Ersatz für harte Arbeit. Und wir sind uns sicher, dass in jedem normalen Schulanfänger so viel Neugier, Kreativität, Optimismus und Lerndurst steckt, dass er oder sie Tolles leisten kann. Kinder haben Lust auf Leistung. Aber irgendwie bekommen es die meisten Bildungsbeauftragten fertig, mit guten Absichten und einem höheren Ziel genau dies zunichtezumachen. Etwas wirklich ändern? Ja, aber ...

Wir wissen, dass die meisten Lehrkräfte und Erzieherinnen und Erzieher einen bewundernswerten Job machen, der ihnen viel abverlangt. Jedes Mal nach einem Kindergeburtstag wird uns klar, was es bedeutet, eine Meute von Kindern unter Kontrolle zu behalten. „Bildungsbeauftragte" sind für uns diejenigen, die mit Bestimmungen, Vorgaben und Einschränkungen den Lehrkräften zusätzlich das Leben erschweren. Zu viele Lehrkräfte verlieren die Lust am Lehren, zu viele Kinder verlieren die Lust am Lernen! Aber es geht anders und besser.

Einige Untersuchungen[21] zeigen, dass Programme, die auf gute Gefühle im Schulumfeld fokussieren, nicht nur zu besseren Leistungen, sondern auch zu einer Abnahme von disziplinarischen Problemen und Mobbing führen. Des Weiteren trägt ein solcher Unterricht auch zur Gesundheit bei. Personen, die in ihrer Kindheit gemobbt werden, haben als Erwachsene ein sechsmal höheres Risiko als andere, an einer schweren Krankheit zu leiden.[22]

Einige Schulen weltweit haben die Erkenntnisse der Positiven Psychologie in ihr Konzept eingebunden und feiern große Erfolge. Dahinter steckt meistens ein ausgetüfteltes Programm, wie z. B. in der „Geelong Grammar School"[23] im Süden Australiens. Aber auch einfache, wirkungsvolle Elemente bringen bessere Laune in den Alltag. Wenn beispielsweise Lehrende die Schülerinnen und Schüler in den Unterrichtsräumen empfangen wie eine Art Gastgeber - mit Musik, einer liebevollen Begrüßung und ernst gemeinten High-Fives. Andere Schulen organisieren offizielle Witz-Wettbewerbe mit der ganzen Schulgemeinschaft - also inklusive Eltern. Auch der „3-Minuten-Anerkennungskreis" bringt bessere Laune in den Unterricht: Am Ende der Unterrichtseinheit sagen die Lernenden, was sie besonders interessiert oder ihnen Spaß gemacht hat.

Schule braucht mehr Heiterkeit und Humor. Wir brauchen eine positivere Haltung nicht nur *zur* Bildung, sondern auch *in* der Bildung. Wenn ständig von Problemen die Rede ist, ist es kein Wunder, dass auch immer mehr Probleme gesehen werden. Richten wir unseren Blick lieber auf die Chancen – mit guter Laune, Heiterkeit und Humor, werden wir Lösungen finden und Potenziale erkennen. Wir möchten euch alle ermuntern, einen verspielteren und optimistischeren Zugang zu Bildung einzufordern, mit mehr Fokus auf diejenigen, die es betrifft: unsere Kinder!

Kinder lernen durch Spielen: Sie beobachten frei und ungezwungen die Phänomene in ihrer Welt, probieren Dinge aus, experimentieren herum. Das ist etwas, bei dem sogar Scheitern Freude macht! Fantasie und Kreativität können so viel bewirken, wie etwa in der viel zitierten Start-up-Garage im Sillicon Valley. Würden Bildungsbeauftragte an ihre Themen mit weniger „Ja, aber …“ und mehr „Warum nicht?“ herangehen, wäre uns allen geholfen.

Wenn wir es schaffen:

1. den Trend zu immer mehr Inhalten und engeren Strukturen zu stoppen,
2. mehr auf Fähigkeiten statt auf vereinzeltes Wissen Wert zu legen,
3. den engagierten Pädagogen und Pädagoginnen mehr Freiheit zum Ausprobieren neuer Methoden zu geben und
4. über alle Jahrgangsstufen hinweg mehr Raum für den eigenen Forscherdrang einzuräumen,

wird Schule besser werden. Und unsere Kinder hätten Spaß beim Lernen!

Um es in wenigen Worten zusammenzufassen: Wir sind mitten in einer gesellschaftlichen Revolution, in der es um das Fundament Bildung geht, und wir können uns entscheiden, neue Wege zu gehen oder aber alles beim Alten zu lassen. Im Zentrum steht dabei die Frage, wie gehen wir in der Konstellation Eltern-Kinder-Lehrende miteinander um, und was müssen wir eigentlich ändern, damit sich die Situation verbessert?

KAPITEL 3

Die schulische Kind-Eltern-Beziehung

Welche Haltung habt ihr - und was hat das mit Schule zu tun?

Schule ist ein großes Thema im Familienleben. Sehr oft begegnen uns Artikel und Ratgeber mit Tipps und Tricks, wie Eltern ihren Kindern den Schulanfang und die Schule als solche erleichtern können - mit lauter Ideen wie vom Schulweg abgehen bis hin zum Pausenbrot ... Diese Ratschläge sind grundsätzlich klasse, solange sie euch inspirieren und euch das Gefühl geben, genauer zu wissen, was ihr vorhabt.

Wichtig ist eure Familienkultur, die die Basics in eurem Familienalltag und damit euren Umgang mit der Schule eures Kindes bilden. Und es kommt auch noch auf etwas anderes an: auf eure Haltung als Eltern. Denn ihr legt in eurer Familie die Grundlagen fürs schulische Lernen. Als Eltern müsst ihr also davon ausgehen, dass sich eure Lernerfahrung und die eurer Kinder deutlich unterscheiden. Findet etwas über eure Potentiale heraus. Larissa glaubt, dass drei Bereiche für Eltern wirklich bedeutsam sind:

Welche Potenziale habt ihr und welche trägt euer Kind?

Larissa erzählt: Potenziale entfalten

Im letzten Jahr habe ich eine Ausbildung zur Potenzialentfalterin bei dem Netzwerk *Rock Your Life!* absolviert. Ich war selbst total überrascht, denn statt schöne Strukturmodelle und Theorien der tieferen Psychologie kennenzulernen, wurde ich herausgefordert, den Blick nach innen zu wenden und nach meinem Potenzial zu graben. Ich kam also in den Genuss der Selbsterfahrung. Unterstützt von den Trainerinnen und der Gruppe war das eine unglaublich tolle Erfahrung! Jede Übung, die ich jetzt mit meinen Teilnehmern und Teilnehmerinnen mache, habe ich selbst schon durchgeführt, denn was ich nicht habe, das kann ich ja auch nicht weitergeben.

In einem Modul über Teamcoaching wurde das *Commitment-Modell*[24] vorgestellt. Dabei geht es im Grunde genommen darum, dass man es schlichtweg nicht selbst in der Hand hat, ob Leute Bock haben, bei einer Sache mitzumachen oder nicht – es ist ihre Entscheidung. Als Leiterin einer Gruppe hast du die Möglichkeit, drei „Kanister" zu befüllen, die Motivationspotenzial in sich tragen.

1. **Der erste Kanister heißt Vision.** Die Leute müssen wissen, wofür und warum sie etwas machen. Da muss irgendwas in ihnen glitzern, sprudeln, kitzeln, wenn von einer Vision gesprochen wird. In der Ausbildung wurden wir dazu aufgefordert, zu reflektieren: An dem Punkt, an dem ich gerade stehe, wie voll ist mein Visionskanister? Habe ich konkrete Vorstellungen und Wünsche, große Träume, die mir den Weg zeigen? Bei welchen Themen knistert es, wenn ich an sie denke?
2. **Der zweite Kanister heißt Verbundenheit.** Schön und gut, wenn ich von einer Sache überzeugt bin. Aber wenn ich mich in der Gruppe nicht wohl und nicht willkommen fühle, dann werde ich

mich nur selten blicken lassen. Darum die Aufforderung an uns: Habe ich Menschen, mit denen ich mich verbunden fühle? Mit denen vielleicht sogar eine Seelenverwandtschaft besteht? Habe ich Gruppen, egal ob privat oder beruflich, zu denen ich mich zugehörig fühle?

3. **Der dritte Kanister heißt Potenzial.** Menschen lieben es, mitzumischen, etwas voranzubringen, zu entwickeln, zu erschaffen... kurzum: Handlungsspielraum zu haben. Und darüber hinaus brauchen sie Möglichkeiten, die sie in dem genau richtigen Maße fordern, nicht das Rezept von vor 20 Jahren zu kochen, sondern Zutaten neu auszuprobieren und zu entdecken, was in ihnen steckt. Die Frage lautet: Wo fühlst du dich lebendig? Was möchtest du gern können, kannst es aber noch nicht? Wo kannst du dich einbringen, mitgestalten, wo wirst du herausgefordert? Und was wolltest du schon immer mal machen?

Was ich so an dem Commitment-Modell mag, ist, dass diese drei Kanister überall eine wichtige Rolle spielen: beim Friseur, im Ruderverein, in großen Unternehmen und kleinen Familien. Denn wenn sie befüllt werden, dann wird der ganze Mensch wahrgenommen, mit all seinen Bedürfnissen. Und das tut gut! Auch in der Schule.

Welch ein Vorbild seid ihr?

Und da ist unsere eigene Haltung der Schlüssel. Ihr erinnert euch an unsere Definition von Erziehung und Sozialisation? Für Kinder sind wir die ersten und wichtigsten Rollenvorbilder, von uns werden sie am stärksten beeinflusst. Wie sie zum Lernen und der Schule stehen, hängt davon ab, welche Haltung wir zu bestimmten Themen ausstrahlen und was wir vorleben. Wir können lange predigen, zum Schluss ahmen sie alles nach, was wir machen, heimlich die Tüte Chips vor Netflix verputzen inklusive.

SO BIN ICH

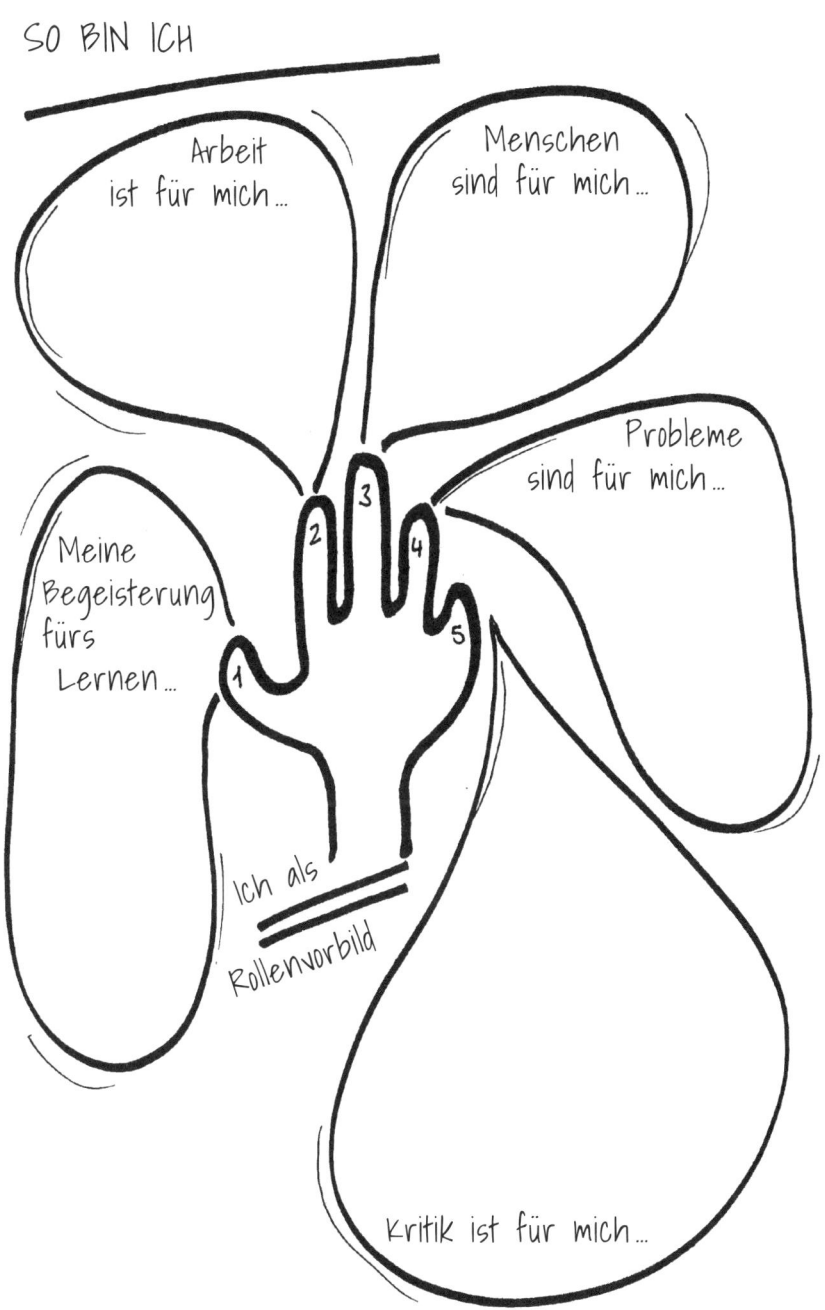

Arbeit ist für mich …

Menschen sind für mich …

Probleme sind für mich …

Meine Begeisterung fürs Lernen …

Ich als Rollenvorbild

Kritik ist für mich …

Folgende fünf Punkte sind bei der Vorbildfunktion als Elternteil im Zusammenhang mit der Schule wichtig:

1. **Begeisterung fürs Lernen**

   Wir mögen Lernen und Wachsen, geistig und emotional. Stephanie hat den Begriff „Lern-Junkie" geprägt - und ich mag ihn sehr. Wir beide gieren nach Wissen, Verstehen, Dinge besser und die Welt schöner zu machen. Lesen, Dingen nachgehen, andere Sprachen lernen und vieles mehr. Eine solche Haltung schnappt euer Kind auf. Wir können von Kindern so viel lernen - vielleicht sogar mehr als sie von uns. Aus dieser Erkenntnis entstand auch die bereits erwähnte Idee des Co-Learnings.

2. **Wertschätzung von Arbeit**

   „Ach mein Schatz, Mama kann nicht mit dir spielen, muss leider arbeiten!", sagen manche Eltern, und da ist nichts Falsches daran. Das Spielen mit dem Kind ist etwas, was sie wirklich vielleicht lieber tun würden! Gleichwohl ist es wichtig, dem Kind zu signalisieren, dass wir gern mit ihm Zeit verbringen, selbst wenn wir auch gern arbeiten. Alternativ könnte die Antwort so lauten: „Mein Schatz, ich habe gerade eine sehr spannende Frage bei der Arbeit, lass mich das bitte schnell zu Ende machen - dann freue ich mich total, mit dir zu spielen!" Oder: „Ich möchte sehr gern mit dir spielen! Jetzt warten aber Kollegen auf mich, dass wir eine wichtige Arbeit fertig machen. Wollen wir beide vereinbaren, wann wir spielen wollen? Dann habe ich Zeit für dich!"

3. **Wertschätzung von Menschen**

   Die Bewertungsmonster, die guten Beziehungen im Wege stehen, flüstern uns ein: „Der ist ein Idiot!", „Herr Wendt ist schuld, dass ..." Wenn Kinder solche Äußerungen über Menschen häufig hören, werden sie zwangsläufig selbst anfangen, über Menschen zu urteilen und zu glauben, dass die es verdient haben, wenn jemand über sie urteilt.

   Beides ist Gift für menschliche Beziehungen. Da Lernen und Schule Beziehungssachen sind, ist es wichtig, jeden Menschen mit Güte und einem positiven Blick zu betrachten.

4. Probleme willkommen! Knobeln und Rätseln an der Tagesordnung

Laut denken hilft, um Probleme zu lösen, die einem Kopfzerbrechen bereiten. Auch wenn Kinder ganz klein sind und gar nicht verstehen können, um was es genau geht, kann es wichtig sein, dass sie merken, wie wir an Lösungen herangehen. Indem wir uns die Frage stellen, wie wir Dinge lösen können - und so nach Lösungswegen suchen.

Häufig stellen wir bei Knobeleien und Rätseln fest, dass uns unsere Kinder schlagen. Bei „Vier gewinnt" sind die 8-jährigen Cracks uns weit voraus. Die Einstellung, gern und gut Fragen zu lösen, ist für Tests und Prüfungen in der Schule sehr nützlich - statt sich frustrieren zu lassen, wenn eine Lösung nicht sofort ersichtlich ist.

5. Kritisches Feedback erfragen, nutzen und sogar mögen

Hier lautet das Stichwort Frustrationstoleranz. Genau. Viele Menschen können mit kritischem Feedback nicht umgehen, weder als Gebende noch als Nehmende. Wir nutzen den Ausdruck „kritisches Feedback" für alles, was heißt „Das war nicht so dolle" oder „Das wäre besser anders". Schildert das, was euch stört, respektvoll, wertungsfrei und aus eurer persönlichen Sichtweise heraus. „Für mich war der Elternabend anstrengend, weil ich schon einen sehr stressigen Tag hatte. Fürs nächste Mal wäre es schön, wenn …"

Lern-Haltung-Abc

Zum Thema positive Erkenntnisse aus Kritik ziehen haben wir uns eine Checkliste entlang des Alphabets überlegt. Ihr werdet Begriffspaaren begegnen, von dem einer negativ und einer positiv erscheint. Wir laden euch ein, in einem vermeintlich negativen Wort etwas zu sehen, was ein Bedürfnis zutage fördert. Es lässt sich in etwas umwandeln, das möglicherweise fürs Lernen nützlich ist. Bereit?

Die Checkliste des positiven Abc

Aus Angst wird Abenteuerlust

Wie oft fragt ihr euch, ob ihr alles richtig gemacht habt? Zu oft? Dann braucht euer Leben mehr (Mini-)Abenteuer. Lasst doch euer Kind mal den Einkaufskorb füllen und schaut, was man daraus kochen kann. Radelt los, ohne zu wissen, wo es hingeht. Genießt die Landschaft, statt auf Tempo zu gehen.

Aus Belastung wird Begeisterung

Unsere täglichen Pflichten können schnell zu einer Belastung werden, Kochen, Putzen, Wäschewaschen. Kinder hin- und herkutschieren, Rechnungen bezahlen, unser Leben organisieren. Die Kunst besteht darin, Begeisterung auch für die kleinen Dinge des Lebens aufzubringen. Wie wäre es mit: das lustigste Wäschefalten, Putzen im Kostüm oder aus jeder Tour zum Turnverein eine andere (Erzähl-)Reise zu machen?

Aus Camouflage wird Community

Ihr fragt euch, was die anderen von euch halten? Wir ihr rüberkommt? Was werden die anderen denken, wenn sie erfahren, dass ihr diese eine Eigenschaft habt, die ihr für eine große Schwäche haltet? Traut euch, euch verletzlich zu machen. Fragt die anderen, wo sie Hilfe brauchen. Bildet Netzwerke und helft euch gegenseitig!

Aus deckeln wird Deals machen

„Nein, das geht jetzt nicht!" Diesen Satz hassen nicht nur Kinder, sondern auch Eltern. Eigentlich möchte niemand seinem Kind etwas verbieten. Warum nicht einen Deal abschließen? „Wenn du jetzt den Müll runterbringst und 20 Minuten Hausaufgaben machst, dann haben wir 30 Minuten, die wir etwas zusammen machen können."

So, und da ihr jetzt Bescheid wisst, was das Prinzip ist, lassen wir euch hier Raum für die eigenen Gedanken und geben euch nur die Stichpunkte als Anregung. Jetzt ihr:

Aus Ehrfurcht wird Engagement

Aus Frust wird Freude

Aus Grusel wird Genuss

Aus hämmern wird hätscheln

Aus insistieren wird inspirieren

Aus jagen wird jonglieren

Aus kommandieren wird kooperieren

Aus lästern wird lieben

Aus meckern wird machen

Aus nachtreten wird Nachsicht

Aus Opfer wird Optionen

Aus parieren wird proaktiv

Aus radikal wird raffiniert

Aus sabotieren wird säen

Aus Tabu wird Tacheles reden

Aus unken wird ulken

Aus verängstigen wird verstehen

Aus Xanthippe wird Yoga

Aus zaudern wird zaubern

Ihr seht, Haltung ist hier das Zauberwort. Nicht die äußeren Umstände, sondern das, was ihr daraus macht, ist entscheidend. So, damit haben wir das Grundsätzliche geklärt. Lasst uns nun die gemeinsame Reise chronologisch angehen, die die Lernbeziehung zwischen Kindern, Eltern und Schule prägt.

Und wahrscheinlich ist es euch schon klar, der Anfang ist nicht der erste Schultag. Sondern die ganze Sache geht viel, viel früher los. Eigentlich mit dem Moment, in dem ihr euer Baby jemand anderem anvertraut.

Fremdbetreuung?

Mit diesem Begriff machen wir es uns selbst unnötig schwer. Wollen wir nicht lieber einfach nur von Betreuung reden? Wollen wir uns nicht lieber Kinderprofis in einer spannenden Umgebung voller Neuentdeckungen vorstellen? Wollen wir nicht daran denken, dass in kürzester Zeit unsere Lieblinge ganz vertraut sind mit den Menschen, denen wir sie anvertrauen? Dass sie an ihren Betreuungsorten (Kita, Wohnung der Tagesmutter) Freunde finden - sogar fürs Leben? Dass sie sich dort wohl fühlen ... zwar nicht genau so wie zu Hause - aber mindestens ebenso?

Jede Familie sollte individuell für sich und ihre Kinder entscheiden, in wessen Obhut die Kinder sind. Und niemand sollte mit hochgezogenen Augenbrauen und Vorwurfston von *Fremd*betreuung Eltern ein schlechtes Gewissen machen, wenn die Sprösslinge von einer liebevollen Tagesmutter oder kompetentem Erziehungspersonal in einer wohlausgesuchten Umgebung betreut werden.

Nach der Kitazeit kommt schneller als gedacht der *Ernst des Lebens*, die Schule. Wir plädieren dafür, dass es der *Spaß des Lebens* ist, aber nicht jeder von euch wird da spontan mitgehen können. Auch hier stellt sich wieder die Frage nach dem Vertrauen, aber auch nach den Umständen. Die Frage lautet so: Wie findet ihr die Schule, die zu eurem Kind passt?

Wir werden oft nach „richtig guten" Schulen gefragt. Und obwohl wir sehr viele Einrichtungen sehr respektieren, möchten wir uns hier klar positionieren, denn so etwas wie die absolut richtige Schule gibt es nicht. Sondern es gibt passende und weniger passende Bildungseinrichtungen für jede Familie und jedes Kind. Die gilt es zu suchen und zu finden. Zeitersparnis und Nachbarschaftsanbindung können gute und praktische Gründe sein, die nächstgelegene Schule zu wählen. Wenn diese vorgehen, braucht ihr den weiteren Text zu diesem Thema nicht zu lesen. Solltet ihr aber suchen und wählen wollen, sind hier einige Anhaltspunkte für euch:

- **Das Thema Schulwahl ernst nehmen ist mehr als o.k., aber bitte kein Stress!**
  Es ist gut, sich über die Schule früh Gedanken zu machen. Eine weise, durchdachte Entscheidung spart viele Nerven und später vielleicht sogar Geld. Aber geht das bitte besonnen an, mit Ruhe und Humor. Wenn eure Sprösslinge merken, dass das Thema Schule mit Stress und Angst eurerseits verbunden ist, überträgt sich das auf sie, bevor sie überhaupt eigene Erfahrungen machen konnten. Also, daher der nächste Tipp.

- **Früh anmelden, spät scannen**
  Es gibt viele Schulen, die Wartelisten haben. Forscht nach, auch wenn die erste Auskunft ist, es gehe nach Einzugsgebiet. Egal, ob Privatschule oder öffentliche Schule: Auf den Wartelisten der Schulen, die einen guten Ruf haben, solltet ihr drauf sein. Unsere Ex-Kollegien und andere Schulbetreiber werden es uns übel nehmen, aber wir raten euch: Meldet euch bei allen Schulen, die grob infrage kommen, möglichst früh an (ggf. sogar kurz nach der Geburt des Kindes), selbst wenn der Vorgang mit einer Schutzgebühr versehen ist. Erledigt das zügig und macht euch weiter keinen Kopf, bis ca. ein Jahr vor der Einschulung. Erst dann müsst ihr die Entscheidung treffen.

- **Meidet die Gerüchteküche! Sucht die Erste-Hand-Schwärmer!**
Es wird so viel erzählt und gelästert, wenn es um Schulen geht. Und was für ein Gemecker bekommt man da zu hören! Das macht kirre! Meistens ist das Gesagte unpräzise („es wird gemobbt") und selten aus erster Hand, er hat beispielsweise Vater Möller auf dem Spielplatz erzählt, was er von Familie Schmidt gehört hat ... Das könnt ihr getrost ignorieren. Sucht die wirklich positiven Meldungen aus erster Hand. Denn die beiden wichtigsten Aspekte, eine Schule in die engere Wahl zu nehmen, sind: Wer ist dort und wer ist dort richtig zufrieden? Wenn ihr euch vorstellen könnt, mit den Familien, die ihre Kinder dort einschulen, eine Gemeinschaft zu bilden, dann sollte diese Schule schon mal in der näheren Auswahl sein.

- **Nichts ersetzt den eigenen Eindruck, den ihr euch am besten zusammen mit dem Kind verschafft**
Eine der wichtigsten Auswahlmethoden ist ganz simpel: Geht hin. Idealerweise nehmt ihr einen „Tag der offenen Türen" wahr und nicht nur einen Präsentationsabend. Dabei gilt: Seht und nehmt mit allen Sinnen wahr. Und das Kind sollte mit - auch das ist Co-Learning! Wenn ihr als Eltern zu zweit dabei sein könnt, teilt euch auf: Die eine achtet mehr auf die Umgebung, der andere hat das eigene Kind im Blick. Denn die Reaktion des eigenen Nachwuchses spricht Bände. Kinder sind Intuitionstierchen - sie spüren Emotionen, Stimmungen und was für sie richtig und gut ist. Und was nicht.

- **Gemeinsam mit Freude entscheiden**
Nachdem ihr alles gesehen habt, fällt die Entscheidung möglicherweise schwer, wenn euch mehrere Schulen gefallen haben. Versucht es bitte so zu sehen: Es ist doch klasse, wenn ihr die Wahl habt! Versucht, das Kind mit einzubeziehen und den „Realitätscheck" auf Seite 119 zu berücksichtigen.

Jetzt ist es schön, dass ihr euch entschieden habt - aber werdet ihr auch genommen? Für den Fall, dass es eine Auswahl gibt, hier weitere wichtige Tipps:

- **Der Auswahl auf die Sprünge helfen**
  Achtung, hier habt ihr die größte Chance, euch nachhaltig unbeliebt zu machen. Kennt ihr jemanden, der jemanden kennt, der den Direktor kennt oder die Schule gegründet hat oder im Ministerium sitzt? Genau: Vergesst diese Person! Namedropping ist jetzt am wenigsten hilfreich, genauso wie Geschenke, Spendenangebote für den Förderverein und Ähnliches.

Ihr müsst verstehen, dass Schule kein straff regiertes Imperium, sondern meistens ein sehr demokratisches Territorium ist, bei dem viele an Entscheidungen beteiligt sind. Wenn ihr unbedingt dazugehören wollt, dann zeigt diesen Menschen die Wertschätzung, die sie verdienen. Lasst sie doch mit einer E-Mail oder einem Brief wissen, was euch besonders gefallen hat. Warum ist es euch wichtig, dass euer Kind von ihnen lernt und betreut wird? Was habt ihr bei den Besuchen beobachtet, sodass ihr jetzt nur auf diese Schule wollt?

Schreibt nur der einen Schule, die euer Top-Favorit ist. Nur so könnt ihr authentisch sein. Ihr werdet sehen, das kann oft sehr überzeugend sein, wenn eure Zeilen aus dem Herzen kommen. Wenn das jetzt Erfolg hatte:

- **Drosselt eure Erwartungen**
  Wenn ihr jetzt überglücklich seid und den heiß ersehnten Schulplatz habt: Freut euch darüber und bleibt trotzdem realistisch. Keine Schule ist perfekt und vieles kann sich mit den „Neuen", die reinkommen, noch ändern - sowohl aufseiten der Eingeschulten als auch aufseiten der Lehrkräfte. Es wird später genug Dinge geben, die euch nicht gefallen. Aber vergesst nicht: Mit Ruhe, Humor und Besonnenheit kann man alles lösen.

Die Schul-Checkliste

Für den ersten Eindruck:

o Wie ist der Eingang? Ist er einladend oder abweisend? Wie ist der
   Autoverkehr geregelt? Gibt es morgens großes Durcheinander?

o Wie sehen die Flure aus? Gibt es Kästen und Ausstellungen? Sieht
   es so aus, als sei die Schule stolz auf die Ergebnisse der Kinder?
   Wie bewegen sich die Kinder durch die Flure? Ist es angenehm oder
   beängstigend? Klebt euer Sprössling ängstlich an euch dran oder
   scheint er sich ganz willkommen zu fühlen?

o Wie oft wird gelächelt und gelacht? Fühlt ihr euch willkommen?
   Wie gehen Lehrende miteinander um, sind sie einander zugewandt
   oder beachten sie sich nicht?

o Wie sehen die Klassenzimmer aus? Wie viel Licht gibt es?
   Wie gepflegt ist das Mobiliar?

o Welchen Platz haben moderne Medien in dieser Schule?

o Wie sehen die Toiletten aus und vor allem wie riechen sie?

o Dürfen die Kinder sich im Unterricht bewegen, etwas trinken?

o Werdet ihr nur von den Lehrenden geführt oder führen euch
   Kinder und Eltern gemeinsam?

o Will euer Kind möglichst schnell raus oder mag es verweilen?
   Gefällt es euch selbst dort, wärt ihr gern noch mal Kind dort?

o Gibt es eine Chance, die infrage kommende Klassenlehrkraft
   für das kommende Jahr kennenzulernen, oder nicht?

Für den Realitätscheck:

o Wie wird das mit dem Schulweg funktionieren?

o Wer geht sonst noch auf die Schule?

o Was hat euch am besten gefallen?

o Was müsst ihr gegebenenfalls in Kauf nehmen?

o Was kostet das monatlich und ist es das wert?

Gleich oder nicht gleich?

Noch ein Punkt für die Eltern, die mehrere Kinder haben. Wir hören häufig Sätze wie: „Ich habe zwei/drei/vier Kinder, es kann nicht sein, dass nur eines von ihnen dies oder jenes bekommt!" Oder: „Wenn ich nicht allen Kindern eine Sache zugänglich machen kann, dann soll keines von ihnen was haben!" Dürfen wir euch hier - vor allem in Sachen Schulwahl - zu einer anderen Perspektive einladen: *Kinder brauchen keine gleiche Behandlung. Sondern jedes von ihnen braucht eine individuell richtige Behandlung.*

Viele Familien empfinden es sogar als ein Gebot der Gerechtigkeit, alle Kinder auf dieselbe Schule zu schicken, gerade dann, wenn damit hohe Kosten verbunden sind. Das Prinzip „Alle Kinder oder keines!" hören und lesen wir häufig. Aber es gibt nicht die ideale Schule für alle, es gibt nur die richtige Schule für das jeweilige Kind. Jedes Kind ist ein eigenständiger Mensch mit unterschiedlichen Interessen und Begabungen. Die gilt es zu erkennen und bestmöglich zu fördern. Bitte bedenkt: Es gibt Kinder und Schulen, die einfach perfekt zusammenpassen. Dann gibt es welche, die so ganz ordentlich zusammenpassen, und es gibt Kinder und Schulen, die gar nicht zusammenpassen … und Letzteres gilt es zu vermeiden. Das Ziel besteht darin, die bestmögliche Lösung für genau diese Lena oder genau diesen Bendix zu finden.

Habt ihr euch für eine Bildungseinrichtung entschieden? Lasst uns als Nächstes schauen, was ein Co-Learning-würdiger Schulstart beinhaltet.

Schulanfang und trotzdem glücklich

Folgende acht Tipps zeigen euch, wie nicht nur der erste Schultag schön wird, sondern wie ihr generell mit euren Lieben gut in die neue Phase startet.

1. **Feiern ist gut, Bangemachen gilt nicht!**
    Es ist ganz wunderbar für Kinder, dass sie zum Eintritt in einen neuen Lebensabschnitt gefeiert werden. Geschenke inklusive. Sprüche à la

„Jetzt beginnt der Ernst des Lebens!" und „Ab jetzt bist du ein Schulkind und darfst nicht mehr …" sollten sich auch Tante Emi und Opa Erwin verkneifen. Die Kinder entwickeln aufgrund solcher Botschaften nur diffuse Ängste. Versucht es mal mit: „Jetzt beginnt der Spaß des Lernens!" Das kommt freundlicher daher und entspricht eher unserem Ansatz.

2. Nach vorn blicken, nicht zurück!
Eure Schulzeit ist eure Schulzeit! Wir Erwachsenen neigen dazu, das Thema Schule durch die Linse früherer Erfahrungen zu sehen. Das ist normal - aber nicht unbedingt hilfreich. Eure eigenen Schulerfolge, aber auch -ängste verarbeitet ihr als Erwachsene am besten in eurem Freundeskreis. Versucht, bei eurem eigenen Kind den neuen Lernort und die neuen Lehrenden mit neuem, unverbrauchtem Blick zu sehen und nicht alles auf Basis der eigenen Geschichte zu interpretieren. Wir sind mittlerweile weiter, die Welt ist es, und die Schule soll euer Kind auf eine Realität vorbereiten, wie sie in 20 oder 30 Jahren sein wird.

3. Kurz, knapp und freundlich bei Lehrenden bemerkbar machen
Eine gute Beziehung zwischen Lehrenden und Eltern ist nachgewiesenermaßen ein wichtiger Faktor für den Erfolg eures Kindes. An dieser Stelle nur der Vollständigkeit halber, damit ihr es für den Schulanfang auf dem Schirm habt: Sorgt für einen guten ersten Eindruck. Wir reden hier nicht von Einschleimen, sondern von einer positiven ersten Begegnung: freundlich, kurz und unkompliziert. Für einen Anfang reicht es, dass die Lehrperson ein Gesicht und einen Namen mit einem Kind in Verbindung bringt. Eine Idee, wie ihr euch einbringen könnt, ist hilfreich, beispielsweise: „Ich habe nicht jeden Tag Zeit zu helfen - aber wenn es eine Aktion gibt, für die Sie mich brauchen, nehme ich mir die Zeit." Das funktioniert immer sehr gut. Am wichtigsten ist es, einen kooperativen Eindruck zu hinterlassen und das Hilfsangebot dann auch einzulösen.

4. **Neue Freunde pflegen**

   Die neuen Schulfreundschaften sind wichtig! Es ist gut, wenn euer
   Kind Zeit hat, sich mit den neuen Klassenkameraden zu treffen;
   wenn dies gerade unter Pandemie-Bedingungen nicht anders geht,
   dann eben digital. Vielleicht könnt ihr euch in den ersten Schul-
   wochen etwas Zeit nehmen, andere Kinder, ggf. zusammen mit den
   Eltern, einzuladen? Diese Zeit ist gut investiert, denn Freundschaften
   stärken euer Kind, und meistens folgen dann Verabredungen, die
   wiederum euch entlasten.

5. **Der Schulweg ist ein Lernthema für sich**

   Wenn es irgendwie möglich ist, versucht nicht nur den Chauffeur zu
   spielen - zumindest nicht jeden Tag. Es ist wichtig und gut, dass
   euer Kind Orientierung und Verkehrsregeln lernt. Viele Eltern sind
   Morgenmuffel oder/und haben morgens nicht viel Zeit. Folgender
   Trick hilft: Schulweg am Wochenende trainieren und im Auto
   das Kind „Navi" spielen lassen - es soll den Weg ansagen. Einige
   schaffen es, zum „schlauesten Navi der Welt" auserkoren zu werden,
   die sagen auch noch alle Verkehrszeichen an. Das macht Spaß und
   die Kinder lernen noch etwas dabei.

6. **Frühstück und Pausenbrot sind eine individuelle Sache**

   Wir haben alle gelernt, das Frühstück sei die wertvollste Mahlzeit des
   Tages. Das trifft auch für einen Großteil der Weltbevölkerung zu, aber
   es gibt tatsächlich Menschen, deren Stoffwechsel kein Frühstück
   verträgt und für die jede Minute Schlaf wertvoller ist als ein kleines
   Müsli. Viele brauchen erst gegen 11 Uhr etwas zu essen. Beobachtet
   euer Kind, ob es frühmorgens auch wirklich Appetit hat. Etwas
   reinzuwürgen, ohne dass ein körperliches Bedürfnis besteht, hat
   noch nie geholfen. Achtet genauso darauf, welches gesunde Essen
   als Pausenbrot bei eurem Kind gut ankommt.

Liebevolle Botschaften

Ihr könnt kleine Zettel mit Zeichnungen oder liebevollen Worten ins Mäppchen tun - wie Corinna Knauff, Autorin von *Ich bin eine gute Mutter!*, rät: „...Zettelchen in die Schultüte, auf denen die Familie (Papa, Mama, Oma, Schwester, Onkel...) die Talente, Stärken und das ganz Besondere des Kindes geschrieben haben, zum Beispiel: Du kannst gut zuhören. Du hast schnelle Beine etc."[25] Oder ihr lasst eurer Fantasie freien Lauf...

7. **Sicherheit: Vereinbart ein Passwort und klare Regeln im Umgang mit Unbekannten**

Eigentlich wisst ihr das, aber trotzdem die Erinnerung: Macht hoch und heilig mit eurem Kind aus, dass es mit keinem Fremden geht - die typischen Fallen kennt ihr: Babytierchen zeigen, Süßigkeiten anbieten, Unfall der Eltern vortäuschen. Ein guter Trick ist hier die Idee mit dem Passwort: Vereinbart mit dem Kind ein Codewort, das ihr nur untereinander kennt. Wenn irgendein Fremder etwas will, kann das Kind nach dem Passwort fragen. Aber grundsätzlich sollte gelten: Selbst mit Passwort sollte kein Kind mit einem Fremden die Schule verlassen - am besten ist es, wenn Sekretariat, Lehrpersonal oder sonstige Aufsichtspersonen eine Abholung durch jemand anderen als die Eltern begleiten.

Die Lernmotivation

Wie oft lesen und hören wir von Eltern, Lehrenden und Leuten aus der Politik, wie man kleine Menschen und junge Geister zum Lernen antreibt: „Wie kann Schule ihr Interesse wecken?" Oder: „Wie lassen sich Schüler und Schülerinnen zum Lernen motivieren?"

Unsere Reaktion darauf lautet: *Nicht nötig*, denn Kinder und Jugendliche *haben* Interessen. Sie *sind motiviert*. Sie haben Wissensdurst und sind neugierig. Das ist ihr Naturell. Das entspricht unserer menschlichen Natur. Das Lernen steckt in unserem Sein, in unserer DNA, unser Gehirn ist darauf programmiert, und zwar von Geburt an.

Und warum schmeißen sich Kinder dann nicht auf den Schulstoff wie hungrige Raupen auf Bananen? Warum reicht es nicht, Schulbücher aufzuschlagen, woraus Kinder einfach Inhalte in sich hineinsaugen wie mit einem Power-Staubsauger? Warum haben sie so wenig Interesse daran, wenn Eltern sie mit „Du schaffst es sonst nicht aufs Gymnasium" oder „Wenn du jetzt noch eine 5 schreibst, bleibst du sitzen" ermahnen?

Die Antwort lautet: Weil Kinder im Hier und Jetzt leben. Ihre Interessen müssen mit dem Lernstoff verknüpft werden, und außerdem geht es darum, ihr Interesse und ihre Motivation mit Unterricht nicht zu zerstören.

Wir haben einige Anregungen für Eltern und Lehrende zusammengestellt, wie diese Verbindung zu schaffen ist und worauf es aus unserer Sicht ankommt.

- **Eigene Offenheit für die Interessen von Kindern schärfen**
  Hm, habt ihr schon mal etwas als „Kinderkram" abgestempelt? Oder Verhaltensweisen als „kindisch"? Könnte es sein, dass Themen der Kinder uns arg unintellektuell vorkommen? Letztendlich heißt das, dass wir Erwachsenen uns über ihre Welt erheben. (Wir können ja gar nicht anders, wir sind ja erwachsen und haben einen Erziehungsauftrag.) Und doch, habt ihr schon mal in Betracht gezogen, dass genau diese Kinderwelten ein Schlüssel zu mehr Entspannung, Kreativität und Innovation für euch sind? Was macht es mit euch, wenn ihr euch mal in einen neuen Aspekt vertieft und die Welt mit neuen Augen seht? Vielleicht reichen erst mal auch nur fünf Minuten: Sich einfach auf den dreckigen, unaufgeräumten Boden hinsetzen und das Kind fragen, woran es gerade besonders viel Spaß hat.

- **Nach ihren Interessen forschen**

  Fragen, Fragen, Fragen! Gerade seit der Corona-Pandemie hören wir Eltern verstärkt klagen, weil ihre Kinder (vor allem ab ca. 10 Jahren aufwärts) sich nur noch für Fast-Food fürs Hirn interessieren (und für den Bauch auch). Welches sind die Themen, Spiele, Bücher, Aktivitäten, in die sich eure Kinder vertiefen und über die sie die Zeit vergessen? Geht darauf ein, auch wenn es vielleicht Inhalte sind, die ihr nicht so spannend findet.

Béa erzählt: Corona-Couchpotato

„Für Lisa war der Corona-Lockdown ein absolutes Paradies: stundenlang Netflix und Süßigkeiten, wahlweise Chips, in ihrem Zimmer. Sie war im siebten Himmel. ‚Wir machen uns Sorgen, dass sie sich nur noch dafür interessiert. Ihr Leben lang!'", klagte neulich eine Freundin.

„Was guckt sie da genau?"

„Keine Ahnung, Mädchenkram, Vampire, Pferde ... so was!"

Die Sorge der Mutter ist total verständlich. Der passive Medienkonsum verbunden mit schlechter Ernährung und Bewegungsmangel kann nicht gut sein. Auf der anderen Seite kann man sich sagen: Ach, es ist doch nur eine Phase, das wächst sich aus. Kinder machen uns Sorgen, betreiben ein passiv-unintellektuelles Dasein exzessiv, und eh wir uns umsehen, möchten sie fechten lernen, sind plötzlich bei Sartre und Camus und finden uns total Banane mit unseren lauen Sommer-Krimis! Ja, das kann passieren. Fazit: Das Verhalten von Kindern und Jugendlichen ändert sich.

Hier kommen ein paar Beispielfragen, mit denen ihr ins Gespräch mit eurem Fernsehkind einsteigen könnt:

» „Was fasziniert die kleine Sophie an einer bestimmen Serie?"
» „Wer hat sich die Serie ausgedacht?"
» „Mit wem sind die Hauptrollen besetzt, wer sind die Schauspielerinnen und Schauspieler?"

» „Welche Charaktere kommen vor und wem entsprechen sie vielleicht im richtigen Leben?"

» „Welche Eigenschaften, Werte, gesellschaftliche Themen kommen vor - und wie sind sie präsentiert oder gar bewertet?"

» „Gibt es Special Effects? Gibt es vielleicht Videos oder eine Dokumentation, die zeigt, wie sie gemacht wurden?"

» „Wer führt Regie? Wer schreibt die Drehbücher?"

Gemeinsam solche Fragen zu beantworten sind Anlässe zum Co-Learning auf beiden Seiten.

- **Mit ihren Interessen mitgehen**

  In der Pädagogik internationaler Schulen ist die Technik des fragen-basierten Lernens (inquiry-based learning) fest integriert. Und die geht so: Wenn ein Thema dran ist, kippt die lehrende Person nicht einfach das Wissen dazu über die Klasse oder Lerngruppe aus, sondern sie sammelt mit den Kindern oder Jugendlichen sämtliche Fragen, die sie selbst dazu haben. In der Pädagogik nennt man das Neugierde auslösen. Die Rolle der Erwachsenen ist dabei, die Fragen nur zu sammeln, denn die Kids entwickeln ihre eigenen Gedanken, und diese befruchten sich gegenseitig.

  Beispiel: Schnecken. Warum sind sie so langsam? Warum tragen sie ihr Haus auf dem Rücken? Was ist mit den nackten, haben die kein Haus, sind sie obdachlos? Was fressen sie? Warum essen Menschen Schnecken? Was haben Schnecken und Lakritzschnecken gemeinsam? ...

  Bitte nicht gleich in den nächsten Elternabend marschieren und die Lehrkräfte eurer Kinder an den Pranger stellen nach dem Motto: „Warum machen Sie kein inquiry-based learning?" Versucht es erst einmal für euch. Fragt nach, wenn die Kids erzählen, dass ein neues Thema in der Schule dran ist. Möglicherweise ist das ein wunderbarer Beginn, gemeinsam etwas zu lernen.

- **Unsere eigenen Interessen kindgerecht mitteilen**
  Über unsere Vorbildfunktion haben wir ja schon geredet. Können wir
  das, wofür wir brennen und was uns neugierig macht, auch teilen?
  Und zwar so, dass Kinder damit auch etwas anfangen können? Oft
  denken wir, dass das wiederum zu erwachsen und für die Kleinen zu
  „langweilig" ist. Manchmal lassen sich aber sogar eigene berufliche
  Probleme lösen, wenn man versucht, sie so zu beschreiben, dass der
  10-Jährige sie verstehen kann.

- **Niemals Unwissen mit Scham verbinden**
  „Das müsstest du wissen!" oder „Wie, davon hast du keine Ahnung?"
  sind echt doofe Sätze. Sie beschämen das Kind und demotivieren.
  Interesse und Neugier verpuffen.

Viel schöner ist es, Nicht-Wissen als Anlass zum Lernen zu feiern. Daraus
kann man auch ein Spiel machen: Fragen finden, zu denen wir nichts
wissen, aber was wissen wollen. Zum Beispiel: Wie wachsen Ananasse?
Und ist der Plural von Ananas so eigentlich richtig und wieso?

ICH WEISS, DASS ICH NICHTS WEISS ÜBER ...

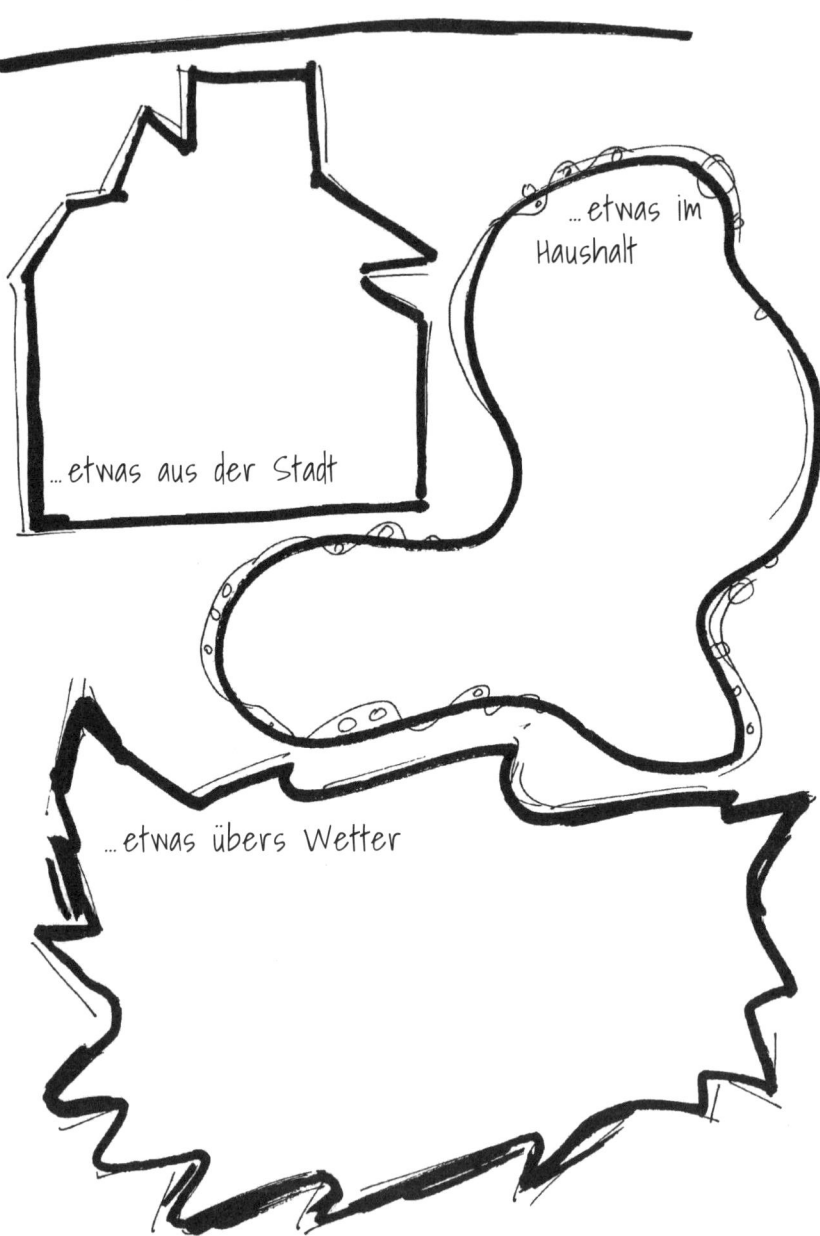

...etwas im Haushalt

...etwas aus der Stadt

...etwas übers Wetter

… und das feiern und recherchieren wir gemeinsam!

Hausaufgaben

Ein weiteres Reibungsthema zwischen Eltern und Kindern sind häufig die Hausaufgaben. Sie sind eine fiese Belastung, aber die meisten Eltern wollen sie nicht abschaffen! Hausaufgaben neu denken? Vielleicht. Der Anbieter digitaler Lernspiele *Scoyo* hat in einer Studie[26] herausgefunden: 50 Prozent der Kinder würden am liebsten ohne Hausaufgaben durch ihren Schulalltag gehen, dagegen sind 75 Prozent der Eltern explizit dafür,

WAS BEDEUTEN HAUSAUFGABEN FÜR MICH, DICH UND SIE?

dass es sie gibt. Selbst wenn das besonders für Eltern eine Belastung dar-
stellt, da nur 32 Prozent der Kinder dabei ohne Elternhilfe auskommen.

Gerade in Bundesländern mit harten Selektionskriterien für das Gymnasium wie Bayern ist das Thema Hausaufgaben präsent und für Familien
ein Drama, denn jedes Mal, wenn Hausaufgaben nicht oder schlecht gemacht werden, kommt die Schicksalsfrage auf den Tisch: „Schaffen wir
es ins Gymnasium?" Und schon ist der Hauptschulteufel an die Wand
gemalt. Also, was bleibt übrig: erdulden, ertragen und erledigen? Und
was ist eigentlich mit der Wahrnehmung, was genau Hausaufgaben sind?

DEINE HANDSCHRIFT...

wenn sie ein/eine

Tier

_ _ _ _

wäre,

Filmstar

Schreib
hier hinein:
„Meine Handschrift"

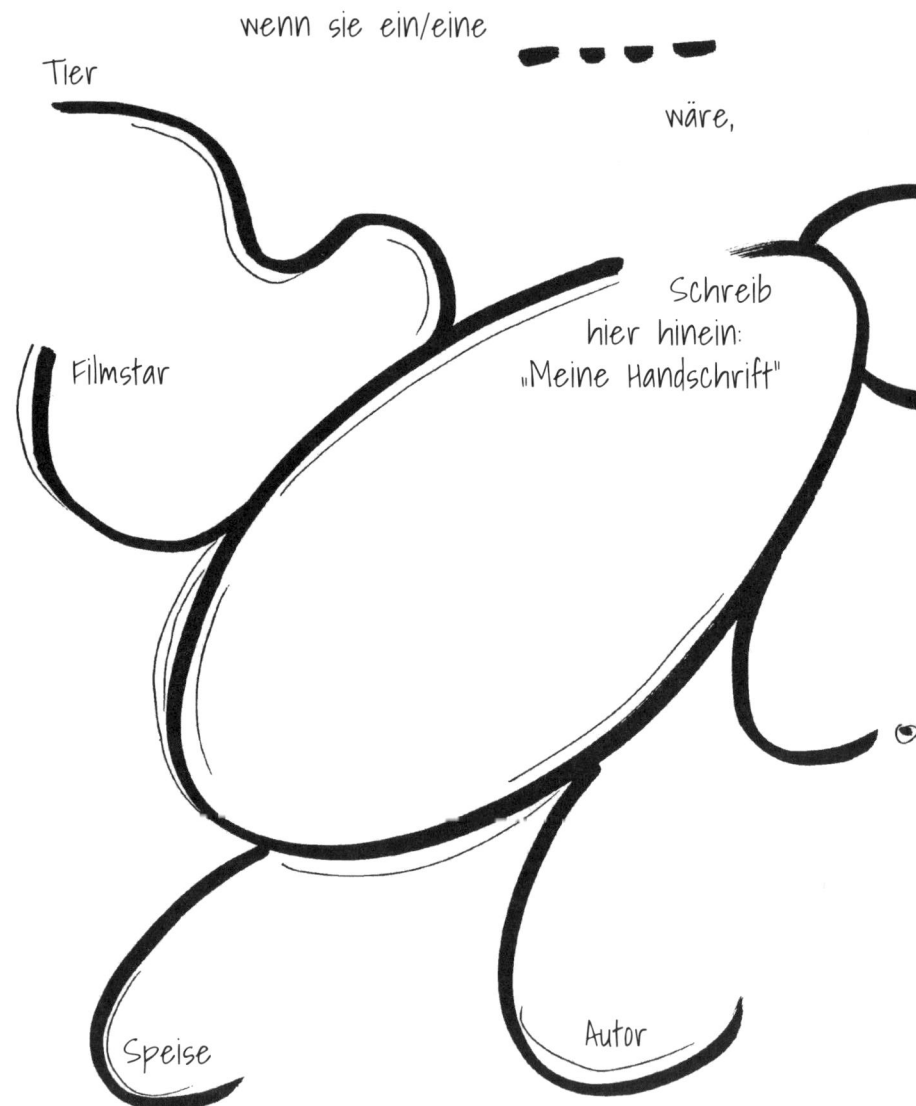

Speise

Autor

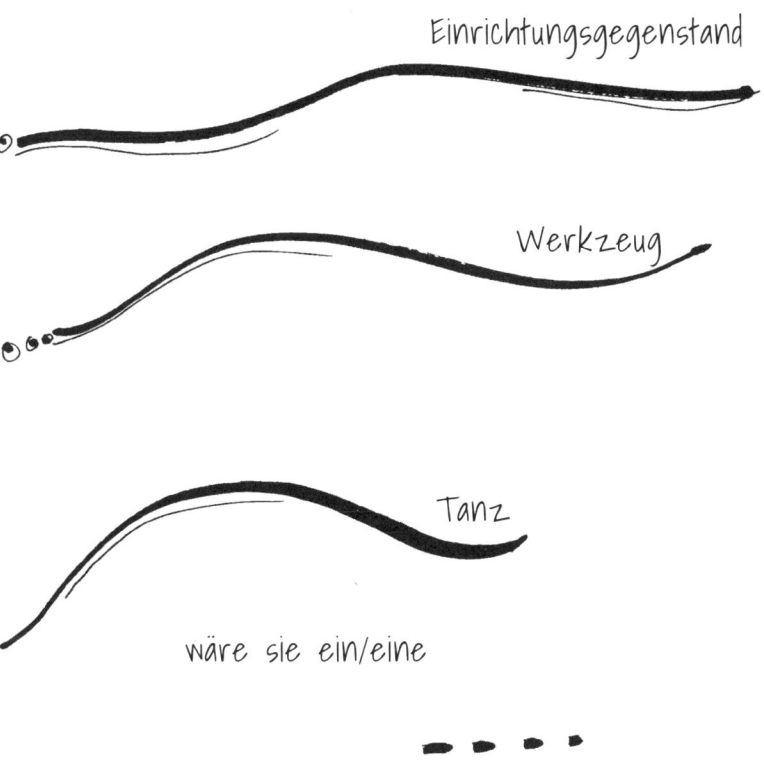

Einrichtungsgegenstand

Werkzeug

Tanz

wäre sie ein/eine

Schreiben und Schrift

Gerade Eltern werden schnell zu Anhängern der einen oder anderen Schrift-Glaubensrichtung, wenn die Diskussion über die „richtige" Schrift anfängt. Wir legen euch ans Herz: Haltet euch raus. Denn am wichtigsten ist die Freude am Schreiben und Lesen, am besten mit allen Instrumenten, die es gibt. So einfach ist das. Easy dahingesagt? Nein, diese Meinung haben wir über Jahre entwickelt.

WIE WURDE ICH ALS KIND BELOHNT UND WIE BELOHNE ICH HEUTE?

Als Kind bekam ich ...

Süßigkeiten für

_____

Geld für

_____

TV-/Screentime für

_____

_____ für

_____

Belohnungen

Neulich hatten wir eine spannende Unterhaltung mit einer Gruppe von Pädagogen und Pädagoginnen über das Thema belohnungsabhängige Kinder. Gerade Lehrkräfte in Grundschulen machen oft die Erfahrung, dass es Kinder gibt, die aus Familien kommen, die mit Belohnungen locken, um erwünschtes Verhalten zu erreichen.

Dazu ist anzumerken: Belohnungen können sehr verschiedenartig sein, und sie sind nicht per se schlecht. Vor allem ist es klasse, wenn Kinder wissen, wie sie sich selbst „belohnen" können - also wie sie sich für etwas aufraffen, um sich dann etwas Schönes gönnen zu können.

Aber Belohnungen sind auch Killer von intrinsischer Motivation, gerade beim Lernen: Wer nur für Geld, Schoki oder Elternlob lernt, lernt selten für sich. Deswegen spüren gute Pädagoginnen und Pädagogen Kinder auf, die aus einem Belohnungssystem kommen, und arbeiten daran, ihre innere Motivation, ihre Neugier und ihre eigenen Interessen wieder aufleben zu lassen. Und sie stehen auch Eltern gern zur Seite, wenn sie das für sich ändern wollen.

Vierzehn Verhaltensweisen haben wir von Fachkräften zusammen-getragen, anhand derer sie merken, dass ein Kind belohnungsabhängig ist. Ihnen zufolge sind dies nur Indikatoren, die sie aufmerksam werden lassen. Dann beobachten sie das Kind intensiver und reden mit den Eltern, fragen, wie Belohnungen zu Hause gehandhabt werden. Wenn ihr bei einem Kind eines der Anzeichen seht, heißt das nicht, dass schon was schiefgelaufen ist. Und Achtung - viele der Anzeichen treffen auch auf scheue Kinder zu, daher müssen sie nicht immer auf Belohnungsabhän-gigkeit hindeuten.

Das Kind
- zeigt wenig Initiative, wartet auf Anweisung in allen Situationen.
- tut, was andere ihm sagen, ohne Gegenfragen.
- ist nur gut drauf, wenn ausgiebig gelobt wird.
- hat eine sehr niedrige Frustrationstoleranz.
- hat Angst, schlechte Bewertungen oder Benotungen zu bekommen.
- versucht, Fehler zu verstecken bzw. schiebt sie auf andere.
- erfindet Ausreden, lügt, um sich herauszureden.
- setzt sich nicht für andere ein.
- sagt Dinge, von dem es vermutet, dass andere es hören wollen.
- versucht, besser dazustehen als andere - auch auf deren Kosten.
- kann nicht unterscheiden zwischen der eigenen Person und

dem Tun. Wenn es etwas „Schlechtes" getan hat, sieht es sich selbst als „schlecht" an.
- ist nachtragend.
- checkt, wenn ein Witz in der Klasse erzählt wird, erst mal die anderen ab, ob sie lachen, bevor es selbst lacht.
- plappert die Meinung anderer nach.

Der Karriereberater und Bestseller-Autor Dan Pink hat herausgefunden, wie wir hinsichtlich Belohnungen („Bonus-Zahlungen") funktionieren: Bei mechanischen Arbeiten, bei denen man einfach nur den gleichen Vorgang wiederholt, ohne viel denken zu müssen, wie z. B. bei Fließbandarbeit, spornen Belohnungen an.

„Wenn-dann-Belohnungen funktionieren wirklich gut für die Art von Aufgaben, bei denen es ein einfaches Regelwerk und ein klares Ziel gibt. Belohnungen begrenzen naturgemäß unser Blickfeld, konzentrieren unsere Gedanken. Deshalb funktionieren sie in so vielen Fällen. Für solche Aufgaben also funktioniert ein begrenztes Blickfeld, bei dem man nur das Ziel vor Augen hat und es geradewegs fokussiert, wirklich gut."[27]

Bei kreativen Aufgaben, Problemlösungen und anspruchsvoller Denkarbeit sind Belohnungen kontraproduktiv, sie hindern sogar daran, weiter zu denken. Denn Lösungen finden wir nicht linear, oft liegen sie im weiteren Umfeld unserer Herausforderungen. Lassen wir uns auch die Möglichkeit offen, ganzheitlicher zu denken. Und dabei stellt sich die Frage: Was ist in der Zukunft für mich ein glückliches und erfülltes Leben?

Zukunftsperspektiven

Ikigai

Es gibt inzwischen viele Bücher zum Thema *Ikigai* und ihr fragt euch jetzt sicherlich, was hat das bitte mit der Eltern-Kind-Beziehung zu tun oder gar mit Schule, Zukunft oder Beruf? Vereinfacht gesagt ist Ikigai die Balance in unserem Leben. Wenn wir tun, was wir lieben, und dabei auch noch anderen helfen und damit Geld verdienen, dann sind wir im Gleichgewicht. Wer sich mit Ikigai genauer beschäftigt, hat sicherlich schon einmal dieses Modell gesehen:

Idealerweise machen wir alle etwas, das unserem persönlichen Ikigai ent-spricht, und wünschen das auch für unsere Kinder.

Zentral - auch für alle Überlegungen zur Berufswahl - sind für uns dabei diese ersten fünf Gedanken Ken Mogis aus seinem Buch *Ikigai - die*

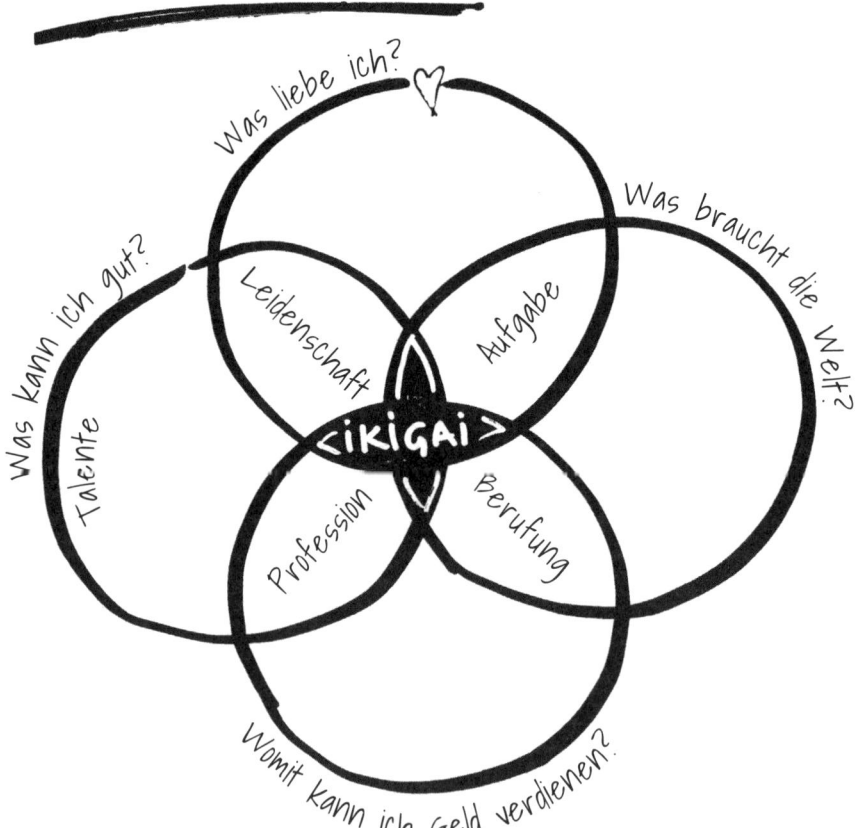

japanische Lebenskunst, die er im Kapitel „Ihr Grund, morgens aufzu-
stehen" als „Die Fünf Säulen des Ikigai" [28] postuliert:

1. „Klein anfangen
2. Loslassen lernen
3. Harmonie und Nachhaltigkeit leben
4. Die Freude an kleinen Dingen entdecken
5. Im Hier und Jetzt sein." [29]

Diese 5 Punkte spiegeln idealtypisch wider, wie ihr euer Kind im Leben
bei seinen Entscheidungen bestmöglich begleiten und unterstützen
könnt. Vieles davon habt ihr auf den vergangenen Seiten bereits gelesen.
Wichtig ist uns dabei, dass ihr das zusammen mit eurem Kind macht:

1. Seid für euer Kind da.
2. Tretet zurück, wenn es reif ist, eigene Entscheidungen zu treffen.
3. Seid zugewandte, verlässliche Begleiter
4. Entdeckt die Welt gemeinsam neu.
5. Teilt den Moment mit eurem Kind.

Cathy N. Davidson, eine Wirtschaftshistorikerin und Professorin an der
Duke University, postulierte 2011, dass 65 Prozent aller Grundschüler und
-schülerinnen in Jobs arbeiten werden, die noch nicht erfunden sind. [30]
Auf einer Veranstaltung der Eventreihe „Zukunft: Jetzt!" der Unterneh-
mensberatung Boston Consulting Group (BCG), die ich hier aus meiner
persönlichen Erinnerung wiedergebe, postulierte die BCG, dass in nahezu jeder Branche zukünftig nicht weniger, sondern sogar mehr Jobs zur
Verfügung stehen würden als heute. Allerdings seien dies qualifizierte
Arbeitsplätze, für die Menschen gebraucht werden, die gelernt haben,
sich auf Neues einzustellen, Änderungen mitzutragen und sich neue
Fähigkeiten anzueignen.

Die Berufswahl sollte für Kinder die Wahl einer Berufung sein und eine
Entscheidung für lebenslanges Lernen.

139

ZUKUNFTSTRÄUME

KAPITEL 4

Die Kind-Lehrende-Beziehung

Stopp! Kein Zutritt für Eltern! Betreten verboten! Zutritt nur für Kinder und ihre Lehrenden!

Na, neugierig geworden, was sich da so hinter den Türen der Klassenräume eurer Kinder abspielt? Was sind das eigentlich für Menschen, diese Lehrerinnen und Lehrer, und warum liebt/hasst/ignoriert euer Kind sie so?

In diesem Kapitel wollen wir und vor allem ich (Stephanie) euch Eltern ein paar Einblicke in die Lernbeziehung zwischen Kind und Lehrenden geben. Dabei werden wir viele verschiedene Themen aufgreifen, die sich schwerpunktmäßig auf das schulische Umfeld beziehen. Trotzdem hat das auch immer etwas damit zu tun, was zu Hause geschieht.

„Ich liebe sie" – „Ich hasse sie"

Die erste Begegnung zwischen Kindern und ihren Lehrkräften ist entscheidend und hat weitreichende Folgen. Grundsätzlich kommen Kinder in die Schule und lieben ihre Lehrperson, oder wenigstens starten sie eine Beziehung mit ihr oder ihm, die hoffentlich von guten Gefühlen geprägt ist. Lehrkräfte sind es, die ihnen eine neue Welt eröffnen, die ihr als Eltern nicht zur Verfügung stellen könnt. Das gilt in erster Linie für die kleinen und nicht (mehr) unbedingt für ältere Kinder. Manchmal ist eine

Erstbegegnung auch nicht ganz einfach. Selbst bei den Jüngsten kann es sein, dass die Chemie einfach nicht stimmt. Jeder Mensch hat diesen einen anderen Menschen, der es ihm oder ihr schwermacht, das Gegenüber zu mögen.

Wir haben in der Tollabea-Community mal nachgefragt, was eine gute Lehrkraft ausmacht oder welche den Mitgliedern besonders in Erinnerung geblieben ist. Das Ergebnis war eindeutig: Lehrer und Lehrerinnen, die sich für Ihre Schülerinnen und Schüler interessiert haben, die mit Humor und Klarheit, manchmal auch mit Strenge und verständlichen Regeln ihren Unterricht gestaltet haben.

Was kannst du mir beibringen, was willst du mir beibringen?

Die wichtigste Frage, die alle Schüler und Schülerinnen bewusst oder unbewusst an ihre Lehrkräfte stellen, lautet: Was kannst du mir beibringen? Und zwar jede Stunde von Neuem. Kinder sind wissbegierig und wollen lernen. Sie sind Fragewesen, und besonders, wenn sie in die Schule kommen, wollen sie alles wissen. Warum ist das so und nicht anders? Warum machen Menschen das? Warum müssen wir rechnen lernen? Warum ... warum ... warum? Im Idealfall passen die Fragen der Lernenden zu dem, was ihnen der Mensch, der da vor ihnen oder mitten unter ihnen steht, beibringen möchte. Das sind die Sternstunden einer Lehrkraft, wenn die Lernenden bei einem Thema anbeißen und sich der Unterricht wie von alleine gestaltet. Alles, was Lehrerinnen und Lehrer dann noch machen müssen, ist, an der einen oder anderen Stelle zu lenken.

Weicht die „innere" Fragestellung der Schülerinnen und Schüler von dem zu vermittelnden Stoff ab, führt das zu einer Vorform der Langeweile. Ist die Lehrkraft flexibel genug, kann daraus ein interessanter Exkurs entstehen. Wenn aber die Fragen, die die Lernenden beschäftigt, nicht aufgegriffen werden und nur stur das Curriculum umgesetzt wird, dann ist Langeweile vorprogrammiert. In ihrer gesteigerten Form zeigt sie sich als Chaos, auch bekannt als „über Tische und Bänke springen".

Wenn wir uns so ein Curriculum ansehen, dann haben wir oft das Gefühl, wir gingen mit einem Riesenhunger auf eine Party. Doch statt des erwarteten Vier-Gänge-Menüs werden nur kalte Schnittchen serviert. Ja, natürlich ist es hilfreich, ein Curriculum als Basis zu haben, und es ist uns klar, dass sich die Menschen, die diese Curricula erarbeiten, alle Mühe geben, die Themen dem Alter der Kinder entsprechend zusammenzustellen – und davor ziehen wir unseren Hut. Was aber, wenn wir den Blick über den Tellerrand hinaus richten? Denn eigentlich hängt doch alles irgendwie zusammen. In Englisch kann ich genauso gut über Geschichte sprechen und in Mathematik auch über Finanzpolitik. Leider werden Fächer noch immer zu isoliert unterrichtet.

Wie kann es also gelingen, die Lernenden da abzuholen, wo sie selbst gerade sind? Es gelingt nicht immer, auch wenn sich alle Beteiligten es noch so sehr wünschen. Aber es gibt ein paar Aspekte, die Lehrenden helfen, die Trefferquote zu erhöhen. Und ganz nebenbei: Manchmal treffen wir als Eltern auch nicht das richtige Thema oder haben den Anschluss verloren, wenn sich der Spross für etwas Neues interessiert.

Wie gehen wir als Lehrende an unsere Planung (im Idealfall) heran? Warum machen wir nicht immer alles so, wie es im Curriculum steht? Warum ist der Unterricht trotzdem erfolgreich? In diesem Abschnitt geht es darum, wie Lehrkräfte Lerninhalte auswählen.

Als Erstes schauen sie sich eine Klasse genau an, um festzustellen, wo sich die Lernenden in ihrer Entwicklung befinden. Nicht jede 4. Klasse ist wie die andere. Ist das Thema, das jetzt eigentlich dran wäre, vielleicht noch zu schwer oder womöglich einen Tick zu leicht für diese Klasse? Gibt es konkrete Anknüpfungspunkte in der Lebenswelt der Kinder, die nicht zwangsläufig im Curriculum so benannt sind? Wird in der Klasse über etwas gesprochen, das oberflächlich keinen Bezug zu dem geplanten Thema hat, aber über kleinere oder größere Umwege doch dahin führt? Der Witz mit dem Biologiestudenten in der Prüfung, der sich nur auf Regenwürmer vorbereitet hat und als Thema den Elefanten bekommt, ist vielleicht alt, trifft aber den Kern der Sache ganz gut, denn seine Überleitung ist: „Also, der Elefant hat einen langen Rüssel und dieser Rüssel sieht aus wie ein

Regenwurm. Regenwürmer …" Vielleicht muss die Klasse erst in den Lern-modus gebracht werden oder gruppendynamische und soziale Themen stehen zunächst an, bevor es an das Inhaltliche geht.

Und wer behauptet eigentlich, dass Lehrende Kindern etwas bei-bringen? Sie können Kinder nur zum Lernen inspirieren, wenn es ihnen gelingt, an der Eigenmotivation der Kinder anzudocken. Es sind die Kinder, die beim Lernen tätig werden. Wenn ihnen Tag für Tag gezeigt wird, dass Lehrkräfte selbst Lernende sind, dann ist die Begeisterung für ein spezielles Lieblingsthema vielleicht nicht so ansteckend, aber die Begeisterung am Lernen färbt früher oder später ab. In dem Moment, in dem Kindern vermittelt wird, dass der Mensch da vorne alles weiß, stirbt langsam, aber sicher der eigene Lernwille ab.

Stephanie erzählt: Wer lernt hier eigentlich von wem?
Ich war für einige Zeit die Klassenlehrerin einer 5. Klasse und eines Tages wurde ich von der Frage „Wie wächst eigentlich eine Ananas?" überrascht. Vielleicht wisst ihr es, aber ich hatte nicht die leiseste Ahnung. Meine botanischen Kenntnisse waren bei Weitem nicht ausgeprägt genug, um die Antwort herzuleiten. Also blieb nur eins, nachschauen. Der Klassenraum war modern ausgerüstet, und so konnten wir gemeinsam am interaktiven Whiteboard herausfinden, wie so eine Ananas eigentlich wächst. Nein, ich verrate euch das jetzt nicht, gerne selbst nachschauen.

Ihr seht also, nicht nur die Kinder lernen von den Lehrkräften, sondern auch Lehrende von den Kindern (wenn sie es zulassen und es sich ein-gestehen, etwas nicht zu wissen).

Wir lieben Fehler!

Das Vorleben von positiven Lerneigenschaften führt uns zum Thema Fehlerkultur. Wir lieben Fehler! Sie helfen uns zu wachsen und sind Teil des Growth Mindset, das wir euch in Kapitel 2 vorgestellt haben, und

MEINE GRÖSSTEN FEHLER

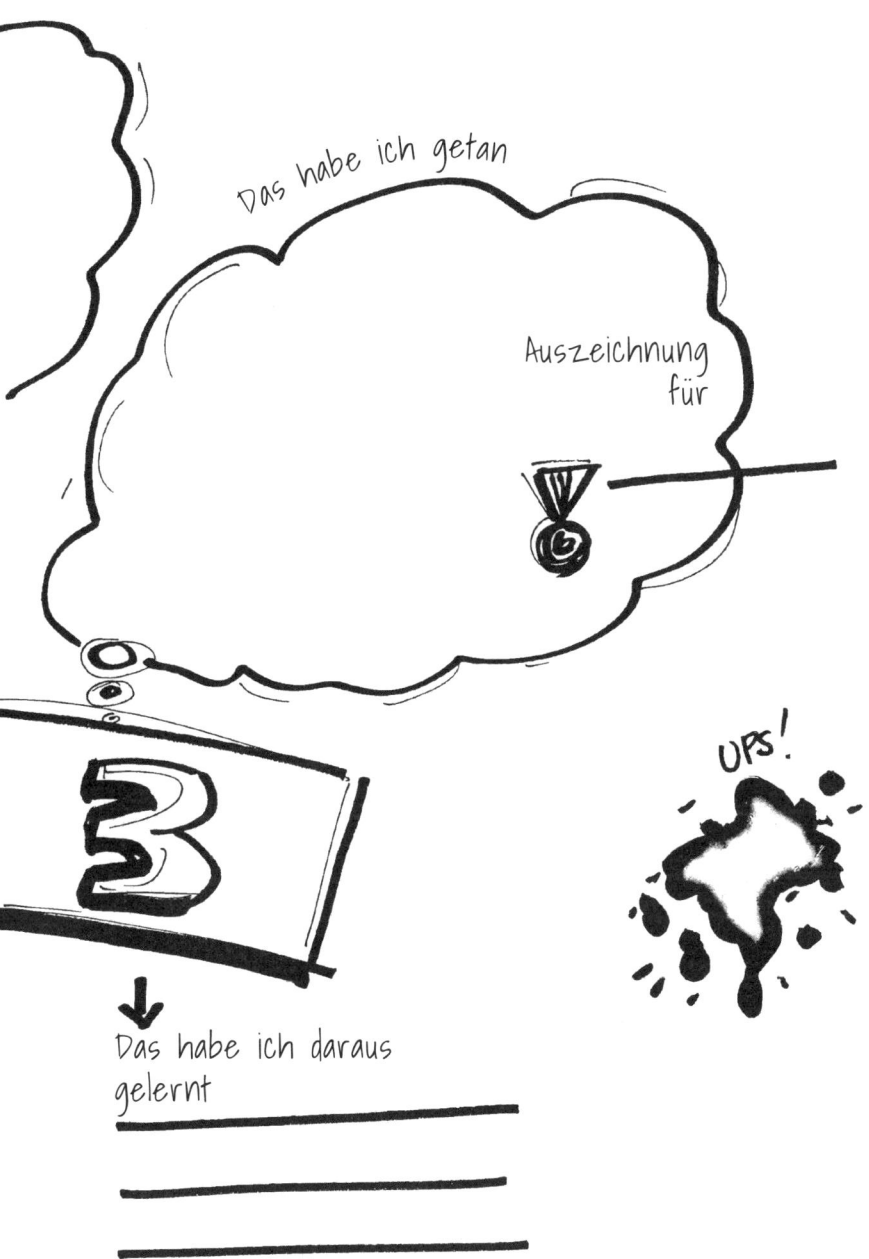

Das habe ich getan

Auszeichnung
für

UPS!

3

Das habe ich daraus
gelernt

ein wichtiger Faktor, um sich die „21st century skills", die von der OECD als Grundlage erfolgreichen Lernens gesehen werden, anzueignen. Wie sieht es bei euch aus, sind Fehler für euch noch ein No-Go oder könnt ihr schon Spaß an ihnen finden? Vielleicht erfinden wir einfach einen neuen Namen und nennen es „Möglichkeitenkultur".

Wusstet ihr eigentlich, dass das Wort Fehler ein Anagramm für das Wort Helfer ist? Das jedenfalls ist eine der großartigen Ideen, die uns zu diesem Thema von Katherina aus der Tollabea-Community mit auf den Weg gegeben wurde.

Nichts ist so wichtig wie eine positive Fehlerkultur. Traditionell ist es aber so: Fehler werden in einem Text mit der Signalfarbe Rot angestrichen und das Ziel besteht darin, keine Fehler zu machen. Machen Kinder welche, wirkt sich das negativ auf eine Zensur (was wir von Zensuren halten, hatten wir ja schon beschrieben) aus. Das ist vielleicht ein wenig übertrieben und in Grundschulen werden Fehler inzwischen auch unterschiedlich und lernendenfreundlicher gehandhabt, aber im Allgemeinen gelten Fehler als negativ.

Unsere These ist, dass Fehler ohne sinnvolles Feedback eine verpasste Lernmöglichkeit sind. Zu dieser Erkenntnis ist auch John Hattie in seiner Studie „Lernen sichtbar machen"[31] gekommen. Zu den Faktoren, die das Lernen mit am stärksten beeinflussen, gehört Feedback.

- **Seht Fehler als einen Bestandteil des Lernens an, akzeptiert sie und nutzt sie in wohlwollender Weise**
  Wie wäre es mit dem „Fehler der Woche - aus dem wir am meisten gelernt haben?" Könnten wir ihn suchen und feiern? Und wie wäre es, wenn Lehrerinnen und Lehrer selbst von ihren Fehlern erzählen?

- **Unterstützt es, wenn Verantwortung anerkannt und übernommen wird**
  Wer Bockmist fabriziert hat, sollte sich dazu straflos bekennen können - wenn er oder sie bereit ist, damit umzugehen. Und es ist

auch schön, wenn alle aus der Klasse helfen, wenn es darum geht, alles wiedergutzumachen, anstatt mit Schadenfreude nur zuzuschauen.

Für Lehrkräfte ist es eine andauernde Aufgabe, Lernende immer wieder darin zu bestärken, dass sie sich ausprobieren und nicht auf den Moment warten, in dem alles perfekt funktioniert. Das ist tatsächlich leichter gesagt als getan, denn wenn diese Haltung in dem sozialen Umfeld der Familie nicht umgesetzt wird, kann es schnell schwierig werden.

Da wir davon überzeugt sind, dass Fehler sein dürfen und für das Lernen wichtig sind, wollen wir euch eine Hilfestellung dazu mit an die Hand geben. Für viele Eltern ist es nicht einfach zu erkennen, dass sich Schule verändert.

Die Community erzählt: Eine neue Fehlerkultur etablieren

In der Tollabea-Community[32] haben wir einige Vorschläge und Ideen gesammelt und stellen euch ein paar davon etwas ausführlicher vor, damit ihr einen Einblick bekommt, wie Lehrkräfte versuchen, eine neue Fehlerkultur zu etablieren.

Wenn Kinder sich beispielsweise gerade Buchstaben und Zahlen erarbeiten, ist es ungemein wichtig, dass sie die Motivation nicht verlieren. Buchstaben und Zahlen sind die Grundlagen für alles, was später in der Schule kommt. Nicht jede Kinderhand ist feinmotorisch so geübt, dass sie mit Stiften, Linien und Karos gut klarkommt. Traditionell würde ein Lehrer oder eine Lehrerin die falsch geschriebenen Buchstaben oder Wörter mit Rot unterstreichen und den Fokus darauflegen, dass diese 5 Wörter falsch sind. Was sich beim Kind manifestiert ist: Ich habe es nicht richtig gemacht, ich bin nicht gut genug.

Ja, aber: 5 Fehler von wie vielen Wörtern? Waren es insgesamt 5 Wörter, 30 oder gar 100? Genau das ist der Punkt. Es gilt vor allem, erst einmal Relationen zu schaffen. Dabei gibt es zwei Wörter, die jede Lehrkraft (und jeder Elternteil) fest im Repertoire haben sollte: *noch* und *schon*.

Nehmen wir an, dass in diesem Beispiel das Kind 5 von 50 Wörtern falsch geschrieben hat.

- Die Wahl der Farbe, mit der die Wörter eingekreist werden, ist wichtiger, als ihr denkt. Grün statt Rot macht einen großen Unterschied. Probiert es einmal aus. Nehmt euch zwei identische Texte mit ein paar Fehlern und streicht sie einmal mit Rot und einmal mit Grün an. Rot lässt sich schneller finden, aber die Farbe macht auch aggressiver.

- Wenn unter dem Text der Satz steht: „Du hast *schon* 45 von 50 Wörtern richtig geschrieben und es sind nur *noch* 5 Wörter, die du dir noch einmal gut anschauen musst", statt in Rot zu schreiben: „Du hast 5 Fehler gemacht!", gibt es einen Ausblick. Das Können des Kindes wird in Relation gesetzt.

Stephanie erzählt: Zauberwörter

„Noch" ist im Unterricht ein Zauberwort und der Schlüssel zum Growth Mindset. Der Satz „Ich kann das noch nicht" kann sich zu einer Haltung stabilisieren, die auch bei komplizierten Inhalten hilft durchzuhalten.

Zu einer guten Fehlerkultur gehört auch, Denkprozesse sichtbar und nachvollziehbar zu machen. Eine Aufgabe fördert mindestens so viele verschiedene Lösungswege zutage, wie Lernende in einer Klasse sind. Ich wurde einmal von einem Zwölftklässler gefragt, ob es nicht schrecklich langweilig wäre, 20 Klausuren mit der identischen Aufgabenstellung zu lesen. Ich habe ihn zuerst gar nicht verstanden, denn jede Zusammenfassung und jeder Aufsatz ist so individuell wie der Mensch, der ihn geschrieben hat.

Auch das ist für Eltern nicht immer verständlich, und wir können euch nur ermutigen nachzufragen, wenn ihr nicht versteht, warum es nicht nur einen Weg zu einer Lösung gibt. Insbesondere, wenn ihr einen Lösungsweg ganz anders gelernt habt. Besonders schön lassen sich diese Herangehensweisen in der Mathematik zeigen. Es gibt immer mehrere

Wege, zur richtigen Lösung zu kommen, und jeder Mensch hat seinen eigenen, der dabei hilft, die Aufgabe zu lösen.

Denkprozesse sichtbar zu machen ist so wichtig, damit es Lehrkräften verständlich wird, wo euer Kind gerade steht. Auch Kinder lernen unglaublich viel, wenn sie die Lösungswege ihrer Mitschülerinnen und Mitschüler kennenlernen. Werden die unterschiedlichen Arten und Weisen, eine Fragestellung zu beantworten oder ein Problem zu lösen, regelmäßig kommuniziert, vermittelt das auch, dass nicht jeder Mensch gleich ist und dass es bereichernd ist, verschieden zu sein.

Und schließlich sind alle Fehler, die ein Kind macht, ein Geschenk an die Lehrkraft, denn sie helfen zu verstehen, wo die Schwierigkeiten sind, und auch, wo wir als Lehrende unsere Erklärungen verbessern müssen. Wenn alle oder viele Kinder denselben Fehler machen, dann kann es nicht mehr an ihnen liegen, sondern die Erklärung hat nicht gepasst.

Angst

Wir haben beim Thema Fehler indirekt schon das Thema Angst angesprochen, die Angst, Fehler zu machen und nicht gut genug zu sein.

Was passiert eigentlich mit uns, wenn wir Angst haben? Unterschiedliche Hirnareale sind für unterschiedlichste Aufgaben zuständig. Zwei Regionen, die in der Erziehung eine sehr prominente Rolle spielen, sind der Frontallappen und der Hypothalamus. Der Frontallappen ist der Teil des Gehirns, der sich auch spät noch entwickelt, und das kann bis ins Alter von Anfang zwanzig dauern. Im Frontallappen werden Entscheidungen getroffen und er spielt vor allem in der Pubertät eine wichtige Rolle. Wichtiger für uns, wenn wir über Angst sprechen, ist der Hypothalamus, der in der Menschheitsentwicklung einer der ältesten Teile des Gehirns ist und bei Gefahr die Kontrolle übernimmt. Wenn wir uns in Situationen befinden, die unser Gehirn als Gefahr wahrnimmt, dann lässt uns der Hypothalamus eigentlich nur drei Optionen: kämpfen, wegrennen oder

erstarren („fight, flee or freeze"). Haben Schüler Angst, aus welchen
Gründen auch immer, lassen diese Alternativen keinen Raum für Lernen.

Stephanie erzählt: Versagensängste

Da ich auf eine Waldorfschule gegangen bin, hatte ich nicht nur mehr
Prüfungsfächer als an einer staatlichen Schule, sondern wir konnten
unsere Zensuren auch nicht über die verschiedenen Halbjahre wie
bei einer Regelschule sammeln. Ausschließlich unsere Abschluss-
prüfung zählte für das Abitur. Ich hatte ganze Arbeit darin geleistet,
allen zu suggerieren, dass ich absolut gelassen war und alles unter
Kontrolle hatte. Aber als ich in meiner ersten Abiklausur saß (Mathe
Leistungskurs, mein Lieblingsfach), übernahm der Hypothalamus und
ließ mich erstarren. Drei Stunden habe ich mich mit den einfachsten
Aufgaben gequält und dann zum Entsetzen meiner Lehrkraft meine
Klausur abgegeben. Ich leide bis heute unter Prüfungsangst.

In diesem Fall handelte es sich um eine klassische Erstarrungs-Reaktion,
bei anderen Menschen kommt es zur Flucht (ich bin krank, mir geht es
nicht gut) oder zum offenen Kampf. Der kann sich entweder gegen die
Lehrkraft richten: „Sie haben nicht gesagt, dass das dran kommt!", „Wir
hatten gar nicht genug Zeit, uns auf die Arbeit vorzubereiten", oder gegen
sich selbst in Form von Übervorbereitung.

Weil es nach unserer Erfahrung ein wichtiges Thema ist, wollen wir
an dieser Stelle einmal exemplarisch die Matheangst ansehen. Mathe-
angst kann Schulkarrieren ruinieren! Dabei ist das so ein angenehmes
Fach, wie gemacht für faule Menschen, die lieber verstehen und gemeinsam schlau werden, statt zu büffeln. Aber ganz viele Eltern pflanzen
bei ihren Kindern eine regelrechte Matheangst ein - und züchten sie. Und
dann ist die Sache gelaufen!

Wie entsteht Matheangst?

In der *Washington Post* haben wir einen interessanten Artikel gefunden[33], der sich mit Lernenden und der Angst vor Mathe befasst. Die These ist: Der seltsame Mythos, dass dieses Fach sowohl schwer als auch hart ist, demotiviert selbst die „schlauen" Schülerinnen und Schüler und sorgt für regelrechte Denkblockaden.

Dafür ist oft die Erwachsenenwelt verantwortlich. Wir leben in einer Welt, umgeben von Nummern, Ziffern, Statistiken, Wahrscheinlichkeitsrechnungen und vor allem einem Wirtschaftssystem, das im Prinzip nur von Zahlen gesteuert wird. Da geschieht es auch mal schnell, dass der eine oder die andere damit überfordert ist … und laut drauflosschimpft. Das bekommen Kinder mit. Sie bekommen noch viel mehr mit, wenn es um sie selbst geht: Der Begriff „Mathephobie" beschreibt das Phänomen, dass Kinder, die Hilfestellung für die Schule von ihren eigenen Eltern erhalten, schneller Mathe-Ängste und Unsicherheiten aufweisen. Natürlich meint es kein Elternteil böse, im Gegenteil! Niemand will dem Kind schaden, sondern ihm ein gutes Gefühl vermitteln und es anspornen. Bekenntnisse wie: „Mach dir nichts draus, ich war auch nie gut in Mathe, ich hab' das Fach auch gehasst!", sind da nicht hilfreich. Sie verankern Mathe-Angst. Auch der Griff in die Klischéekiste ist hinderlich. Einige assoziieren mit guten Matheleistungen kleine Genies, die einfach „alles" können. Der Trugschluss „Ich bin kein Genie, dann kann ich auch nicht gut in Mathe sein" verankert sich schneller, als man denkt.

Noch schlimmer ist, dass gute Matheschülerinnen und -schüler oft als „Streber" oder „Freaks" bezeichnet werden. In Frankreich hingegen sind die „Mathematikerinnen und Mathematiker" die coolen Kids, bei uns nicht so sehr. So etwas setzt sich schnell fest in den Köpfen … und beeinflusst den Umgang mit Zahlen und Logik. Wer will schon „uncool" sein?

Eine sachlichere Betrachtungsweise von Mathe verändert auch die Einstellung zum Fach. Weg mit dem schlechten Image und her mit den spannenden Inhalten! Schauen wir darauf wie auf eine Sportart, in der wir durch stetige Wiederholung und Training alles ohne Druck meistern können. Selbst die beste Sportlerin muss üben, üben, üben. Und niemand lernt etwas, das er oder sie eigentlich nicht lernen will. Dass Mathematik eine angeborene Begabung ist, halten wir für Unsinn. Mathe kann sich allen erschließen, manchen mit mehr Übung, manchen mit weniger.

Ihr helft euren Kindern, wenn ihr sie ermuntert: „Ich war nicht am besten in Mathe, aber ich bin doch klargekommen. Und ich habe den Eindruck, du bist da deutlich begabter!", oder: „Ich habe viel zu spät gemerkt, dass Mathematik einfacher ist als ihr Ruf."

Angst vor Mathe ist überflüssig. Das Fach können Kinder erlernen. Und wenn man trotzdem nicht gut darin ist, so muss es noch immer keine Angst auslösen oder zur Phobie werden.

Einige bemerken erst in der Oberstufe, dass das Fach ihnen liegt. Hören wir also bloß auf, uns gegenseitig entweder in die Schubladen Matheprofi oder Mathebanause zu stecken! Der Maßstab sollte nicht bei Einstein liegen, sondern bei einem selbst. Jeder und jede hat eigene Stärken und Schwächen.

Béa erzählt: Auch Mädchen können Mathe

Vor allem die Einstellung zu Mädchen und Mathe war ein Schock für mich, als ich neu in Deutschland war: „Wow, du bist ziemlich gut in Mathe, und das als Mädchen!" war eines der ersten Komplimente, die mir mein Mathelehrer und meine Mitschüler in Deutschland machten. Ich war 15, war frisch nach Deutschland geflohen, und auch wenn meine Sprachkenntnisse am Anfang begrenzt waren, bekam ich das Gefühl, dass „hier" eine ganz andere Einstellung zum Thema „Mädchen und Mathe" herrscht.

Diese Einstellung zu Mathe und Mädchen war ich gar nicht gewohnt. In meiner Kindheit galt: Wer Rechtschreibung und Mathe nicht vernünftig konnte, galt gleichermaßen als Analphabet – ohne Unterschied zwischen Mädchen und Jungs, Männern oder Frauen. Die Geschlechterdiskriminierung blieb dem Sport vorbehalten: Jungs mussten zum Fußball und Mädchen zum Turnen. Mathe war für alle da, und Mathe war spielerisch schön – und eigentlich eines der wenigen Fächer, bei denen wir uns alle entspannen konnten. Hier gab es keine falschen politischen Meinungen. Puh. Die Welt der Zahlen hatte mit Auslegungen der Parteipolitik nichts zu tun. Meine ganze Klasse in Rumänien mochte Mathe.

In Deutschland musste ich aber feststellen, dass Mathe Panik in nahezu allen weiblichen Wesen auslöst. Es ist vertrackt mit Mathe und den Mädchen. Es ist, als würde ein Ich-kann-kein-Mathe-Virus von Mädchen auf Mädchen, von Mutter zur Tochter, von Erzieherin auf Kitamädchen überspringen: „Wir können kein Mathe." Und in der dritten Klasse ist dann das Thema „Textaufgabe" das große, fiese, dunkelste Spukgespenst der Vergleichsarbeiten.

Von Anfang an kann man mit Kindern mathematisch-logische Spielchen spielen. Beispiel: Wenn es ans Tischdecken geht, gerade wenn Gäste kommen: Wie viele Teller, Gabeln, Messer etc. werden wir brauchen? Wie viele Kartoffeln müssen geschält werden? Wie platzieren wir die Salz-streuer, damit jeder einen in Reichweite hat? So können Kinder Mathe cool finden. Sowohl Spaß an Mathe als auch Angst vor ihr in der Familie sind ansteckend.

Mehr Mathe für alle!

In unserer Community zeigt sich das gleiche Muster: Hat man ein starkes Vorbild mit Mathebegeisterung in der Familie, ist das ansteckender als das Anti-Mathe-Virus der Gesellschaft. Sitzt die Angst in der eigenen Fami-lie, ist es deutlich schwerer, sie loszuwerden. Auch Studien belegen dies:

Das Magazin *Scoyo* stellte in einer Online-Umfrage fest: „Mädchen denken deutlich schlechter über Mathematik als Jungen und haben dop-pelt so häufig Angst vor dem Fach. In der fünften Klasse zeigt sogar jede dritte Schülerin eine klare Abneigung. Eine mögliche Erklärung dafür hat Petra Naumann-Kipper vom Institut Dyskalkulie-Saar: ‚Mädchen tendieren eher dazu, sich selbst für das ›Versagen‹ in Mathematik die Schuld zu geben. Jungen suchen die Ursache eher im Außen, also den ›schlechten‹ Lehrkräften oder den Eltern, die nicht gut erklären.'"[34]

Wie kommt es zu allgemeiner Schulangst?

Angst wird nur selten durch einen Faktor allein ausgelöst, sondern eigentlich immer von mehreren, die miteinander korrelieren. Wir haben aus der Community zum Thema vor allem Beiträge zu Mobbing und Leistungsdruck in vielen verschiedenen Ausprägungen bekommen. Wie verschiedene Faktoren zusammenspielen können, zeigt dieses hypothetische Beispiel:

Die Community erzählt: Auswirkungen von Leistungsdruck

Helge soll in Englisch einen Vortrag halten. Helge hat bis in die 10. Klasse hinein gelispelt und gestottert. Leider hatte er kein sehr verständnisvolles Elternhaus, sein Vater war besonders unsensibel und hat versucht, Helge durch scharfe Ansprache wie „Jetzt lass doch mal dieses alberne Reden, du bist doch kein Kleinkind mehr!" oder „Man schämt sich ja, wenn man irgendwo mit dir hingeht, und du machst den Mund auf!" die Sprachfehler „abzugewöhnen". Das führte dazu, dass Helge das Gefühl hatte, peinlich zu sein und abgelehnt zu werden. Weil es so lange gedauert hat, bis Helges Eltern ihn zu einem Sprachtherapeuten gebracht haben, ist er mit dem Sprachfehler in die Schule gekommen. Seine Klassenkameraden entstammen, wie er auch, aus sehr leistungsorientierten Familien, mit wenig Verständnis für Schwächen. Auch seine Mitschülerinnen und Mitschüler machten sich über ihn lustig. Nur wenige unternahmen Anstrengungen, mit Helge in Kontakt zu kommen. Dadurch geriet er zwar auch nicht so oft in die Verlegenheit, sprechen zu müssen, aber er hatte auch keinen wirklichen Anlass, etwas gegen seinen Sprachfehler zu unternehmen. Nur wenn er im Unterricht etwas sagen musste, wurde seine Schwäche sichtbar und von den Lehrenden häufig abfällig kommentiert. Im Extremfall wurde er gar nicht mehr drangenommen. Wenn möglich blieb Helge stumm.

Inzwischen hat Helge sein Stottern und Lispeln zwar im Griff und er hat die Schule gewechselt, aber auch hier gibt es gerne mal blöde Bemerkungen. Im Wesentlichen sind seine Mitschülerinnen und Mit-

> schüler neidisch auf Helge, denn auch wenn er nicht viel spricht, hat
> er inzwischen exzellente Noten, weil er all seine Kraft in das Schrift-
> liche steckt. Also eigentlich hat Helge keinerlei Grund, vor diesem
> Vortrag Angst zu haben, er hat ihn mehrfach zu Hause geübt und
> kennt den Text in- und auswendig. Trotzdem steht er wie festgefroren
> vor der Tafel, ohne ein Wort rauszubekommen, und als er schließlich
> doch zu sprechen anfängt, tritt plötzlich sein Stottern wieder auf. Die
> gesamte Klasse lacht.

Ihr haltet das für übertrieben? Leider fürchten wir, dass das nicht der Fall ist. Je nachdem, wie ein Kind das seelisch verkraftet, würden auch weniger Stressoren für solch einen Rückfall reichen.

Angst wird Charles Spielberger zufolge definiert als „Kettenreaktion, die aus einem Stressor, der Wahrnehmung einer Gefahr, einer Statusreaktion, der kognitiven Bewertung und der Bewältigung besteht."[35]

Wir möchten hier keine lange Liste von möglichen Angst-Triggern aufstellen, denn die sind so individuell, wie wir es sind. Wir finden es wichtiger, herauszufinden, wie wir versuchen können, mit solchen Situationen umzugehen. Nehmt euch einen Moment Zeit und denkt über eure persönlichen Angst-Trigger nach.

Ein wichtiger Faktor, Angst gar nicht erst entstehen zu lassen oder zumindest zu mindern, ist Vertrauen.

ANGST BEIM LERNEN.

vor:

vor:

vor:

vor:

vor:

beim Lernen.

DIE QUELLEN MEINES VERTRAUENS

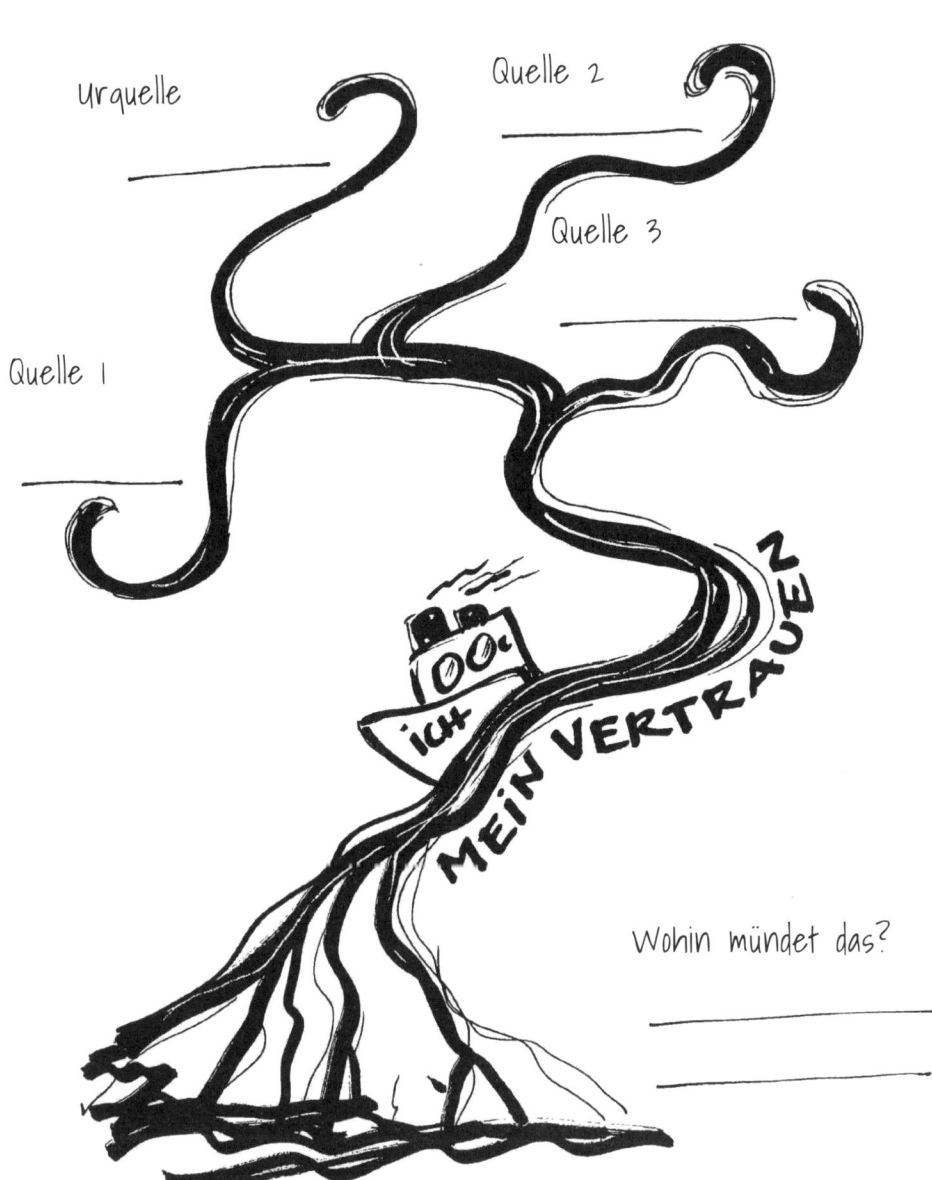

Urquelle

Quelle 2

Quelle 3

Quelle 1

ich

MEIN VERTRAUEN

Wohin mündet das?

Vertrauen

Stephanie erzählt: Menschen etwas zutrauen

Während der Recherche für unser Buch haben wir Menschen, die uns in den letzten 15 Jahren auf unserer Reise durch die Bildungslandschaft begegnet sind, befragt. Einer von ihnen ist Stephen Harris, der vor Jahren in Australien eine Projektschule aufgebaut und geleitet hat, bevor es ihn an ein Schulprojekt nach Barcelona zog. Wir wollten von ihm vor allem wissen, wie seiner Ansicht nach Elternarbeit gut gelingen kann und woher er die Inspiration für seine Arbeit nimmt. Stephen erzählte uns die Geschichte von einer sehr schwierigen 9. Klasse.

Niemand wollte sie unterrichten, doch er mochte die Schülerinnen und Schüler, die ihm da begegnet waren. Neben dem normalen Englischunterricht unternahm er mit ihnen auch verschiedene Outdoor-Aktivitäten. Er schaffte es, diesen chaotischen Haufen auf eine Mountainbike-Tour mitzunehmen. Auf einer Klippe mutete er den Quälgeistern zu, sitzend 30 Minuten zu schweigen. Ihre Eindrücke sollten sie hinterher in einer Geschichte verarbeiten.

Warum war ihm möglich, was andere Kollegen nicht wagten? Stephen hat sich getraut, ihnen zu vertrauen. Und das wiederum hat die Schülerinnen und Schüler befähigt, sein Vertrauen nicht zu enttäuschen und sich verantwortungsvoll zu verhalten.

Vertrauen ist immer zweiseitig. Je jünger eure Kinder sind, desto einfacher fällt es ihnen im Normalfall, Menschen zu vertrauen. Diese Fähigkeit geht mit zunehmendem Alter und schlechten Erfahrungen verloren. Natürlich ist eine gesunde Portion Misstrauen nicht schlecht und sicherlich hilfreich, aber in der Lernbeziehung zwischen Kind und Lehrkraft geht es nicht ohne Vertrauen. So einfach wie die Gleichung „kein Vertrauen = keine Lern-Lehrbeziehung" ist es aber auch nicht, denn das Ganze stellt sich differenzierter dar.

Das Vertrauen eines Lernenden in die Lehrkraft setzt sich aus verschiedenen Komponenten zusammen, dazu gehören Vertrauen

- in ihr Wissen und Können
- in ihre Integrität
- in ihre Fairness
- darauf, dass sie die Lernenden ohne Wenn und Aber unterstützt
- darauf, dass sie die Lernenden als Menschen mit individuellen Bedürfnissen ernst nimmt und ihnen hilft.

Ihr seht, dass die Liste von einer fachlichen Seite sehr schnell auf eine persönliche Ebene geht, und genau das macht es manchmal so schwierig. Wenn Lernende kein Vertrauen in die fachlichen Kompetenzen haben, dann ist das natürlich schon schlimm und führt zu dem klassischen Störverhalten, das oft durch Langeweile oder mangelnden Respekt hervorgerufen wird. „Der ist ganz nett, aber sein Unterricht ist suuuper langweilig." Oder: „Bei der lernen wir nichts, das ist Zeitverschwendung." In diesem Fall ist das Lernen durch die Hürde Inhalt gehemmt, aber das Lernen selber ist für den Lernenden immer noch wichtig.

Verliert jedoch die lernende Person das Vertrauen in die Beziehung der Lehrkraft zu ihr, wird es kompliziert. „Dem ist doch eh egal, was ich mache." „Egal was ich mache, ich bekomme immer eine schlechte Note." „Die hat mich auf dem Kieker." Ging es vorher noch um das Fach und die Inhalte, steht jetzt der Mensch im Mittelpunkt. Auch hier möchten wir noch mal auf die Studie von John Hattie[26] verweisen, denn fast genauso wichtig für gutes Lernen ist das Verhältnis zwischen Schülerinnen und Schülern und der Lehrkraft.

Viele Situationen können dazu führen, dass beide einander nicht mehr vertrauen. Insbesondere in der Pubertät kann es schnell passieren, dass eine Lehrkraft etwas tut oder sagt, das zu einem sofortigen Vertrauensverlust führt, auch wenn es objektiv gar keinen Anlass dafür gibt.

Ist das Vertrauen hin, dann ist es schwer, es wieder zu gewinnen. Misstrauen äußert sich in starker Opposition, respektlosem Verhalten oder absolutem Rückzug. Letztlich muss sehr genau geschaut werden, was zu dem Vertrauensverlust geführt hat, um eine Chance zu haben, damit umzugehen. Hilfe von außen, z. B. durch eine Mediation oder eine andere Lehrkraft, kann dabei sinnvoll sein.

Das war jetzt aus der Lernendensicht. Wie sieht es aber aus Sicht der Lehrkräfte aus? Grundsätzlich glauben wir beide, dass sie nur in absolut extremen Fällen das Vertrauen ihrer Schüler und Schülerinnen verlieren dürfen. Sie sind genauso wie die Eltern dazu da, junge Menschen dabei zu unterstützen, Vertrauen in sich und in soziale Beziehungen aufzubauen.

Im nächsten Kapitel schauen wir, wie das Verhältnis von Eltern und Lehrkräften eigentlich aussehen sollte, damit sie gemeinsam diese Aufgabe bewältigen können.

KAPITEL 5

Die Eltern-Lehrende-Beziehung

Wir haben beide, Béa als Schulgründerin und Stephanie als Schulleiterin, an der Schnittstelle zwischen Eltern, Lehrkräften und Schülern und Schülerinnen gearbeitet. Uns ist immer aufgefallen, dass es oft Reibungspunkte zwischen Eltern und Lehrkräften gibt. Sie sind kräftezehrend für alle - letzten Endes am meisten für die Kinder.

Welche Faktoren tragen zum Gelingen oder Misslingen von Eltern-Lehrende-Beziehungen bei? Lösungen können nur im Miteinander entstehen. An dieser Stelle ist es uns wichtig, das gemeinsame Bewusstsein zu schärfen, wo und wie die Kontaktpunkte zwischen den beiden „Parteien" sind und ob es sich lohnt, genauer hinzuschauen. Am wichtigsten wird sein, eure Rollen und Ziele zu reflektieren.

Die Community erzählt: Streitfall Mathe-Hausaufgaben

Hier eine klassische Situation, die sich so oder ähnlich täglich überall abspielen kann: Cara kommt mit Mathematik-Hausaufgaben nach Hause. Es ist spät, sie ist müde und hat keine Lust mehr. Auf Nachfrage sagt sie: „Das habe ich nicht verstanden. Das hat meine Lehrerin zu schnell erklärt." Die Eltern stehen unter Druck, denn eine Klassenarbeit steht an und sie ist für die Empfehlung für das Gymnasium wichtig. Es ist nicht das erste Mal, dass Cara diesen

Satz sagt. Die Eltern Frank und Elisabeth haben gerade gar keine Zeit und verstehen auch nicht, wie die Aufgabe gerechnet werden soll, denn als sie zur Schule gegangen sind, hat man das ganz anders gerechnet. Die Hausaufgaben-Frage eskaliert und Cara schreibt in der Arbeit eine Fünf. Frank und Elisabeth sind wütend und verlangen ein Gespräch mit der Lehrerin. „Warum müssen wir uns jetzt auch noch darum kümmern, das ist doch Aufgabe der Schule? Schließlich ist das Kind doch den ganzen Tag da?"

Kommt euch das bekannt vor? Das Gespräch mit der Mathelehrerin ist so eigentlich zum Scheitern verurteilt. Aber warum eigentlich?

Miteinander sprechen und einander verstehen

Gründe dafür gibt es viele, wir möchten hier zweierlei Arten des Scheiterns hervorheben. Zum einen geht es um zwischenmenschliche Kommunikation und zum anderen um die Frage nach der gesellschaftlichen Akzeptanz von Lehrenden.

Nichts erschwert die Kommunikation zwischen Eltern und Lehrkräften mehr, als wenn die Rolle und der Mensch miteinander verwechselt werden. Grundsätzlich gilt, dass ihr als Eltern immer eure eigenen Erfahrungen aus der Schulzeit mitbringt und sie eure Grundhaltung in der Kommunikation bestimmen. Wie standen eure Eltern euren Lehrern und Lehrerinnen gegenüber? Waren Letztere streng und gefühlt ungerecht oder habt ihr sie (nicht) ernst genommen? Konntet ihr nur die Lehrkraft in ihrer Rolle sehen oder auch den Menschen? Was für Verletzungen bringt ihr mit oder welche guten Erfahrungen habt ihr gemacht? Habt ihr gar schon mal den Satz ausgesprochen: „Ich hasse die Lehrkraft und die Schule."?

Wenn ihr euch diese Fragen stellt, wird es eine Vielfalt von Antworten ergeben, je nachdem, was für ein Mensch die jeweilige Lehrkraft war, aber es gibt auch einen Grundtenor und damit ein Muster, an dem ihr die Lehrkräfte eurer Kinder bemesst.

Wenn ihr den Lehrkräften eurer Kinder begegnet, dann reagiert ihr, bewusst oder unbewusst, auf sie mit Sympathie oder Antipathie (siehe auf Seite 176: *Die Kraft der Erstbegegnung*). *Und* ihr trefft eine studierte Lehrkraft, der ihr Vertrauen entgegenbringen müsst. Was, wenn euch der Mensch nicht sympathisch ist, könnt ihr ihm dann vertrauen? Und was, wenn ihr den Menschen zwar sympathisch findet, ihr aber das Gefühl habt, dass er inkompetent ist? Und noch viel schlimmer, was, wenn diese Lehrerin oder dieser Lehrer euch aus irgendeinem Grund an den schrecklichen Herrn Schmiedemann aus eurer Schulzeit erinnert? Und wie sehr unterscheidet sich eure Wahrnehmung von der anderer?

Stephanie erzählt: Alles anders?

Insgesamt hatte ich eine wirklich gute Schulzeit, und das war auch der Grund dafür, selber anzufangen, in Schulen zu arbeiten. Vor Kurzem saß ich mit einer Kollegin bei einer Tasse Kaffee im Lehrerzimmer und unterhielt mich über die Schule, an der ich war. Es stellte sich heraus, dass die Kollegin mit einer meiner Lehrerinnen nach meiner Schulzeit zusammen an einer anderen Schule gearbeitet hatte. Ich fand sie furchtbar, sie war mit Abstand die schrecklichste Schulerfahrung, die ich hatte, doch meine Kollegin fand sie toll.

Was also tun?

Wenn ihr als Eltern auf eine Lehrkraft trefft, nehmt ihr aus ihrer Sicht die „professionelle" Rolle der Eltern ein. Aber seht ihr das genauso? Für euch sind die Elternrolle und eure Persönlichkeit (jedenfalls vom Gefühl her) nicht voneinander zu trennen. Trotzdem ist es wichtig, sich zumindest von Zeit zu Zeit daran zu erinnern - besonders in Situationen, in denen diese Verschmelzung von beidem zu einem Problem werden kann - oder es zumindest zu versuchen.

Auch aus eurer Sicht erfüllt beispielsweise Kunstlehrerin Bernhardt eine professionelle Rolle. Aber sieht sie das genauso? Denn für sie gehört ihre professionelle Rolle ebenso zu ihr als Mensch. Auch sie muss sich immer wieder deutlich machen, dass es sinnvoll ist, beide Positionen voneinander zu trennen. Wenn man sich diesen Perspektivenwechsel nicht klarmacht, besteht Konfliktpotenzial.

Stephanie erzählt: Zwei Hüte an der Schule
Wir hatten einen Lehrer in unserem Kollegium, dessen beide Kinder auch an unserer Schule unterrichtet wurden. Marcus war also in der Doppelposition Lehrer und Vater und gleichzeitig auch noch Mensch. Umso wichtiger war es, dass er, je nachdem, in welcher Rolle er mit mir als Schulleiterin sprach, deutlich machte, welche Rolle er jetzt gerade einnahm. Entsprechend musste ich zuhören. Marcus löste es auf eine ganz wunderbare Art und sagte dann immer: „Stephanie, ich setze jetzt meinen Elternhut auf!", und machte die dazugehörige Geste.

Szenarien aus der Schule zur Rollenverteilung

Szenario 1
Ihr habt ein Gespräch mit einer Lehrkraft und seid euch eurer Rolle als Eltern bewusst. Ihr versucht, klar und strukturiert zu sein. Aber aus irgendeinem Grund triggert die Person, die euch gegenübersitzt, etwas, das euch in den „Ich kann ihn nicht leiden"-Modus bringt. Ergebnis: Das Gespräch ist im besten Fall anstrengend und kann im Extremfall negative Folgen für das Kind haben.

Szenario 2
Ihr habt ein Gespräch mit einer Lehrkraft und seid euch eurer Rolle als Eltern nicht bewusst. Eure Emotionen gewinnen die Überhand, die Sorge um euer Kind und eure Erfahrungen lassen euch explodieren. Ergebnis:

GESAGT - GEHÖRT - VERSTANDEN?

Ich habe gesagt:

Lehrkraft hat
möglicherweise verstanden:

Ich habe verstanden:

Lehrkraft kann
gemeint haben:

_____

_____

_____

_____

_____

_____

_____

Das Gespräch ist im besten Fall anstrengend und kann im Extremfall negative Folgen für das Kind haben.

Szenario 3
Jeder von euch ist sich seiner Rolle bewusst und ihr begegnet euch auf dieser Ebene. Die Lehrkraft verständigt sich mit euch darüber, zum Wohle des Kindes und eures eigenen zielgerichtet zusammenzuarbeiten.

Das wäre unserer Ansicht nach die wünschenswerte Lösung. Natürlich gibt es unendlich viele Ausformungen von Szenarien, wichtig ist, dass beide Seiten sich ihrer Rollen bewusst sind und Emotionen im Zaum halten.

Kommunikation zu Hause

Manchmal gehen dann aber eure Nerven zu Hause vor euren Kindern wegen einer Lehrkraft mit euch durch und dann kann es schwierig werden. Je jünger das Kind ist, desto stärker ist seine Intuition. Es weiß, ob ihr jemanden mögt oder nicht, und wenn das der Fall ist, bedarf es auch keiner Worte. Und damit könnt ihr in der kleinen Lena, insbesondere, wenn sie noch auf die Grundschule geht, einen echten Gewissenskonflikt auslösen. Wenn Kinder in die Schule kommen, lieben sie ihre Lehrkräfte normalerweise abgöttisch, sie können nichts falsch machen und haben immer recht. Ja, immer, das ist in Kinderaugen nicht verhandelbar. Somit bedeutet jede abfällige oder zweifelnde Bemerkung eurerseits einen Konflikt, das Kind verliert ein wenig Vertrauen in den Lehrenden. Ja, ich höre schon, wie ihr sagt: „Aber wenn es absoluter Blödsinn ist, was Lena da lernt?"

Die Frage, die sich jedoch stellt, lautet: Ist es tatsächlich Blödsinn? Ein häufig angeführtes Argument von Eltern lautet: „Ich habe das aber in der Schule ganz anders gelernt!" Das stimmt sicherlich, aber auch wenn es nicht immer so erscheint, hat sich die Methodik und Didaktik, seit ihr in die Schule gegangen seid, weiterentwickelt. Tatsächlich werden Schreiben, Lesen und Rechnen ganz anders unterrichtet, als ihr es vielleicht gelernt habt (siehe Kapitel 3).

Ein großes Konfliktfeld sind die Hausaufgaben. Ungemütlich wird es immer dann, wenn euer Kind die Aufgabe nicht versteht, ihr aber auch nicht. Dann lautet die Reaktion der Eltern: „So kann das doch gar nicht gehen." Zack, ein Gewissenskonflikt für eure Kinder, denn sie wollen den Lehrerinnen und Lehrern gegenüber loyal sein. Eure Reaktion ist absolut verständlich, nur leider nicht hilfreich. Wenn euch das ein- oder zweimal passiert, ist es kein Drama, aber sobald sich eine Haltung manifestiert, wird es für euer Kind und damit für euch und die Lehrkraft wirklich schwierig.

Das „Wie" ist hier entscheidend. Auch wenn ihr etwas anders gelernt habt, könnt ihr das eurem Kind signalisieren, aber der Ton macht die Musik. „Zeig doch mal, wie ihr das macht. Das ist ja spannend, ich habe das etwas anders gelernt, darf ich dir das mal zeigen?"

Stephanie erzählt: Alles so anders hier!

Vor geraumer Zeit habe ich die Tochter einer Freundin in einer meiner Klassen gehabt. Eines Abends bei einem Glas Wein sagte sie zu mir, dass ich für Maike die Autorität für Englisch sei und sie nichts mehr zu melden hätte. Ich schaute etwas verwundert, denn ihr Englisch ist wirklich gut. Was war geschehen? Meine Sprachsozialisation ist eindeutig britisch und ihre amerikanisch. Weshalb ich das Wort „dance" mit einem a-Laut ausspreche, während sie eher einen ä-Laut benutzt. Das brachte Maike dazu zu sagen: „Mami, du kannst gar kein Englisch, Mrs Jansen spricht das ganz anders aus!"

Und schon ist das Saatkorn des Missverständnisses gesät. Meine Freundin war Gott sei Dank klug genug, mich anzusprechen, ohne eine Diskussion mit ihrer 9-Jährigen zu führen, und ich habe daraufhin die Gelegenheit genutzt, in einer Englischstunde die Vielfalt der Aussprache zu thematisieren.

An diesem Beispiel wird deutlich, dass das, was Kinder zu Hause sagen, zu Missverständnissen zwischen Eltern und Lehrkraft führen kann. Gelassenheit und Kommunikation sind unerlässlich in solchen Situationen.

171

Müsst ihr deshalb alle Lehrkräfte eurer Kinder sympathisch finden? Auf gar keinen Fall, aber ein Vertrauensverhältnis hilft, Fragen zu klären und für vermeintliche Probleme eine pädagogische Lösung zu finden.

Je erfahrener wir in unseren Rollen sind, umso gelassener und strukturierter können wir mit auftauchenden Schwierigkeiten umgehen. Fehlt uns diese Erfahrung, dann sind wir schnell überfordert. Im Klassenraum sieht man das oft bei jungen Lehrkräften. Es ist schwer genug, sich zu überlegen, den Stoff für die Lernenden interessant zu gestalten, aber wenn das dann in die Hose geht oder nicht alles bedacht wurde, kann es ganz schnell zu einem Problem werden und Schüler und Schülerinnen nehmen den Menschen, der vor ihnen steht, nicht mehr ernst.

Auch Eltern müssen ihre Erfahrungen erst mit dem (ersten) Kind machen. Selbst wenn ihr euch vielleicht daran erinnern könnt, wie eure Eltern mit euch umgegangen sind, habt ihr euch wahrscheinlich mehr als einmal vorgenommen, dass ihr es genau so nicht machen möchtet.

Gewaltfreie Kommunikation

Die *gewaltfreie Kommunikation* (GFK) bewährt sich zunehmend im Schulumfeld. Der Ansatz kommt aus der humanistischen Psychologie und wurde von Marshall B. Rosenberg[37] begründet. Wer glaubt, dass die GFK einfach nur ein Instrument für bessere Kommunikation ist, erfasst die Sache nicht ganz. Sie ist in unseren Augen eher eine Haltung, also eine innere Einstellung im Umgang mit uns selbst und anderen. Die Methode der GFK mit ihren vier Kommunikationsschritten Beobachtung, Gefühl, Bedürfnis und Bitte kann uns schon im Kontakt mit anderen und mit uns selbst als Orientierung dienen. Wir kommen noch im Weiteren darauf zurück, wenn wir die Methode - allerdings nicht erschöpfend - darstellen.

In aller Kürze sammeln wir hier - für euch angehenden GFK-Meister - einige Tipps und Ansichten zur GFK.

Spielen über Bande

Egal wie sehr wir es von Eltern- und von Lehrendenseite versuchen, von Anfang an ein positives Verhältnis zu schaffen, manchmal sind Kommunikation und Zusammenarbeit schwierig. Das kann viele Gründe haben und die, die wir hier anführen, sind nur exemplarisch. Ein häufiger Grund ist das Über-Bande-Spielen. Ihr kennt vielleicht die beeindruckenden Szenen an einem Billardtisch, wenn jemand nicht einfach nur die weiße Kugel anstößt, um eine farbige einzulochen, sondern das über die Bande mit Rücklauf erreicht. Das bedarf großer Übung und eines guten Blicks. Im Alltag von Lernenden, Lehrenden und Eltern sieht das folgendermaßen aus: Euer Kind kommt nach Hause und ärgert sich wahnsinnig über eine Lehrkraft, während ihr eh schon Stress habt und dann womöglich so reagiert: „Wenn das noch mal passiert, spreche ich mit Herrn Wolters und sage ihm, dass das so nicht geht." Eure Aussage beeinflusst auch die Haltung eures Kindes, und die zeigt sich dann schnell in seinem Verhalten im Unterricht.

Hier ein Appell an alle Lehrenden: Wir sind nicht unfehlbar! Wenn ihr was falsch gemacht oder schlecht erklärt habt, dann steht dazu. Jemand, der Fehler macht, sie eingesteht und korrigiert, bekommt immer mehr Respekt von seiner Klasse als jemand, der alles zu vertuschen versucht. Über ihn wird dann getuschelt und schließlich wird er nicht mehr ernst genommen. Passieren euch viele Fehler, dann wäre es an der Zeit zu überlegen, ob ihr das richtige Fach oder den richtigen Beruf habt. Langfristig könnte euch ein Wechsel glücklicher machen.

Keine Angst vor Transparenz

Lasst euch in die Karten schauen! Sowohl, wenn es um die Art eures Unterrichts geht, als auch um die eurer Erziehung. Denn Transparenz ist das A und O der guten Kommunikation.

Ihr Eltern habt viele verschiedene Möglichkeiten, Feedback zu geben, sei es durch E-Mail, am Elternabend oder im Elterngespräch - negativ oder unterstützend. Auch hier ist die Formulierung die Kunst und sie bestimmt, ob und wie eure Rückmeldung angenommen wird. Hier ein paar Beispiele:

- „Sie machen das gut!" statt „Schweigen ist Zustimmung."
- „Brauchen Sie Unterstützung, um einmal dies oder jenes zu machen?" statt „Warum können Sie nicht einmal dies oder jenes machen?"
- „Kann ich Ihnen helfen?" statt „Kriegen Sie das nicht hin?"
- „Wäre es vielleicht eine Idee, wenn wir ..." statt „Sie machen immer das Gleiche."
- „Ich habe diesen neuen Ansatz, mit dem Sie arbeiten, leider noch nicht verstanden, können Sie ihn mir vielleicht einmal erklären oder sagen, wo ich mich schlaumachen kann?" statt „Wir haben das früher anders gelernt, das ist doch Blödsinn!"

Wie fühlt sich das an? Sätze wie: „Er/Sie ist doch die Lehrkraft, warum sollte ich mich einmischen?", sind deswegen nicht hilfreich, da sie eine Wir-Ihr-Mentalität transportieren. Unser Ziel ist ja aber Co-Learning, bei dem alle zusammen für ein gemeinsames Ziel handeln. Wir finden außerdem nichts schlimmer, als wenn uns jemand etwas verheimlicht.

Es gilt, den Informationsfluss klug zu gestalten, und das, liebe Eltern und Lehrkräfte, gilt für beide Seiten gleichermaßen! Häufig passiert es, dass wir uns als Verantwortliche in der Schule Gedanken über ein Kind machen und dann in einem Nebensatz hören, dass die Eltern sich gerade einen Scheidungskrieg liefern oder eine wichtige Bezugsperson gestorben ist. Wenn wir wichtige Informationen bekommen, können wir anders agieren und unterstützen. So einfach ist das.

DIE LEHRENDE-ELTERN-MATRIX

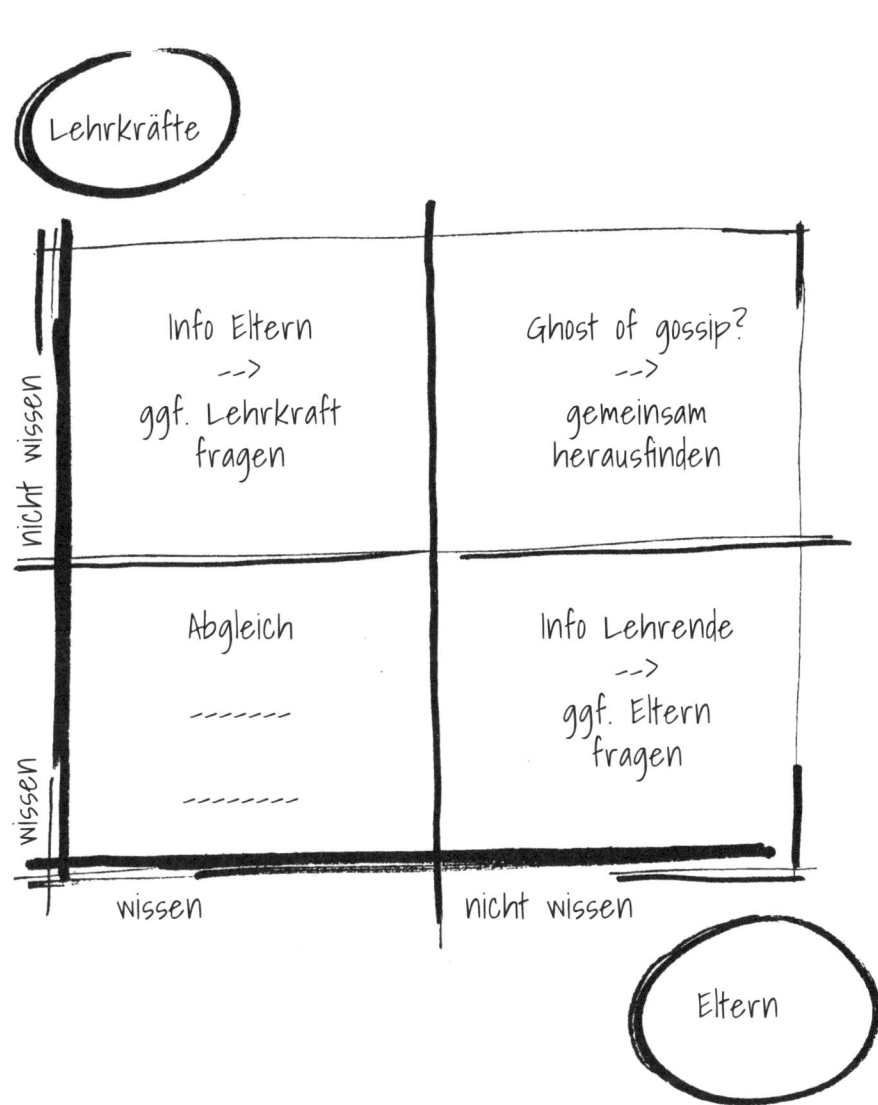

Lehrkräfte

	wissen	nicht wissen
nicht wissen	Info Eltern --> ggf. Lehrkraft fragen	Ghost of gossip? --> gemeinsam herausfinden
wissen	Abgleich -------- --------	Info Lehrende --> ggf. Eltern fragen

Eltern

Mythos „Wohl des Kindes"

Wir beide haben viel hin und her überlegt, was Lehrkräfte und Eltern zusammenbringt und zu einem Team macht - auch in Konfliktsituationen. Ganz schnell waren wir bei Glaubenssätzen à la: Es geht um das Wohl des Kindes oder gar die umfassende Glückseligkeit des wachsenden Menschen, den wir als Team formen, in seiner Entwicklung und Entfaltung nähren und behutsam beim Lernen begleiten. Klar geht es darum! Und hilft das, wenn sich die Gemüter erhitzen und jede Partei meint, sie hätte den besseren Ansatz dafür? Sagen wir so: Jein.

Wenn Eltern und Lehrkräfte zusammenkommen, geht es immer auch um uns selbst, um die gegenwärtige Situation. Ums Menschsein und darum, den anderen in seinem Menschsein anzuerkennen. Klar, es geht in erster Linie um das Wohl des Kindes und um eine gute Zukunft für jeden einzelnen kleinen bzw. jungen Menschen, der in der Schule lernt. Das ist schon das erklärte Ziel, für das alle an einem Strang ziehen sollen. Und es geht darum, dass die Erwachsenen untereinander Wege finden, ihre eigenen Bedürfnisse und ihr eigenes Wohlsein zu berücksichtigen.

Doch wie können wir die „Schnittstellen" zwischen Lehrenden und Eltern besser gestalten?

Die Kraft der Erstbegegnung

Fangen wir mal einfach an, mit dem ersten Mal, wenn sich die Erwachsenen begegnen. Ob das der Einschulungstag ist oder der erste Elternabend davor oder danach (darüber reden wir später), es kommt immer der Moment, wenn wir uns zum ersten Mal begegnen: Wie ist das bei euch?

Wenn sich Lehrkräfte und Eltern kennenlernen, geht es meistens ums Kind. Wie oft aber tauschen sich beide Seiten auch auf der menschlichen Ebene aus, um die Wellenlänge ihres Gegenübers zu verstehen?

BEGEGNE ICH MENSCHEN ZUM ERSTEN MAL, FÄLLT MIR AUF ...

Ich neige dazu,

schnell zu ...

positiv ...

negativ ...

Béa erzählt: Schubladendenken

An dieser Stelle möchte ich mit euch etwas teilen, was mir als Mutter ganz außerordentlich geholfen hat, mit den Lehrkräften meines Kindes ein gutes Miteinander aufzubauen.

Ist es euch schon mal passiert, dass ihr einen Menschen in eine bestimmte Schublade gesteckt habt (typisch Ami, typisch Alleinerziehende, typisch ...) und ihr hinterher gemerkt habt, dass ihr mit eurer Einschätzung komplett falschgelegen habt? Ich habe in der Community herumgefragt, und sehr viele konnten sich sofort an solche Vorurteile erinnern: Ob es die Kommilitonin in der Uni mit starkem Dialekt war, die sich später als „eloquent und klug" erwies, oder der Vater aus dem Iran, der die Betreuung der Tochter übernahm, damit seine Frau den Deutschkurs machen kann.

Wie lassen sich solche vorschnellen Einstufungen vermeiden?

Wir möchten mit euch eine besondere Form der Achtsamkeit teilen: Die Kraft der Erstbegegnungen. Bei diesem ersten Erfassen versuchen wir sowohl auf die Ausstrahlung eines Menschen zu achten als auch auf Informationen über seine Rolle als Lehrkraft bzw. als Elternteil. Wir nehmen eine bestimmte Körperhaltung, eine Art zu schauen, die Gestik und Mimik wahr.

Wir sind von der Kraft der Erstbegegnungen überzeugt und achten darauf sehr bewusst. Na, gut ... wenn wir daran denken. Und wir denken immer öfter daran. Denn diese ersten Augenblicke, wenn wir einen Menschen kennenlernen, sind wertvoll. Oder wie das Sprichwort sagt: „There is no second chance for a first impression" - es gibt keine zweite Chance, einen ersten Eindruck zu hinterlassen. Nur dass wir uns keinen Kopf machen, welchen Eindruck wir selbst hinterlassen, sondern wir richten unsere Aufmerksamkeit ausschließlich auf unser Gegenüber. Wir versuchen alles zu erfassen, was wir wahrnehmen können, versuchen aber, auch dahinter zu schauen. Wir öffnen die Intuition für alles, was diesen Menschen ausmacht.

Als wir das am Anfang ausprobiert haben, waren wir sehr mit Bewerten und Interpretieren beschäftigt. Stephanie und ich haben in unserem Buch *Gemeinsam schlau statt einsam büffeln* ein Spiel vorgeschlagen, um in anderen Menschen gute Eigenschaften zu finden. Selbst wenn euch jemand nicht sonderlich sympathisch ist: Welche positiven Eigenschaften hat diese Person? Und vermeidet danach, sogleich mit einem Aber fortzufahren.

Die Tollabea-Kolumnistin *mindfulsun* ist der Ansicht, dass Bewertungen jeglicher Art uns im Weg stehen können, eine wahre Verbindung zu Menschen aufzunehmen. Sie differenziert zwischen „Beobachtungen" und „Bewertungen".[38] So haben wir uns darauf besonnen, bei den ersten Begegnungen einfach nur zu beobachten. Es geht darum, das Gegenüber einfach nur wahrzunehmen, wie durch eine Kamera. Mit diesem inneren Video wird die Begegnung dokumentiert, ohne die Person in eine Schublade zu stecken.

Der andere Mensch erhält vielleicht das Geschenk des Gesehenwerdens. Begegnen wir ihm mit Offenheit, laden wir ihn ein, sich seinerseits zu öffnen. Und auch uns selbst wahrzunehmen, sodass ein Austausch stattfinden kann, hoffentlich frei von Vorurteilen und Schubladendenken.

Der Elternabend

Béa erzählt: Und wer macht's diesmal?

Wer eine Eltern-Community managt, hat bereits alle lustigen Witze zu diesem Thema drauf: Elternpaare, die Schnick-Schnack-Schnuck spielen, und der Verlierer muss zum Elternabend. Der wiederum klaut die Fernbedienung, damit der zu Hause gebliebene Elternteil auch keinen schönen Abend hat. Oder jemand reicht im Klassenraum Streichhölzer herum, damit alle die Augen aufhalten können. Wahlweise gibt es auch Schnaps, um das Ganze auszuhalten.

MEIN GEHIRN BEIM ELTERNABEND

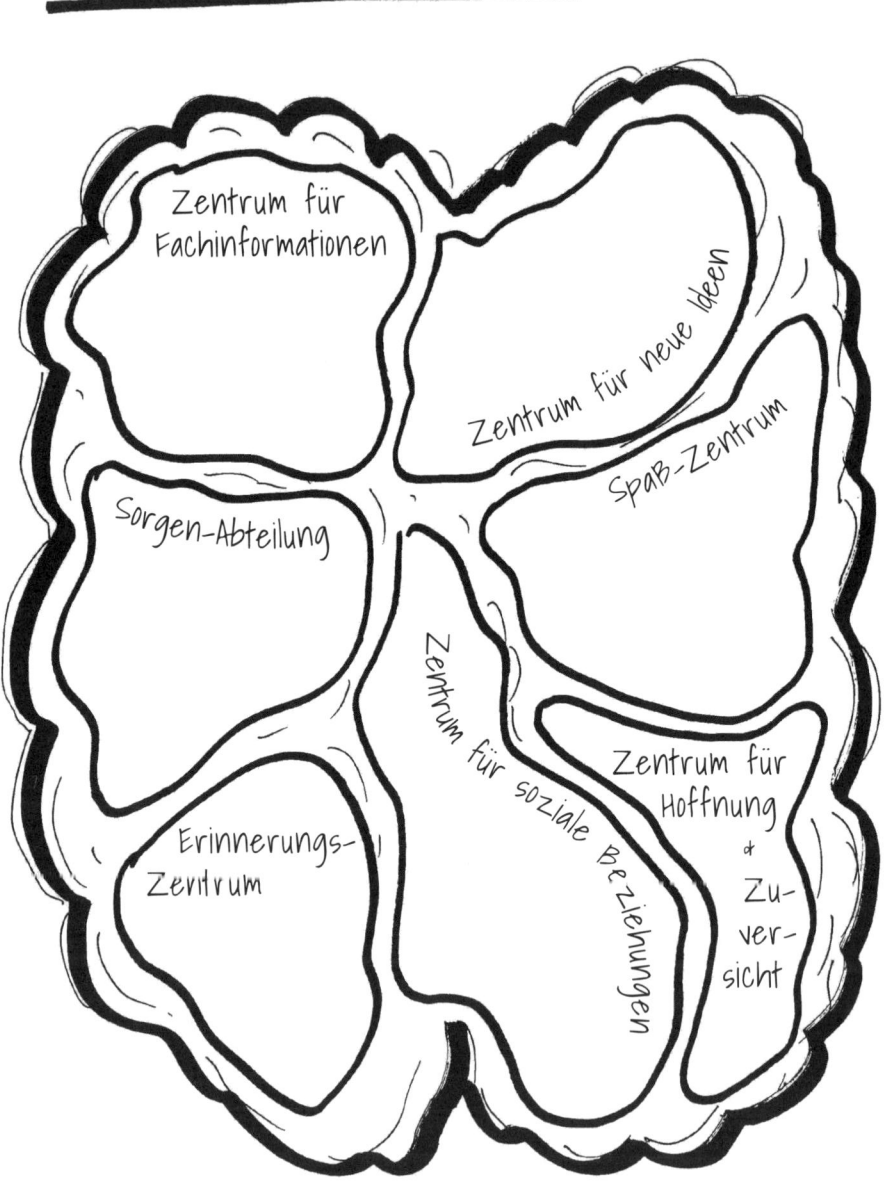

Spaß beiseite. Wir haben auch ernsthaft nach Problemen und Chancen des Elternabends gefragt. Die Grundsatzfrage lautete: „Müssen wir da überhaupt hingehen?" Die Antwort darauf war: „Besser ist es, trotz seines schlechten Rufes." Er gilt als pure Zeitvergeudung; die meisten Eltern halten ihn für eine lästige Pflicht und haben selten den Eindruck, dass sie dort Interessantes erfahren. Allenfalls findet der wirklich wichtige Teil am Stammtisch statt, später.

Das hat vielfältige Gründe: Der klassische Eltern-Lehrende-Abend in den meisten Schulen ist ein Ad-hoc-Abspulen von Informationen, formeller Wahl der Elternvertreter (das will eh niemand werden), gefolgt von einer fragwürdigen Diskussion mit Selbstdarstellung bestimmter Elterngruppen. Daneben rauben Merkwürdigkeiten die Zeit von Lehrkräften und Eltern: Fragen an jüngere Lehrerinnen, ob sie eine Schwangerschaft planen, bis zur Debatte, ob Colatrinken auch auf Klassenfahrten okay ist. Alle sehen sie sich gezwungen, unfreiwillig Zeit mit Unbekannten zu verbringen. Einige haben Sorge, ihre Meinung frei zu äußern, vielen fehlt die persönliche Ansprache, es geht nicht um das einzelne Kind.

Auf der Seite der Lehrkräfte ist der Elternabend auch nicht die beliebteste Veranstaltung. „Im Fall meiner Klasse waren bisher weniger Diskussionsfreude als eher Lethargie und emotionslose Gesichter der Grundtenor. Fühlt man sich super dabei. Man weiß nicht, was die Eltern denken, ob sie einverstanden sind oder nicht", berichtete uns eine Lehrerin im Interview.

Oft spüren die Eltern auch die Hilflosigkeit von Lehrkräften angesichts bemängelter Umstände - dass die Toiletten dreckig sind oder die Cafeteria kein gesundes Brot verkauft. Das sind Themen, die an anderer Stelle vorgebracht werden müssten.

Das richtige Rezept für einen gelungenen Elternabend ist eigentlich einfach und doch schwer zugleich: Eltern und Lehrende wollen etwas mitnehmen, was ihr Leben bereichert und ihnen positive Impulse gibt. Würde sich der Elternabend zu einer professionellen Fortbildung in Co-Learning entwickeln, wäre beiden Seiten gedient. Das Wichtigste, was es zu besprechen gibt, sind die Fortschritte, die die Klasse oder die Jahrgangsstufe macht - und damit auch das einzelne Kind. Auch hier ist das Prinzip Freude am Lernen relevant.

Was heißt das konkret? Hier einige Tipps - Spiele und Aktivitäten dazu gibt's dann in Teil 2: Gemeinsam machen.

- Auch hier gilt gleich vorab die Anregung: Warum die Kinder nicht mitmachen lassen? Warum eigentlich immer Eltern-Abend und nicht als gemeinsamer Nachmittag mit den Kindern?
- Ein angenehmer Raum und etwas Essen und Trinken dabei sorgen für eine bessere Atmosphäre.
- Agenda und klarer Zeitplan sollten vorliegen und eingehalten werden.
- Eine einfache Präsentation, zum Beispiel mit Fotos oder Videos informiert über Aktivitäten.
- Ein „Wort-Barometer" kann am Anfang oder mittendrin die Mitteilungsbereitschaft fördern: Jeder sagt in einem Wort, wie es ihm gerade geht, nur „gut" oder „schlecht" gilt nicht. „Aufgeregt", „glücklich" oder „gespannt" sind viel interessanter und sagen wesentlich mehr aus.
- Sitzordnung auflockern: Warum eigentlich brav auf Stühlen sitzen? Ginge das auch im Stehen? Oder auf Tischen sitzend?
- Wie wäre es mit einem Motto für das Ganze? Es muss ja nicht gleich in ein Treffen mit Partyklamotten ausarten - wie wäre es mit bunten Namenaufklebern oder Tischkarten mit Symbolen?

Kommunikation – Relevanz – Kooperation – Stimmung

Wie kommunizieren wir? Besser gesagt, was gehört zu unserem Kommunikationsstil? Was erleichtert oder erschwert es, mit dem Gegenüber ins Gespräch zu kommen?

Wir haben uns eine eigene, lebenspraktische Übersicht gemacht, die vier Aspekte betrachtet, die wir als Kommunikationskorridor bezeichnen. Die Idee ist, dass euer Kommunikationsstil, im Sinne von „eher leger" oder „eher formal", eure Bereitwilligkeit zur Kooperation mit eurem Gesprächspartner und eure Stimmung den Erfolg eurer Kommunikation beeinflussen. Und wie steht es schließlich um die inhaltliche Relevanz? Ist das Thema nur eures oder hat es wirklich eine Relevanz, sodass ihr mit der Lehrkraft sprechen müsst? Innerhalb dieses Rahmens könnt ihr davon ausgehen, dass das Gespräch zielführend und erfolgreich sein kann. Als Daumenregel würden wir sagen, wenn zwei oder gar drei Faktoren nur im negativen (oder alle im positiven) Bereich des Korridors liegen, dann solltet ihr ernsthaft darüber nachdenken, ob es richtig ist, dieses Gespräch zu führen. Vielleicht ist es besser, ein bisschen nachzujustieren und eine Nacht drüber zu schlafen. Die Kooperation ist ein weiterer wichtiger Aspekt. Möchtet ihr am Gespräch (vielleicht ist es ein fröhliches Miteinander oder ein anstrengendes Konfliktgespräch) teilnehmen, oder ist eure Haltung eher „Abwarten und Tee trinken" oder sogar „Bleib mir bloß weg damit!!". Und klar, eure Kooperationsbereitschaft ist immer auch abhängig vom vierten Aspekt: eurer Stimmung. Stimmungen sind stark situativ geprägt und können sehr unterschiedlich ausfallen und rasch wechseln. Es spielt dabei immer eine Rolle, was ihr am Tag oder in Bezug auf diese Person bereits erlebt habt. Ebenso relevant ist, wie ihr gerade die Situation und euch selbst dabei wahrnehmt.

MEIN KOMMUNIKATIONSKORRIDOR

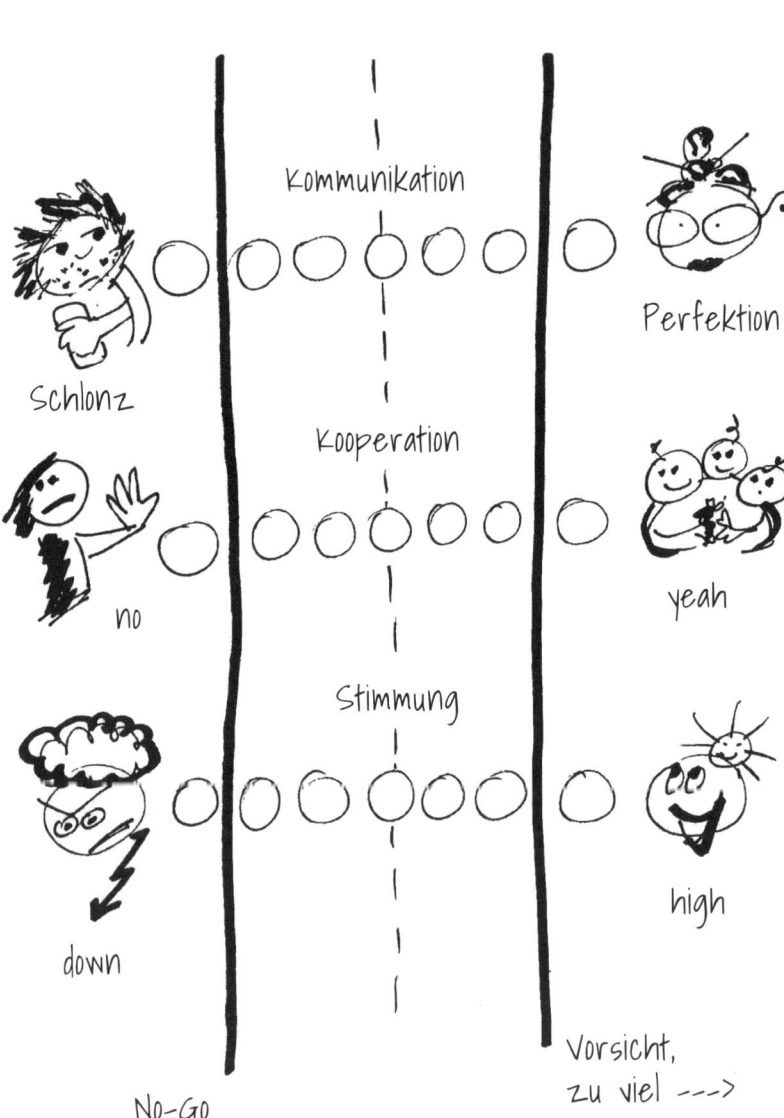

Gehen wir davon aus, dass ihr euch entschieden habt, dass euer Kommunikationskorridor nahezu perfekt ist. Jetzt bleibt nur noch die Wahl, wie ihr das Gespräch durchführen möchtet. Also die Wahl eures Kommunikationsmittels. In Zeiten der modernen Kommunikation gibt es grundsätzlich vier Wege:

1. **Das Persönliche Gespräch bzw. die Videokonferenz**
Direkten Kontakt zu haben und das Gesicht des anderen zu sehen, ist bei einem Gespräch immer von Vorteil. Oft räumen wir unsere Terminkalender nur dann frei, wenn ein Thema wirklich dringend ist, und allein dadurch entsteht schnell eine angespannte Atmosphäre. Egal ob als Eltern oder als Lehrende, versucht euch vor Beginn des Gesprächs fünf Minuten zu nehmen, um euch daran zu erinnern, dass die Begegnung eine gute Lösung für alle bringen soll. Nehmt euch bewusst vor, dem anderen aufmerksam zuzuhören. Euer Gegenüber ist ein Mensch, der mit euch zusammenarbeiten möchte, und ein freundliches Lächeln und die kurze Frage zum Beginn, wie es dem anderen geht, helfen immer – insbesondere, wenn es von Lehrendenseite kommt.

2. **Das Telefonat**
Ein Anruf ist eines der wichtigsten Mittel der persönlichen Kommunikation. Allerdings telefoniert nicht jeder gerne, außerdem ist es schwieriger, die Stimmung des anderen ohne Gestik und Mimik einschätzen zu können. Insbesondere wenn jemand Deutsch als Zweitsprache hat, seien es Eltern oder Lehrende, kann ein Anruf eher zu Missverständnissen führen, als dass er hilfreich ist. Viele Lehrkräfte sind auch nicht bereit, ihre Telefonnummer preiszugeben. Das ist absolut verständlich, denn es kommt immer wieder vor, dass Eltern vernünftige Grenzen nicht achten und wegen Nichtigkeiten anrufen. Im Zweifelsfall einigt ihr euch darauf, dass die Lehrkraft euch anruft, dann besteht die Möglichkeit, die Rufnummer zu unterdrücken.

Béa erzählt: „Not"-Ruf

Ich bin recht unkompliziert mit der Herausgabe meiner Handynummer und habe so gut wie keine schlechten Erfahrungen gemacht. Eines Samstags aber schreckte ich auf, als es kurz vor 7:00 Uhr am Morgen klingelte. Als ich ranging, war es eine Mutter: „Frau Beste! Es ist etwas passiert, und ich verlange, dass die Polizei eingeschaltet wird!"

Schlimmer noch, als dass dem eigenen Kind etwas zustößt, ist es für einen Schulbetreiber, wenn einem Kind aus der Schule etwas passiert. Vor meinem inneren Auge flackerten alle möglichen Szenarien auf: Kindesmisshandlung, Unfall, schlimmes Mobbing!

„Was ist passiert?", krächzte ich. Am Ende stellte sich heraus, dass das Kind einige Aufkleber aus seinem Sticker-Album vermisste und die Mutter Diebstahl vermutete. Puh. Könnt ihr euch vorstellen, wie schwer es mir fiel, schallendes Gelächter zu unterdrücken und auf eine Klärung mit der Klassenlehrkraft am folgenden Montag zu verweisen?

3. E-Mails

Die zeitlich weitestgehend unabhängige, aber häufig auch anstrengendste Form der Kommunikation ist die E-Mail. Sie kann jederzeit und in jeder Situation geschrieben werden. Jeder von uns hat schon mal bereut, vorschnell auf „Absenden" gedrückt zu haben, egal ob es aus Versehen, aus Wut oder einfach Unachtsamkeit passierte. Die meisten von uns haben sich einen nicht wirklich sinnvollen Umgang mit dieser Technik angewöhnt. Wir checken E-Mails regelmäßig zu den unmöglichsten Zeiten und fühlen uns häufig getrieben, umgehend zu reagieren. Folgende Checkliste hilft, die Flut einzudämmen:

Die E-Mail-Checkliste

○ Ist das Thema bzw. Problem (jetzt) relevant?

○ Ist das Thema bzw. Problem in weniger als sieben Sätzen darstellbar und/oder zu klären? Wenn nicht, dann bittet um einen Termin für ein Telefonat oder Gespräch.

○ Wenn es ein unangenehmes oder emotional schwieriges Thema ist, die E-Mail schreiben und ein paar Stunden liegen lassen oder darüber schlafen. Gerne auch von jemand Unbeteiligtem lesen lassen, um die Wirkung zu prüfen.

○ Ist eure E-Mail sachlich oder lasst ihr euch von euren Emotionen treiben? E-Mails sind im Kontext Eltern–Lehrkräfte nur hilfreich, wenn sie informativ sind.

○ Entschleunigt euren E-Mail-Kontakt. Unsere Empfehlung für Eltern: Richtet eine E-Mail-Adresse nur für den Schulkontakt ein und legt eine bestimmte Zeit zum Nachsehen fest. Schaltet die Benachrichtigungsfunktion auf dem Handy aus (für Lehrkräfte gilt dasselbe.)

○ Wenn ihr eure E-Mails nach 18:00 Uhr lest, stellt sicher, dass ihr E-Mails, die potenziell mehr Aufmerksamkeit brauchen, nicht kurz vor dem Ins-Bett-Gehen lest. Natürlich gibt es in Notfällen immer Ausnahmen, aber dabei sollte es auch bleiben.

○ Verzichtet auf „Allen antworten". Nichts ist schlimmer, als wenn alle im Verteiler E-Mails zu einem mehr oder weniger belanglosen Thema bekommen.

○ Es wird eine Frage gestellt? Dann reicht es normalerweise, der Person zu antworten, die die Frage gestellt hat. E-Mail-Konversationen, die mehr Austausch brauchen, sollten lieber in einem privaten Forum geführt werden. Dort entscheiden alle für sich persönlich, ob das Thema für sie relevant ist.

Stephanie erzählt: Übersetzungshürden

Ich habe mit einem internationalen Kollegium gearbeitet und eine Reihe von Kolleginnen und Kollegen sprachen kein Deutsch. Wenn ein Elternteil eine Mail schickte und kein Englisch sprach, nutzten die Adressaten gerne Google Translate. Der schlimmste Fehler überhaupt, denn mal davon abgesehen, dass die Wörter zum Teil nicht passend übersetzt wurden, kam bei der englischsprachigen Kollegin auch die Ausdrucksweise so schlecht an, dass sie am nächsten Tag aufgebracht in mein Büro stürmte und mit Kündigung drohte. Bei genauem Hinsehen war die E-Mail aber überhaupt nicht so schlimm, wie sie es vermutete.

4. Chats

Chats sind die schnellen Nachrichten, um etwas zu organisieren. Sie sind nicht dazu geeignet, tiefsinnige Diskussionen oder Gespräche mit mehr als maximal drei Personen zu führen. Deshalb Finger weg, wenn es über „Wer hat …“, „Wann sollen wir …“, „Wo ist …“ hinausgeht. Insbesondere können diverse populäre Chatprogramme nicht verwendet werden, weil es dafür häufig kein grünes Licht der DSGVO-Beauftragten der Länder gibt, das ist aus Sicht der Lehrkräfte wichtig.

5. Klatsch und Tratsch

Eine riesige Herausforderung in der Beziehung zwischen euch und den Lehrkräften ist der gute alte Klatsch und Tratsch. Der Mensch tendiert dazu, sich an vermeintlich pikanten Details aus dem Leben anderer zu erfreuen. Leider hat Klatsch, wenn er einmal in der Welt ist, die Angewohnheit, sich mit unglaublicher Geschwindigkeit auszubreiten und ein Eigenleben zu entwickeln. Schulen sind da wie Treibhäuser. Nicht nur schnell, sondern auch groß und bunt werden die Tratschpflanzen in diesem Umfeld. Unser Tipp ist deshalb: Sagt nichts über eine andere Person, was ihr ihr nicht auch persönlich sagen würdet. (Das gilt übrigens für jede Lebenssituation und erspart viel Frust und Ärger.)

Einfach mal acht Fragen stellen

Welche Fragen können Eltern den Lehrkräften stellen, um ihr Kind optimal zu unterstützen? Stephanie hat acht Fragen gesammelt, die helfen, eine positive Beziehung zwischen Lehrkraft und Elternhaus der Kinder zu etablieren und für alle Beteiligten eine solide Kommunikationsgrundlage zu schaffen.

1. Was braucht mein Kind?

Wenn Eltern diese Frage stellen, dann ist ein Dialog möglich. Vielleicht braucht das Kind nur mal eine Pause oder eine gut sortierte Stiftmappe, mehr Bewegung oder weniger Screentime? Es kann aber auch sein, dass es in einem Fach Unterstützung oder mehr Aufmerksamkeit von euch benötigt. Es gibt der Lehrkraft die Möglichkeit, mit den Eltern gemeinsam zu schauen, was nötig ist, denn es kann gut sein, dass sie noch gar nicht gemerkt hat, dass das Kind etwas braucht. Nobody is perfect!

2. Wie kann ich mein Kind unterstützen?

Die Frage macht deutlich, dass die Eltern den schulischen Teil der Erziehungsarbeit anerkennen. Diese Frage zielt nicht auf Lernen als solches ab, denn Eltern sind schlecht in Nachhilfe (das hat Béa anhand der Transaktionsanalyse in unserem ersten Duden-Buch bereits ausgeführt), aber sie können den Rahmen schaffen, dass Kinder gut lernen können. Manchmal kann die Antwort ganz einfach sein: „Lassen Sie bitte Ihr Kind doch mal in Ruhe ..."

3. Haben Sie mal Zeit für einen Kaffee?

Der Kaffee kann natürlich auch ein Tee sein und eigentlich geht es um das Gespräch vor dem Gespräch. Informelle Kommunikation auf Augenhöhe und nicht in der Rolle als Lehrkraft oder Elternteil: Es geht um Austausch, Fühlung aufnehmen, einfach Mensch sein.

4. Was brauchen Sie von mir als Elternteil?

Die Frage wirkt auf den ersten Blick schwammig, aber gibt den Lehrkräften die Möglichkeit, ganz konkret und gezielt Eltern an Bord zu holen. Vielleicht fehlt noch eine Extra-Meinung zu einem Thema, ein Hintergrund einer Situation, Verschwiegenheit, Vertrauen, ein offenes Wort oder ein kritischer Blick. Menschen wollen gebraucht werden. Wenn Eltern diese Frage stellen und sich anbieten, kann das allerdings manchmal auch – vor allem junge – Lehrkräfte überfordern. Sie wissen vielleicht selber nicht, was sie brauchen, aber ablehnen sollte man dieses Angebot auf gar keinen Fall. Man kann ehrlich und offen sagen, dass man es noch nicht wisse, wenn es dann aber eine konkrete Situation gibt, dann kann man das Angebot nutzen.

5. Kann ich Ihnen (organisatorisch) was abnehmen?

Das ist die absolute Luxusfrage für Lehrkräfte und ja, natürlich können Eltern ihnen Arbeit abnehmen. Delegieren können ist hier das Stichwort, z. B. geht es um den nächsten Putzdienst, das Erstellen der Klassenliste, das Organisieren der Klassenkasse, Museumsbesuche …

6. Wie wäre es mit einem Klassenpicknick?

Schließt an Frage 5 direkt an und ist super, denn ein Klassenpicknick ist ähnlich wie die Tasse Kaffee, nur auf Klassenlevel. Das funktioniert nur, wenn die Eltern es organisieren und der Termin abgesprochen ist. Klassenpicknicks, die von Eltern organisiert werden und zu denen die Lehrkräfte eingeladen werden, können aber schnell nach hinten losgehen, wenn nicht klar ist, ob die Lehrkraft als Privatperson anwesend ist oder aber eben als offizielle Schulvertretung. Und das wiederum kann zu Verwirrung darüber führen, was man sagen und tun kann und was unangebracht ist.

7. Können wir zusammen ein Projekt machen?

Die Idee ist toll, kann aber auch Kraft und Zeit rauben. Trotzdem ist ein Projekt meist wichtig und wertvoll. Allerdings müssten die Eltern auch die Geduld haben, die Idee umzusetzen, wenn es mit der Organisation der Schule bzw. mit dem Curriculum vereinbar ist.

8. **Wie geht es Ihnen?**

    Die Frage nach dem Befinden der Lehrkraft kann auf sehr unterschiedliche Art gestellt werden. Hier geht es um achtsames und wertschätzendes Fragen und darum, die Arbeit der Lehrerinnen und Lehrer anzuerkennen. Noch was zu Achtsamkeit und Wertschätzung: Zusammenfassend basiert eine gute Eltern-Lehrende-Beziehung auf Vertrauen und der Auswahl der passenden Kommunikationswege - und schon wird alles gut. Buch-Ende? Nein, denn es geht uns ja nicht nur um das oberflächliche „Wir-navigieren-sicher-durch-die-Schulzeit", wir wollen viel mehr für euch Eltern und Lehrkräfte. Und dazu stellen wir euch im nächsten Kapitel erst einmal verschiedene Typen vor, um dann so richtig loszulegen und eure Schulkultur zu verändern.

KAPITEL 6

Und jetzt alle zusammen

In den letzten Kapiteln haben wir euch verschiedene Aspekte der Beziehungen zwischen Eltern, Lehrenden und Lernenden vorgestellt. Wir haben vom Co-Learning gesprochen und davon, was dabei Hilfen und Stolperfallen sind. Wie können all diese Menschen, die da miteinander zu tun haben, eine gemeinsame Grundlage entwickeln, die es ermöglicht, Schule neu zu begreifen? Wie gelingt es, den Dreiklang als Lerngemeinschaft zu verstehen, die Spaß daran hat, täglich neue Entdeckungen zu machen?

Wie bereits erwähnt, ist dafür Kommunikation die Grundlage. Wir verfolgen nun die Frage, welche Strategie die passende ist und welcher Bedürfnistyp ihr seid. Was bedeutet das für die Lehrkräfte und die Schülerinnen und Schüler? Wir glauben nämlich, dass die Grundhaltung, mit der wir an unsere Beziehung zu Kindern (als Lehrende und als Eltern) herangehen, für die Kommunikation entscheidend ist. Denn nur wenn wir verstehen, wo unser Gegenüber tendenziell herkommt, können wir uns auch bewusst auf der Augenhöhe, die für Co-Learning notwendig ist, begegnen.

Wir haben überlegt, wie wir die Verhaltensweisen der Lehrkräfte, der Eltern und der Kinder vergleichen könnten. Am Ende haben wir uns für eine Matrix entschieden, die die Aspekte Nähe versus Distanz und starke versus schwache Lenkung beinhaltet. Diese Parameter gehören zum Kerngeschäft von Pädagogen und Pädagoginnen und sie werden bei der Erziehung bewusst oder unbewusst von Eltern eingebracht.

Die Eltern-Kinder-Lehrkräfte-Typologie

Vorab können wir nicht genug betonen: Kein Mensch ist eindimensional. Wir haben die unterschiedlichsten Erfahrungen und Lebenshintergründe, jeder und jede von uns bringt ganz individuelle Fähigkeiten und Vorlieben mit. Wir sind alle einzigartig.

Für unseren Zweck ist es hilfreich, eine Typologie einzuführen, um unserer Darstellung mehr Klarheit und Struktur zu geben. Diese suggeriert nicht, dass die Menschen immer so sind. Sie tendieren zu bestimmten Haltungen und Verhaltensweisen - und entsprechen damit in bestimmten Situationen bestimmten Typen.

Béa erzählt: Wie ticken die Leute?

Ich bin auch Beraterin für Marken, und meine Spezialität ist es, sogenannte Segmentierungen zu machen – also Zielgruppen zu verstehen, zu verstehen, wie sie ticken, was sie motiviert, und daraus Empfehlungen für meine Kundschaft abzuleiten. Mit Typologien zu arbeiten hat sich als sehr sinnvoll erwiesen. Dabei geht es darum zu sagen: So ticken die Menschen, wenn sie Magazine kaufen. Oder Hotelaufenthalte buchen oder ... Deshalb haben Stephanie und ich diesen Ansatz gewählt, um Menschen in Schulen und das Thema Lernen besser zu durchdringen.

Bitte seid euch beim Lesen bewusst, dass es sich in der folgenden Darstellung um Prototypen handelt. Wir sind sicherlich alle von allem ein bisschen und von dem einen Typ ein bisschen mehr.

Wir haben zwei Dimensionen gefunden, die die Interaktion zwischen Lehrkräften, Eltern und Schülern maßgeblich beeinflussen: Eine Bedürfnis-Achse mit den Polen Nähe und Distanz und eine Verhaltensstrategien-Achse mit einer Unterscheidung zwischen schwachem und starkem Lenkungsstil.

Im Falle der Erwachsenen wählen wir die „Inside-out"-Betrachtung: Wir schauen, wie sie sich in der Interaktion vor allem mit Kindern verhalten. Bei den Kindern ist es genau umgekehrt: Wir schauen, was das jeweilige Verhalten der Erwachsenen bei ihnen hervorruft. Bei den Lehrkräften schauen wir auf die Grundstimmung in ihrem Beruf.

DIE TABELLE DER LENKUNGSSTILE, DIE VERHALTENSWEISEN BEEINFLUSSEN

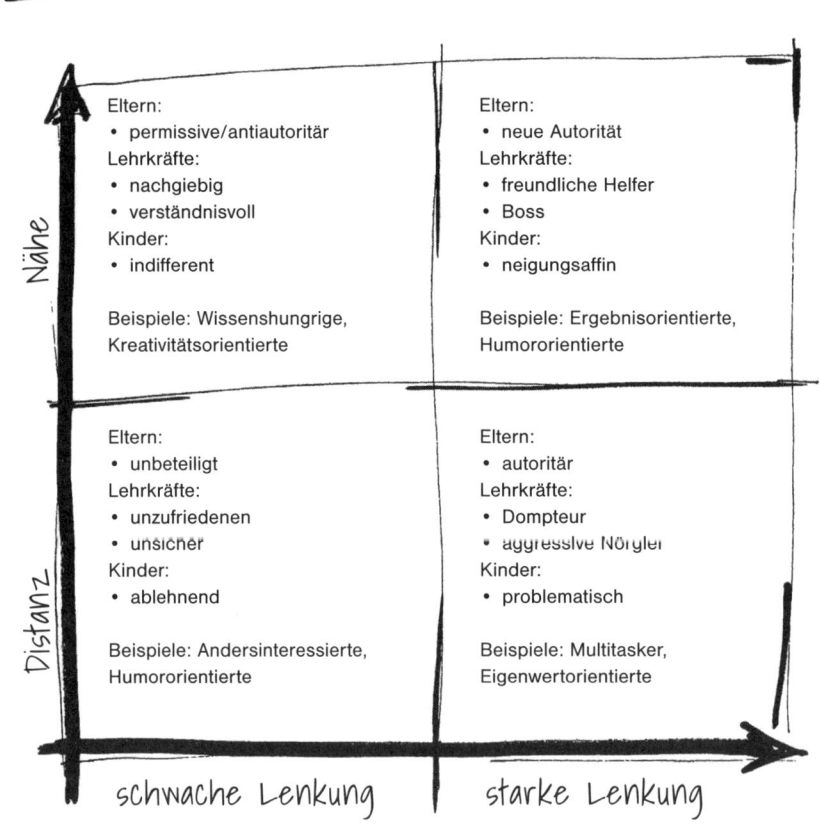

Nähe		
Eltern: • permissive/antiautoritär Lehrkräfte: • nachgiebig • verständnisvoll Kinder: • indifferent Beispiele: Wissenshungrige, Kreativitätsorientierte	Eltern: • neue Autorität Lehrkräfte: • freundliche Helfer • Boss Kinder: • neigungsaffin Beispiele: Ergebnisorientierte, Humororientierte
Distanz Eltern: • unbeteiligt Lehrkräfte: • unzufriedenen • unsicher Kinder: • ablehnend Beispiele: Andersinteressierte, Humororientierte	Eltern: • autoritär Lehrkräfte: • Dompteur • aggressive Nörgler Kinder: • problematisch Beispiele: Multitasker, Eigenwertorientierte

schwache Lenkung   starke Lenkung

1. **Die Verhaltensstrategie-Achse: Zwischen schwacher und starker Lenkung**

   Wir haben hier lange debattiert, ob wir von Kontrolle oder gar Führung sprechen wollen, und uns schließlich für „Lenkung" entschieden. Lenkung heißt: Wie stark gibt ein Mensch Handlungen und Haltungen vor? Wie konsequent steht er dazu und hält andere dazu an, ihm zu folgen? Auch wenn Kinder durchaus die Veranlagung in sich tragen, selbst zu lenken, haben wir uns entschieden, bei Kindern nur auf das Ergebnis der Lenkung seitens der Erwachsenen zu schauen.

2. **Die Bedürfnis-Achse: Zwischen Distanz und Nähe**

   Hier geht es um die emotionale Beziehung, die die betroffene Person anstrebt und nährt – bewusst oder unbewusst. Wenn wir hier von Nähe und Distanz sprechen, meinen wir die menschliche Verbindung und den Grad des Austausches auf persönlicher Ebene. Mit Nähe und Distanz meinen wir auch den Vertrauensgrad, den Menschen zueinander haben – damit einher geht auch die Bereitschaft, sich verletzlich zu zeigen und Einblicke in Persönliches zu gewähren. Auch hier kehren wir bei der Betrachtung der Kinder-Perspektive die Richtung um: Bei Kindern schauen wir auf die Rollen, die sie in der sozialen Lernsituation in der Schule einnehmen.

Uns ist besonders wichtig bei dieser Betrachtung, dass unsere Herangehensweise nicht wertend verstanden wird. Beide Aspekte der Achsen sind wichtig und wertvoll:

- Nähe kann zu Annäherung beitragen, aber auch verletzend sein: Nähe zwischen Menschen ist existenziell für Leben und Entwicklung, sie drückt Vertrauen aus und schafft Vertrauen und Schutzraum. Nähe ist ein Zeichen für Zugehörigkeit. Sie kann aber auch übergriffig sein und den Wunsch nach Abstand wecken.
- Distanz kann zurückweisend, aber auch schützend sein. Denn Abstand und Abgrenzung schaffen Raum für Eigenes und für Entwicklung. Und

erst aus der Distanz wird Veränderung sichtbar/spürbar/erlebbar.
Distanz drückt Respekt aus und ermöglicht Reflexion.

Ihr wollt euch selbst in dieser Matrix verorten? Betrachtet jede Achse,
die mit einer Skala von 1 bis 10 versehen ist, und entscheidet euch für
einen Wert. Dann bittet euer Kind, eure Partner oder eure Partnerin und
eine Freundin bzw. einen Freund, euch ebenfalls anhand der Skala
einzuschätzen. Betrachtet den Mittelwert, denkt noch mal darüber nach
und entscheidet euch erneut für eine Zahl, um euch auf der Skala zu
verorten. Dann habt ihr eine Orientierung, wo ungefähr ihr euch in der
Matrix befindet.

WIE SEHE ICH MICH UND WIE SEHEN MICH ANDERE

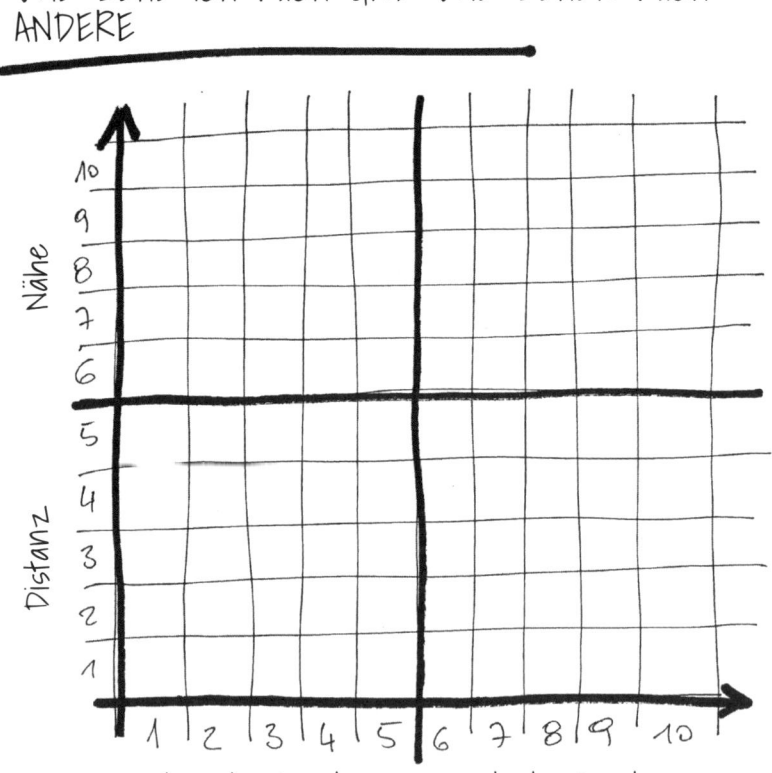

Nach einführenden Aussagen zu den Typen folgt eine kurze Charakterisierung. Wir listen dann noch ein paar bezeichnende Aussagen der einzelnen Typen auf. Diese können euch helfen, euer Gegenüber, aber natürlich auch euch selbst noch besser einzuschätzen. Bitte bedenkt, dass wir jede Darstellung etwas überspitzen, um sie deutlicher zu machen, aber dass auch jede vermeintliche „Macke" etwas Positives in sich trägt. Nerds sind zum Beispiel die Menschen, die nicht nur immer am Rechner sitzen, sondern auch unseren Rechner retten, wenn der mal wieder abgestürzt ist.

Typologie der Eltern

1. Die Uninvolvierten (Die Unbeteiligten)
schwache Lenkung / große Distanz

- „In welcher Klasse warst du noch mal?"
- „Elternabend, gestern? Gab's da eine Einladung?"
- „Es reicht, wenn mein Kind seinen Stundenplan kennt – mir reicht es, zu wissen, dass es in der Schule ist."

Unbeteiligte Eltern wissen in der Regel wenig darüber, was ihre Kinder tun. Es gibt meist nur wenige Regeln zu Hause und in Bezug auf Schule noch weniger. Kinder erhalten oft wenig Anleitung und erfahren auch wenig Kontrolle, denn diese Eltern erwarten oder sind überzeugt davon, dass die Kinder sich selbst erziehen (sollten).

Sie wenden nicht viel Zeit oder Energie für die schulische Laufbahn der Kinder auf. Das kann verschiedene Motive haben. Echte Not oder auch nur die Überzeugung, dass der Ansatz der Nichteinmischung genau richtig ist. Wir versuchen den Begriff „Vernachlässigung" zu vermeiden, obgleich der in der Literatur dafür zu finden ist, wenn es darum geht, dass die Grundbedürfnisse der Kinder an Pflege und Aufmerksamkeit bei schwacher Lenkung und großer Distanz nicht gestillt werden können.[39]

Unserer Erfahrung nach gibt es zwei wesentliche Gründe, dass die Kinder allein auf sich gestellt sind:

Not: Ein Elternteil mit psychischen Problemen oder Drogenmissbrauch ist zum Beispiel nicht in der Lage, die körperlichen oder emotionalen Bedürfnisse eines Kindes konsequent zu erfüllen. Auch extreme Armut kann diese Auswirkung haben. Die tägliche Überforderung bei Arbeit oder Arbeitssuche, der Stress, Rechnungen bezahlen zu müssen und einen Haushalt zu führen, kann Menschen so weit bringen, dass sie keine Kraft mehr für die Lebens- und Schulthemen ihrer Kinder haben.

Andere Schwerpunkte im Leben: Stark in ihrem Beruf oder anderen Aktivitäten involvierte Eltern zeigen auch dieses Verhalten. Meistens delegieren sie die Kinderaufsicht. In diesem Fall lohnt es sich, den Blick auf die Begleiter der Kinder zu werfen, die dann die Elternrolle übernehmen, also Großeltern oder angestellte Nannys.

Typische Aussagen von uninvolvierten Eltern

- Ich habe den Stundenplan meines Kindes nicht am Kühlschrank, geschweige denn im Kopf.
- Ich weiß nicht, was „dran ist" in den jeweiligen Fächern oder an bestimmten Tagen.
- Ich werde von Ausflugstagen und Aktivitäten in der Schule überrascht.
- Ich verpasse die meisten Elternabende.
- Ich unterschreibe Arbeiten und Zettel aus der Schule unbesehen.
- Ich kümmere mich wenig bis gar nicht um Brotboxen und Schulfrühstück, gebe meistens Schokoriegel und abgepackte Kekse mit wenn überhaupt.

2. Permissive Eltern
schwache Lenkung / große Nähe

- „Wenn du das nicht lernen willst, musst du nicht, mein Schatz!"
- „Möchtest du morgen einfach blaumachen?"
- „Ich habe Schule auch gehasst, früher!"

Hierzulande sind diese Eltern auch bekannt als antiautoritäre Väter und Mütter. Meistens setzen sie keine Regeln für ihre Kinder durch. Permissive Eltern sind diejenigen, die sich gern als Freund oder Freundin ihrer Kinder sehen.

Das Verhalten dieser Eltern hat nichts mit Vernachlässigung zu tun, sondern kann eher als Nachgiebigkeit bzw. als Nachsichtigkeit gelten. Sie sind immer sehr liebevoll und gehen auf die Bedürfnisse ihrer Kinder ein. Dabei geben sie kaum Struktur oder Regeln vor und sind im Leben und bei den Lernprozessen ihres Kindes durchaus involviert, aber nicht auf traditionelle Art und Weise.

Typische Aussagen von permissiven Eltern
- Ich weiß um Stundenpläne und Zeitraster in der Schule meines Kindes Bescheid.
- Ich erlaube ihm oder ermuntere es sogar, sie nicht einzuhalten.
- Ich nehme an Schulveranstaltungen Teil, allerdings nur, wenn ich ein Spaßelement darin finde, zu Elternabenden gehe ich eher nicht, aber zum Schulfest mit Grillen gern.
- Ich schreibe ohne Weiteres eine Entschuldigung, wenn mein Kind keine Lust hat.
- Ich akzeptiere viele Schulregeln nicht bzw. ignoriere sie.
- Ich gehe gegen Ermahnungen, Tadel etc. vor und finde, dass dies Zeichen eines hierarchischen Systems sind, das ich nicht gutheißen kann.
- Ich fürchte Reaktionen meines Kindes, habe Angst vor Wutanfällen bzw. „Missverhalten".

199

3. Autoritäre Eltern

starke Lenkung / große Distanz

- „Weil ich das so sage!"
- „Solange du deine Füße unter meinem Tisch hast …!"
  (bzw. „Solange du in meinem WLAN eingeloggt bist …!")
- „Isso!"

Autoritäre Eltern sind der Meinung, dass Kinder Regeln nahezu ohne Ausnahme befolgen sollten. Wenn ihr Kind die Gründe für eine Regel infrage stellt, gehen sie ungern darauf ein und geben pauschale Antworten. Sie sind nicht daran interessiert zu verhandeln und ihr Fokus liegt auf Gehorsam. Oft haben sie diese Regeln aus ihrer Kindheit und von ihren Eltern übernommen und könnten sie ihrem Kind auch gar nicht erklären.

Sie erlauben Kindern auch nicht, sich an der Lösung von Problemen zu beteiligen. Sie stellen die Regeln auf und setzen sie konsequent durch, ohne die Meinung des Kindes zu berücksichtigen.

Autoritäre Eltern bestrafen ihr Kind möglicherweise eher, als ihm beizubringen, wie es bessere Entscheidungen treffen kann. Sie bemühen sich darum, dass ihr Kind seine Fehler bereut, um sie zukünftig zu vermeiden.

Typische Aussagen von autoritären Eltern
- Ich kenne alle Schulregeln, Stundenpläne, Anordnungen und Vorgaben.
- Ich kontrolliere den Schulranzen regelmäßig.
- Ich achte auf korrekt gehandhabte Bücher, Schulhefte, Ordnung im Mäppchen.
- Ich nehme an Elternabenden teil und stelle mich zur Wahl der Elternvertretung.
- Ich lege großen Wert auf Noten.
- Ich bestrafe schlechte Leistungen, belohne gute - sowohl mit materiellen Dingen als auch mit Liebesbeweisen und Lob.

- Ich erwarte, dass mein Kind sich meine Haltungen und Überzeugungen aneignet, ohne zu widersprechen.
- Ich stelle Beziehungen infrage, wenn z. B. wir Eltern untereinander oder wir mit Lehrkräften Meinungsverschiedenheiten haben.

4. Neue-Autorität-Eltern

(auf die neue Autorität gehen wir ab Seite 227 ein)

starke Lenkung / große Nähe

- „Mein Schatz, ich bin noch nicht überzeugt. Magst du mir das noch mal erklären?"
- „Magst du mir erzählen, wie dein Tag war?"
- „Möchtest du erst kurz Ruhe haben oder gleich die Hausaufgaben erledigen?"

Diese Eltern geben sich viel Mühe, eine positive Beziehung zu ihrem Kind aufzubauen und zu pflegen. Sie begründen ihre Regeln. Sie setzen sie durch und ziehen Konsequenzen, nehmen aber Rücksicht auf die Gefühle ihres Kindes. Sie bestätigen seine Gefühle, machen aber auch deutlich, dass die Erwachsenen führungsverantwortlich sind. Autoritative Eltern investieren Zeit und Energie, um Verhaltensproblemen zuvorzukommen, bevor sie entstehen. Sie gehen auf die emotionalen Bedürfnisse des Kindes ein und haben gleichzeitig hohe Ansprüche. Sie setzen Grenzen, die sie sehr konsequent durchsetzen.

Typische Aussagen von neu-autoritären Eltern

- Ich kenne die relevanten Schulregeln, Stundenpläne, Anordnungen und Vorgaben.
- Ich weiß um Freude und Leid, Ängste und Hoffnungen meines Kindes.
- Ich nehme mir viel Zeit für mein Kind, achte auch auf Zeit für mich, Me-Time ist mir ein Begriff.

- Ich zeige bewusst meinem Kind meine Liebe, unabhängig von Schulleistungen und Noten, und achte bewusst darauf, dass es sich geliebt fühlt.
- Mir ist wichtig, dass mein Kind seine ganze Palette an Gefühlen und Bedürfnissen ausdrücken kann.
- Eine offene Kommunikation zu Hause, auch über unangenehme Dinge, ist mir wichtig.
- Meinungsverschiedenheiten, auch unter Eltern oder mit Lehrenden, kläre ich ruhig und lösungsorientiert.

Typologie der Lehrkräfte

Vielleicht verwundert es, dass wir mehr Typen bei den Lehrenden haben als bei den Eltern, aber an dieser Stelle war es uns wichtiger, eine Vielfalt zu erarbeiten, um das Bild der Lehrenden differenzierter sichtbar zu machen.

1. Die unsichere Lehrkraft

schwache Lenkung / große Distanz

- „Mach ich das richtig?"
- „Was passiert, wenn die Eltern klagen?"
- „Ich habe keine Ahnung, wie ich das erklären soll!"
- „Irgendwie so müsste das sein, oder ...?"

Menschen, die in Schulen arbeiten, kennen Lehrkräfte, die immer so wirken, als kämen sie gerade erst aus dem Referendariat und wüssten nicht so richtig, was sie tun. Bei ihnen findet man im Unterricht wenig Lenkung des Geschehens. Aus Unsicherheit, ob sie etwas erlauben sollen oder nicht, lassen sie es eher zu. Man wird sie selten in engem Kontakt zu ihren Schülerinnen und Schülern oder dem Kollegium finden. Bei Fragen zu Verfahrensweisen oder rechtlichen Themen verfügen sie über großes Wissen und können helfen. Detailrecherche und das genaue Lesen von Texten und Anweisungen ist ihre Stärke. Auch wenn es manchmal anstrengend ist, wenn jemand alles hinterfragt, ist es in einem Kollegium von großer Hilfe, jemanden mit diesen Qualitäten zu haben.

Typische Aussagen von unsicheren Lehrkräften

- Ich hinterfrage alles, was ich tue.
- Oft habe ich Angst, dass die Eltern meiner Schüler und Schülerinnen rechtliche Schritte einleiten.
- Ich bin unsicher in Bezug auf meine Fähigkeiten als Lehrkraft.
- Interaktion mit Eltern ist mir unangenehm.
- Ich fühle mich oft übervorbereitet.
- Ich gehe nur selten mit auf ein Bier oder einen Wein.
- Es fällt mir schwer, die Lebenswelt meiner Schülerinnen und Schüler an mich heranzulassen, und oft verstehe ich sie auch nicht.
- Ich wirke distanziert und versuche niemanden bevorzugt zu behandeln.
- Ich spreche wenig über mein Privatleben.
- Wenn ich Lernende oder Eltern in der Öffentlichkeit treffe, verhalte ich mich äußerst zurückhaltend.

2. **Die unzufriedene Lehrkraft**
   schwache Lenkung / große Distanz

- „Typisch Bildungsministerium, immer müssen wir es ausbaden."
- „Kann der Hausmeister nicht mal die Tür reparieren!"
- „Meine Schüler sind so elendig faul."
- „Wenn man mich mal fragen würde ..."

Unzufriedenen Lehrkräften kann man es eigentlich selten recht machen. Sie werden immer irgendetwas finden, das nicht funktioniert, ungerecht ist oder woran andere Schuld haben. Es sind Menschen, die vielleicht unzufrieden mit ihrem Leben sind, von Natur eher pessimistisch und

Dinge, die nicht so laufen, wie sie es ihrer Ansicht nach sollten, lieber be-
mäkeln, als sie selbst zu ändern.

Eine Verbundenheit mit den Schülerinnen und Schülern sowie dem
Kollegium war vielleicht einmal vorhanden, existiert aber so gut wie
nicht mehr. Distanz ist ihr Schutz, und den Unterricht nicht nach ihren
eigenen Vorstellungen zu lenken, basiert nicht auf Unsicherheit, sondern
auf Enttäuschung. Wer solche Lehrkräfte im Kollegium hat, der sollte
sich von dem Hintergrundrauschen der Unzufriedenheit nicht stören
lassen, denn durch ihre Distanz zu anderen und ihrer Arbeit gegenüber gelingt es ihnen auch leichter, nicht nur Details, sondern das große
Ganze zu sehen - eine Qualität, die nicht zu unterschätzen ist.

Typische Aussagen von unzufriedenen Lehrkräften
- Wenn mich jemand morgens grüßt, gebe ich meist nur ein
  mürrisches Grummeln von mir.
- Selten kann ich etwas Positives über Lernende, Eltern oder
  das Kollegium berichten.
- Ich mache meine Arbeit mit Pflichtbewusstsein, mehr muss nicht sein.
- Ich trenne Privatleben und Schule rigoros.
- Wenn ich Eltern oder Kinder auf der Straße treffe, halte ich Abstand
  und möchte sie nicht grüßen.

3. Die nachgiebige Lehrkraft
schwache Lenkung / große Nähe

- „Ja, klar dürft ihr das!"
- „Also eigentlich möchte ich das nicht so gerne, aber … na gut!"
- „Aber nur, wenn du danach die Aufgabe machst!"

Die nachgiebige Lehrkraft ist ein Harmonietierchen und sucht große
Nähe zu anderen. Nur ungern, also eigentlich gar nicht, verbietet sie
etwas und wird von ihrer Umwelt gerne auch mal ausgenutzt. Sie kann

Streit nicht gut ertragen, sondern möchte, dass alle glücklich sind. Aber leider ist es nun mal eine Tatsache, dass Lernende mit einer solchen Haltung nur selten klarkommen, weil sie statt Nachgeben eigentlich Grenzen brauchen.

Trotzdem ist, einen Menschen im Kollegium zu haben, dem Harmonie wichtig ist und der dafür auch mal sein Ego zurückstellt, sehr wohltuend und hilfreich, wenn es denn an der richtigen Stelle zum Zuge kommt.

Typische Aussagen von nachgiebigen Lehrkräften

- Wenn es Probleme gibt, lenke ich ein und gebe dem Wunsch des anderen den Vorrang.
- Bei Missstimmungen übernehme ich gerne die Vermittlerrolle.
- Gebote und Verbote sind mir zuwider.
- Mein großer Wunsch ist, dass alle einsichtig sind und zum Wohle aller handeln.

4. Die verständnisvolle Lehrkraft
schwache Lenkung / große Nähe

- „Aber sicher doch!"
- „Ja, das verstehe ich gut."
- „Ach je, das ist aber schlimm, wie geht es dir?"

Wie der Name schon sagt, hat sie für alles Verständnis, und damit gehört sie zu den Favoriten bei den Lernenden. Verständnisvolle fühlen intensiv mit, sind ganz und gar empathisch und wollen eigentlich nur, dass es allen gut geht. Sie können einem so richtig auf die Nerven gehen, wenn da nicht die Qualität des Zuhörens wäre. Wenn man mal keine Opposition haben oder ein „Jetzt stell dich nicht so an!" hören möchte, sondern Balsam für die Seele braucht, dann sind sie genau die richtigen Ansprechpartner. Sie sind Menschen, die Entschuldigungen akzeptieren können und um Ausgleich bemüht sind.

Typische Aussagen von verständnisvollen Lehrkräften

- Ich habe immer ein offenes Ohr.
- Ich stelle die Bedürfnisse der anderen in den Vordergrund.
- Ich habe alles schon einmal gehört und habe womöglich auch eine Lösung.
- Ich gebe mir besondere Mühe, um anderen zu helfen.

5. Die Lehrkraft als Boss
starke Lenkung / große Nähe

- „Nein, so macht das keinen Sinn, das machen wir so!"
- „Kommt jetzt her, wir müssen noch ..."
- „Habe ich euch doch schon erklärt, das muss man so machen!"
- „Hört jetzt auf damit, das ist nicht hilfreich!"

Spoiler: Der Prototyp des Bosses ist einer der drei Typen von Lehrenden, die in der Schülerpräferenz hoch im Kurs stehen. Er weiß, wo es lang-geht, und lässt auch niemanden im Zweifel darüber. Er kriegt alles mit, führt eine Gruppe, strukturiert sie und ihre Aufgaben. Einen solchen Menschen als Kollegen zu haben, kann ausgesprochen angenehm sein, weil man sich dann nicht kümmern muss. Den Lernenden gibt er einen Rahmen vor, in dem sie sich bewegen können und auch müssen.

Typische Aussagen von bossigen Lehrkräften

- Was ich sage, gilt.
- Ich habe für jede Situation schon eine Lösung parat.
- Andere Ideen nehme ich selten an.
- Ich bin davon getrieben, ein bestimmtes Ziel zu erreichen. Rechts und links schaue ich selten.
- Meine Lösungen sind immer zweckorientiert.
- Ich habe ein sicheres und selbstbewusstes Auftreten.
- Krisen lassen mich zur Höchstform auflaufen.

6. **Die Lehrkraft als freundlicher Helfer**

starke Lenkung / große Nähe

- „Hm, das ist jetzt aber blöd gelaufen, was machen wir denn jetzt?"
- „Das verstehe ich, und jetzt versuchen wir eine Lösung zu finden!"
- „Das mag so sein, nur müssen wir jetzt versuchen, das Beste draus zu machen."

Kooperation wird bei dieser Lehrkraft ganz groß geschrieben. Sie erklärt einem nicht die Welt, sondern möchte mit den anderen zusammen die Welt verstehen. Sie interessiert, was passiert, sie hilft, ist freundlich, ermutigt die anderen und versucht ihnen Selbstvertrauen zu geben. Gemeinsam eine Lösung finden, den anderen auf den Weg bringen sind ihr Ziel. Kein Wunder, dass auch diese Lehrkraft bei den Lernenden sehr gut ankommt. Wer freundliche Helferinnen und Helfer im Kollegium hat, hat übrigens immer was zu lachen, denn Humor ist Teil ihrer Natur.

Typische Aussagen von sehr hilfsbereiten Lehrkräften

- Ich habe immer ein offenes Ohr.
- Ich bemühe mich darum, die Perspektive anderer anzunehmen und Lösungen zu finden.
- Ich schaffe es, auch schwierige Situationen mit einem freundlichen Wort zu entschärfen.
- Ich stelle mich selber hinten an.
- Ich gebe keine Ratschläge, sondern stelle Fragen.
- Ich lasse mich von Problemen nicht so leicht beeindrucken.

7. **Die Lehrkraft als Dompteur**

starke Lenkung / Distanz

- „Jetzt hört doch mal auf damit, dass ist hier fehl am Platz."
- Langer Blick, Schweigen - dann: „Können wir jetzt bitte weitermachen!"

Diese Lehrkraft weiß, was sie will, aber das heißt nicht, dass sie es ohne Weiteres bekommt. Die Welt da draußen ist voller wilder Tiere (sprich Lernende und Eltern), und die müssen gezähmt werden. Ein Mensch, der sich in der Rolle des Dompteurs wiederfindet, möchte eigentlich nichts weiter, als dass alles gut funktioniert und alle an einem Strang ziehen. Nur geschieht das nicht immer von alleine, also muss er die Führung übernehmen und Klarheit schaffen.

Typische Aussagen von Dompteur-Lehrkräften

- Meine Waffen sind Zuckerbrot und Peitsche.
- Ich habe gerne alles unter Kontrolle.
- Mein Schweigen und mein Blick sind angsteinflößend und bringen auch den hartgesottensten Chaoten dazu, sich anständig zu verhalten.

8. Die Lehrkraft als aggressiver Nörgler
starke Lenkung / Distanz

- „Ihr geht mir so auf die Nerven!"
- „War ja klar, es hat mal wieder niemand seine Hausaufgaben gemacht!"
- „Ich kann in so einem Schweinestall nicht unterrichten!"
- „Verdammt noch mal, jetzt reicht's, ich habe keine Lust, mit so einem Haufen zu arbeiten."

Sie machen ihrem Unmut immer, zu jeder Gelegenheit und lauthals Luft. Das kann hilfreich sein, weil nörgelnde Lehrkräfte, wenn auch nicht immer ganz sachlich, den Finger in die Wunde legen und dadurch andere zwingen, hin- und nicht wegzusehen. Meistens verpufft der Ärger aber so schnell, wie er entstanden ist. Auch wenn sie nicht unbedingt der Typ sind, der sich hinterher entschuldigt, wird bei ihnen nichts so heiß gegessen, wie es gekocht wird.

Typische Aussagen von aggressiven Nörglern

- Ich brause schnell auf.
- Ich habe gerne und eigentlich immer recht.
- Ich vergesse (im Gegensatz zu meinem Kollegium und den Lernenden) schnell, was mich auf die Palme gebracht hat.
- Ich frage nicht unnötig, sondern mache mich lautstark verständlich.
- In mir brodelt es ständig.

Typologie der Schülerinnen und Schüler

Achtung! Wir möchten noch einmal auf die Gebrauchsanweisung unserer Typologie hinweisen. Hier geht es mit der zugespitzten Darstellung darum zu zeigen, welche extreme Rollen Kinder einnehmen können, wenn sie seitens der Erwachsenen beständig bestimmte Strategien erleben. Da Kinder Kinder sind und sich rasant entwickeln, stellen wir stark übertriebene Rollen und Verhaltensmuster dar, die zweitweise auftreten können - die berühmten „Phasen“! Und ganz im Sinne des Gedankens, dass Schwächen auch nur übertriebene Stärken sind (dazu gibt's ein ganzes Spiel im nächsten Kapitel), haben wir unsere Nomenklatur angepasst.

1. **Früher hätten wir vom Typus des „Klassenclowns" gesprochen, jetzt sagen wir „humororientierte Lernende"**
   Reaktion auf schwache Lenkung / große Distanz

- „Ich lach doch gar nicht."
- „Ich glaube, es hat gerade geklopft."
- „Hä, das war aber gar nicht auf Sie bezogen!"
-

Humororientierte Lernende können jede noch so trockene Stunde in ein herrliches Fest verwandeln. Sie sind meisterhaft darin, harmlose Bemerkungen ins Lächerliche zu ziehen, ihre Stimme zu verstellen und die Lehrkräfte mit ganzem Einsatz nachzuäffen. Das Klassenzimmer ist ihre

Bühne, die Mitlernenden sind das Publikum und die Lehrkräfte meist Gegenstand der Belustigung. Natürlich läuft die Show größtenteils ab, wenn die Lehrkraft mit dem Rücken zur Klasse steht - nur selten würden Humororientierte zum offenen Angriff übergehen. Eigentlich geht es ihnen auch gar nicht darum, jemanden in den Dreck zu ziehen, vielmehr fühlt es sich für sie einfach großartig an, im Zentrum des Geschehens zu stehen! Außerdem können sie durch Witz und Charme auch von ein paar unangenehmen Dingen ablenken: zum Beispiel damit zu kämpfen, der Kleinste in der Klasse zu sein, oder sich halt nicht die teuren Sneakers leisten zu können, die gerade alle im Jahrgang haben. Mit echten Konsequenzen für ihr Verhalten müssen humororientierte Lernende meist nicht rechnen, die Lehrkräfte haben es mittlerweile aufgegeben, sie zurechtzuweisen, und versuchen, sie größtenteils zu ignorieren.

Typische Aussagen von humororientierten Lernenden
- Ich habe eine ausgeprägte Beobachtungsgabe.
- Ich bringe andere gerne zum Lachen.
- Ich stehe gern im Mittelpunkt.
- Eigentlich fühle ich mich oft unsicher.
- Ich lenke gerne ab, wenn es um Persönliches geht.
- Ich bin nicht gern allein.

2. **Humororientierte können sich in der Oberstufe in den Typus „Coole" weiterentwickeln**
    Reaktion auf starke Lenkung / große Nähe

- „Erzähl mir was Neues."
- „Du schuldest mir was ..."

Irgendein lässiges Accessoire haben die Coolen eigentlich immer am Start, ob Skateboard, Motorradhelm oder Zippo - in jedem Falle begehrenswert für alle anderen. Coole gehören meistens zu den Besten in Sport und auch sonst sind sie nicht auf den Kopf gefallen. Allerdings lassen sie das nicht zu weit raushängen, sie wollen ja schließlich kein Streberopfer sein. Der Coolness-Faktor sieht vor, dass sie allen anderen immer mindestens zwei Schritte voraus sind: Wenn du gerade erst mit dem Rauchen anfängst, sind die Coolen schon längst beim härteren Zeug. Außerdem stehen sie eigentlich nie in der Kiosk-Schlange, denn sie sorgen immer dafür, dass ihnen irgendjemand etwas mitbringt. Und auch sonst haben sie einen großen Einflussbereich. Die Coolen sind die mit den meisten Connections, sie haben immer ein paar Handlanger, die die Sachen für sie klarmachen. Die Coolen sind unter Jungs und Mädchen gleichermaßen beliebt und haben selbstverständlich eine große Zahl von heimlichen Verehrern und Verehrerinnen. In der Klasse haben sie meist eine starke Position inne, mit ihrem Verhalten geben sie oftmals dem Großteil der Mitschülerinnen und Mitschüler Orientierung. Je nachdem, wie sich die Coolness gerade definiert, ist es entweder cool, sich mit den Lehrkräften gut zu stellen, oder alles, was mit ihnen zu tun hat, absolut abzulehnen. Ironie ist das Spielzeug, mit dem sie die Lehrkräfte um den Finger wickeln und ihnen schmeicheln, während hinter ihrem Rücken etwas ganz anderes läuft. Das begünstigt auch, dass die Coolen echt fies mobben können und anderen das Gefühl geben, weniger wert zu sein.

Typische Aussagen von Coolen
- Andere bewundern mich.
- Ich lasse keinen zu nah an mich ran.
- Ich gebe gerne den Ton an.
- Aussehen ist mir sehr wichtig.
- Freundschaften sind vor allem Ressourcen für mich.
- Ich bin viel reifer als meine Freunde.
- Ich kann mich gut verstellen.

3. Früher hätten wir vom Typus „Schwänzer" gesprochen, jetzt sagen wir die „Andersinteressierten"

Reaktion auf schwache Lenkung / große Distanz

- „Ach so ... das wusste ich nicht."
- „Das hat mir keiner gesagt!"
- „Ich mach das zu Hause, ich schwör's!"

Auch wenn Andersinteressierte nicht ganz so häufig in der Schule auf-kreuzen, haben die Lehrkräfte nie Probleme, sich ihre Namen zu merken. Denn er wird ja ziemlich häufig in die Abwesenheitsliste eingetragen. Die Andersinteressierten haben ihre eigene Lösungsstrategie für die Dinge entdeckt, die sie nerven: einfach wegbleiben, dann erspart man sich den ganzen Stress! Dass sie Schule nervt, kann total unterschiedliche Gründe haben. Entweder ist einfach alles gähnend langweilig, und sorry, aber da gibt es tausend Dinge, um die Zeit besser zu nutzen. Oder aber es ist einfach unaushaltbar - Mathe überfordert sie auf ganzer Linie, in Französisch kennen sie kaum die Vokabeln und im Sport werden sie als Letzte in eine Mannschaft gewählt. Die ganze Zeit konfrontiert zu werden mit Dingen, die sie nicht können - das brauchen sie sich nicht zu geben! Vielleicht hängt es aber auch damit zusammen, dass zu Hause ganz schön viel Chaos herrscht. Die Lehrkräfte haben sich schon daran gewöhnt, ihren Platz leer zu sehen, und setzen höchstens noch ein enttäuschtes Gesicht auf, wenn sie die Entschuldigungshefte mit eindeutig gefälschten Unterschriften vorgezeigt bekommen. Nachgefragt wird (leider) selten.

Typische Aussagen von Andersinteressierten

- Es fällt mir schwer, mich für die Schule aufzuraffen.
- Ich habe häufig das Gefühl, dass ich nicht richtig dazugehöre.
- Ich verpasse öfter mal einen Test oder eine Klassenarbeit.
- Für mich gibt es wichtigere Dinge im Leben als Schule.
- Die Lehrkräfte können mir nix mehr beibringen.
- Papas Unterschrift kann ich im Schlaf.
- Familie geht für mich immer vor.

4. Früher hätten wir vom Typus „Diva" gesprochen, jetzt sagen wir die „Eigenwertorientierten"

Reaktion auf starke Lenkung / große Distanz

- „Das geht gar nicht!"
- „Das ist unfair!"
- „Ich kann mich nicht konzentrieren."
- „Aber Herr XYZ hat mir versprochen ..."

Eigenwertorientierte können es überhaupt nicht leiden, wenn jemand es wagt, über ihren Kopf hinweg zu dirigieren - deshalb ist ihnen die Schule auch so verhasst, wo sie doch sonst das Zepter in der Hand halten. Die Eigenwertorientierten sind davon überzeugt, dass ihr Licht ganz besonders hell strahlt. Sie treten vor ihrer Klasse deshalb häufig mit einer Prise Arroganz auf. Bei der Auswahl von Freunden und Freundinnen ist es für sie wichtig, dass diese ihre Sensibilität nachempfinden können und sie bewundert werden. Im Unterricht sind Eigenwertorientierte bekannt dafür, dass ihre dramatischen Allüren, die oftmals als Reaktion auf den „Popelfresser" in der zweiten Reihe oder die eisige Luft vom geöffneten Fenster, wahrgenommen werden. Niemand kann im Vortragen von Shakespeares Werken oder in Debatten im Politikunterricht mit ihnen mithalten - sie sind einfach überzeugend! Klare Ansagen von vorne sollen sie eigentlich in ihre Schranken weisen, bewirken aber oft Gegenteiliges: Sie geben ihnen Aufwind, um sich gegen angebliche unzumutbare Ungerechtigkeiten im Klassenzimmer einzusetzen. Mit klugem Kontern und starker Persönlichkeit bringen sie die Lehrkräfte ins Schwitzen und lieben es, die kleinsten Kleinigkeiten bis zum bitteren Ende auszudiskutieren.

Typische Aussagen von Eigenwertorientierten

- Ich weiß, was ich will.
- Andere orientieren sich an mir.
- Wenn mir etwas nicht passt, dann sage ich das auch.
- Ich bin viel reifer als viele aus meiner Klasse.

- Ich bin ein emotionaler Mensch.
- Ich kann mich nur schwer unterordnen.

5. Früher hätten wir diesen Typus „Störer" genannt, jetzt sagen wir die „Multitasker"
Reaktion auf starke Lenkung / große Distanz

- „Ich hab' gar nichts gemacht!"
- „Wieso ich schon wieder!"
- „Laaaaangweilig!"
- „Juckt mich nicht."

Egal ob sturer Frontalunterricht, Arbeit in Gruppen oder allein: Multitasker finden immer eine Lücke, um genau das Gegenteil von dem zu tun, was erwartet wird. Das Klassenzimmer ist sozusagen der Playground, hier können sie ihre kreativen Einfälle uneingeschränkt umsetzen, Grenzen austesten und Emotionen heraufbeschwören – durch ganz einfache Dinge. Multitasker wollen niemandem echten Schaden zufügen, aber das, was im Unterricht besprochen wird, interessiert sie einfach nicht die Bohne. Ihr Desinteresse können und wollen sie nicht für sich behalten. Also tauschen sie sich gern über die Bundesligaergebnisse mit ihren Nachbarn aus, blenden die Lehrkraft mit ihrem Geodreieck oder stellen offensichtlich ablenkende Fragen. Absolut immun sind sie gegen jegliche Ermahnung zur Mitarbeit durch Lehrkräfte, zumindest wirkt es so, als würden diese an ihnen abperlen. Ihre Aktionen, die Symptome ihrer Langeweile, werden häufig bestraft, so findet ein nicht geringer Anteil ihrer Schulzeit in der ersten Reihe, im Gang oder im Büro der Direktorin statt. Multitaskern macht das nicht viel aus, solange das Gelaber der Erwachsenen rasch wieder aufhört und sie wieder zurück ins Klassenzimmer können.

Typische Aussagen von Multitaskern
- Ich hänge gern mit meinen Freunden ab.
- Ich kann nicht lange still sitzen.
- Ich habe viele Ideen.
- Mir wird schnell langweilig.
- Ich übertreibe gerne.
- Ich mache oft mein eigenes Ding.
- Ich lasse mir nicht gerne etwas sagen.
- Es gibt kaum jemand, der sich wirklich für mich interessiert.

6. Früher hätten wir diesen Typus „Träumer" genannt, jetzt sagen wir die „Kreativitätsorientierten"

Reaktion auf schwache Lenkung / große Nähe

- „Wie bitte, was?"
- „Ich hab' doch zugehört!"
- „Ich habe keine Fragen."

Egal ob der Himmel blau oder grau ist, Kreativitätsorientierte finden immer ein Pünktchen am Horizont, das ihren Blick anzieht und sie geistig aus dem Klassenzimmer herauslockt. Dann geht es in Rekordzeit in die Vergangenheit oder in die Zukunft - je nachdem, womit sie sich gerade beschäftigen. Manche Kreativitätsorientierte träumen wirklich, zum Beispiel davon, wie es wäre, in einem großen Fußballstadion zu spielen. Oder den ganzen Tag am Strand zu liegen. Oder ein Küsschen von ihrem Schwarm zu bekommen. Andere Kreativitätsorientierte dagegen können sich in Sekundenschnelle in Vergangenes hineindenken. Der Zickenkrieg auf dem Pausenhof, der Streit zwischen Mama und Papa oder die Ersatzbank beim Basketballspiel. Es sind oft negative Erfahrungen, die hängen geblieben sind und durchgegrübelt werden müssen. Meistens entschwinden Kreativitätsorientierte dem Unterrichtsgeschehen unbemerkt und wissen am Ende selbst nicht genau, wie sie dort gelandet sind. Eine monotone Stimme von vorne trägt Kreativitätsorientierte wie auf einem fliegenden Teppich davon. In der Unterrichtsstunde stören sie zwar nicht, aber nehmen auch nicht aktiv teil. Eine Stunde, die Interaktion und Eigeninitiative von den Lernenden fordert, ist für Kreativitätsorientierte oftmals eine verpasste Stunde.

Typische Aussagen von Kreativitätsorientierten

- Ich habe viel Fantasie.
- Ich lasse mich oft von meinen Gedanken treiben.
- Mir fällt es schwer, Dinge selbst in die Hand zu nehmen.
- Ich habe große Träume.
- Mir ist selten langweilig.
- Ich habe kein Problem damit, auch mal allein zu sein.

7. Früher hätten wir diesen Typus „Schlaumeier" genannt, jetzt sagen wir „Wissenshungrige"

Reaktion auf schwache Lenkung / große Nähe

- „Meine große Schwester hat aber gesagt ...“
- „Das ist nämlich so ...“
- „Wussten Sie eigentlich schon, dass ...“
- „Das weiß ich schon!"

Wissenshungrige gehören nicht zu den Beliebtesten – weder unter Lernenden noch unter Lehrkräften. Denn Wissenshungrige mischen sich ständig in alles ein. Sie wissen immer etwas besser und haben auch immer, wirklich immer, noch eine Frage parat. Egal, welches Thema gerade behandelt wird, Wissenshungrige sorgen für ein reges Unterrichtsgespräch, das sie gerne auch allein mit der Lehrkraft führen. Manche Lehrkräfte nehmen innerlich schon eine Abwehrhaltung ein, wenn ihre Hände wieder nach oben schnellen, und beschreiben ihr Verhalten als aufdringlich oder sogar respektlos. Dabei verhalten sich Wissenshungrige häufig wie unter Zwang. Wenn ein Wissenskonflikt in ihren Köpfen entsteht, dann muss dieser (komme, was wolle) gelöst werden - und zwar hier und jetzt! Deshalb fühlen sie sich total wohl, wenn Lehrkräfte auf all ihre Fragen eingehen und einsehen, dass sie absolut richtigliegen. Wissenshungrige häufen in der Freizeit Wissen mit Freude an. Ihre Regale sind gefüllt mit Sachbüchern und bei Youtube werden ihnen ausschließlich Dokus vorgeschlagen. Oftmals haben sie eine schnelle Auffassungsgabe und finden zu den unterschiedlichsten Themen rasch einen Zugang. Es scheint so, als würden sie - nach wie vor - in der Warum-Phase stecken, die Gleichaltrige schon hinter sich haben. Ihre ständige Fragerei findet ihre Klasse oft nur nervig.

Typische Aussagen von Wissenshungrigen
- Ich war schon immer sehr neugierig.
- Ich gehe den Dingen gerne auf den Grund.
- Ich liege eigentlich selten falsch.
- Ich nehme viele Bücher mit, wenn ich verreise.
- Andere können viel von mir lernen.
- Ich finde es wichtig, Dinge immer richtigzustellen.
- Ich helfe gerne.
- Ich zeige meine Gefühle nur selten.

8. **Früher hätten wir diesen Typus „Streber" genannt, wir sagen jetzt „Ergebnisorientierte"**
   Reaktion auf starke Lenkung / große Nähe

- „Kriegt man dafür Extrapunkte?"
- „Ich bin fertig!"
- „Welche Aufgaben kann ich in den Ferien machen?"
- „Können wir mal weitermachen?"

Ergebnisorientierte mögen glatte und gerade Dinge - am liebsten einen sauberen 1,0-Durchschnitt im Zeugnis! Auch wenn Schule manchmal nervt, ist sie eigentlich doch total ihr Ding! Hier wissen sie einfach, woran sie sind: Wenn sie sich anstrengen und gute Leistungen abliefern, dann werden sie am Ende mit guten Noten belohnt - so einfach ist das! Ergebnisorientierte hassen es, wenn die Unterrichtszeit wieder für so unnötige Dinge wie zum Beispiel Klassenkonflikte draufgeht. Ganz ehrlich, die sollen sich alle mal zusammenreißen! Es ist noch nicht einmal so, dass sie sich brennend für jeglichen Stoff interessieren. Vielmehr begeistern sie die klaren Strukturen der Lehrbücher. Sie füllen penibel Vokabeltrainer aus und lieben diejenigen Lehrkräfte, die kleine Übersichtszettel mit den Themen der kommenden Klassenarbeit aushändigen. Ergebnisorientierte sind ein Traum für jede Lehrkraft: pünktlich, zuverlässig, ordentliche Schrift, ehrgeizig ... was will Lehrkraft mehr? Im Klassenverbund gefragt sind Ergebnisorientierte vor allem am Anfang des Jahres bei der Sitzordnung, oder wenn es darum geht, in der großen Pause noch schnell die Matheaufgaben abzuschreiben. Eltern, ihre Mitschüler und Mitschülerinnen neigen dazu, Ergebnisorientierte zu Geburtstagsfeiern einzuladen. Schließlich kann das ja nur von Vorteil sein. Manche Ergebnisorientierte sind durchaus sehr beliebt. Wie sie es schaffen, sich pausenlos zu melden und sich trotzdem mit ihrem Nachbarn über ihre Lieblingsserie auszutauschen, bleibt allen anderen in der Klasse aber ein Rätsel.

Typische Aussagen von Ergebnisorientierten
- Ich bin sehr strukturiert und ordentlich.
- Ich habe mein Leben im Griff.
- Ich mag keinen Streit.
- Ich will immer ein bisschen besser sein als andere.
- Ich will, dass andere einen guten Eindruck von mir haben.
- Ich mag es, etwas zu schaffen und dafür belohnt zu werden.
- Ich habe Angst davor, nicht genug zu leisten.

9. Früher hätten wir den Typus „Entspannte" genannt, jetzt sagen wir auch „Entspannte"

Reaktion auf starke Lenkung / große Nähe

- „Alles im Griff, das ist ja auch nur ein Test!"
- „Lehrende sind auch nur Menschen."
- „Ich gehe gern in die Schule, tolle Leute sind dabei."

Entspannte haben Vertrauen in sich und andere. Sie müssen sich nicht beweisen und lernen um des Lernens willen. Sie sind sehr engagiert, wenn es um die Sache geht. Markenklamotten? Müssen nicht sein. Entspannte sind meist gefestigte Persönlichkeiten, die von innen strahlen und die anderen gerne helfen.

Typische Aussagen von Entspannten

- Ich gehe gern in die Schule.
- Ich betreibe „pick your battles" - und fast nichts muss ein Kampf sein, geschweige denn ein Krampf.
- Ich brauche keine Markenklamotten, um mich zu behaupten.
- Die meisten Lehrkräfte sind okay; und die, die ich nicht okay finde, kann ich ignorieren.
- Die meisten Mitschülerinnen und -schüler sind okay; und wer nicht okay ist, mit dem lege ich mich nicht an.
- Meine Eltern sind okay; und wenn sie mal nicht okay sind, dann brauchen sie vielleicht selbst Unterstützung und Zeit für sich.
- Ich kann lernen, wenn ich will. Ich kann es auch sein lassen, wenn ich keinen Sinn darin sehe.

So sehen die Typen in Aktion aus

Wir geben euch im Folgenden ein paar Beispiele, wie Kommunikation zwischen den verschiedenen Typen laufen kann. Bitte seid euch darüber klar, dass auch hier gilt: Es ist alles ein wenig überzogen, um es deutlicher werden zu lassen. Kommen wir noch einmal zu unserer Tabelle der Lenkungsstile von Seite 194 zurück. Was wir euch mit unserer Typologie der Eltern, Schulkinder und Lehrenden sagen möchten, ist: Manchmal haben wir unterschiedlichen Menschen es einfach schwerer oder leichter miteinander.

Ergebnisorientierte treffen unsichere Lehrkraft

Zum Beispiel haben es die Schulkinder des Typs Ergebnisorientierte und die der unsicheren Lehrkraft eher schwer miteinander. Beide stehen sich nämlich nach unserer Tabelle diametral gegenüber.

Folgendermaßen könnte ein Dialog zwischen den beiden Typen etwa zwei Wochen vor einem Test stattgefunden haben:

» Schulkind (wirkt etwas ungeduldig): „Herr Schmidt, wann schreiben wir denn nun den Test genau?"

» Lehrkraft (will sicher gehen, dass alle Regeln beachtet werden): „Hm, ich dachte, eigentlich wäre der nächste Freitag ganz gut, oder vielleicht ist der Mittwoch besser? Ich muss erst noch prüfen, wie viele Klassenarbeiten ihr diese Woche schreibt, damit es da keine Probleme gibt."

» Schulkind (wenig entspannt, weil es in seinem Kopf bereits den Plan zum Lernen umstellt): „Ja, aber ich muss das wirklich wissen, damit ich mir einen Plan machen kann, um zu lernen. Können Sie das nicht gleich in der Pause klären!"

» Lehrkraft (hat Pausenaufsicht und will seine Aufsichtspflicht nicht vernachlässigen): „Ich habe in der Pause keine Zeit, aber ich sage euch rechtzeitig Bescheid, versprochen!"

» Schulkind (drängelt mit einem Hauch von Panik): „Ich muss das aber wirklich wissen!"

» …

In diesem wenig entspannten Szenario stehen beide unter Druck, es besteht wenig Raum für Freude an der Sache. Der Trick besteht jetzt darin, als Lehrkraft zu verstehen, worin die eigenen Stärken und Schwächen liegen, und die Stärken der Lernenden zu nutzen, in diesem Fall die Organisationsstärke einer solchen Schülerin.

Mögliches alternatives Szenario

» Lehrkraft: „Sabine, ich wollte demnächst einen Test mit euch schreiben, hast du einen Plan, wie bei euch die Klassenarbeiten verteilt sind, dann können wir einen Termin festlegen."

» Schulkind: „Herr Schmidt, geben Sie mir Zeit bis zum Schulschluss, ich frage die anderen, wann es passt, und komme wieder mit einem Vorschlag auf Sie zu!"

Autoritäre Eltern treffen verständnisvolle Lehrkraft

Die Eltern bitten um ein Gespräch. Ihr Kind ist ein typischer Andersinteressierter und bringt relativ oft schlechte Ergebnisse nach Hause.

» Eltern (aufgebrachter Tonfall, Aussagen werden von entschiedenen Handbewegungen unterstrichen): „Herr Engerbiel, Marcel ist jetzt in der 2. Klasse und macht immer noch so viele Fehler, dass er in den Tests regelmäßig schlechte Ergebnisse nach Hause bringt, das kann doch nicht sein! Schließlich soll er aufs Gymnasium und so wird das ja nie was! Sie müssen da mal härter durchgreifen."

» Lehrkraft (leicht zur Seite geneigter Kopf, sanfte Stimme): „Lieber Herr Wusterberg, natürlich verstehe ich Ihre Sorge, wir wollen doch alle das Beste für Marcel!"

» Eltern (Stimme erhebt sich noch ein bisschen mehr, auf den Tisch hauen ist fast schon vorprogrammiert): „Also Verständnis allein kann ja hier nicht zielführend sein, ich verlange, dass sie etwas an der Situation ändern!"

» Lehrkraft (Singsang, verständnisvoller Blick): „Aber schauen Sie doch mal, Marcel hat diese besondere Qualität, er kann sich ganz wunderbar Geschichten ausdenken und hat viele tolle Ideen, die er auch gerne den anderen mitteilt!"

» Eltern (Stimme überschlägt sich): „Das hilft ihm aber nicht, sein Abitur zu bestehen!"

Auch hier stehen sich die beiden Typen genau gegenüber, und auch wenn der Verständnisvolle eigentlich per Definition verstehen sollte, wie es den Eltern geht, gehen beide frustriert aus diesem Gespräch heraus. Solange wir nicht die Perspektive des Gegenübers übernehmen, es wahrnehmen und die Stärke in seiner Art sehen, ist es für das Kind nicht zielführend.

Mögliches alternatives Szenario

» Eltern: „Herr Engerbiel, wir machen uns echte Sorgen um die Leistungen von Marcel, wir haben das Gefühl, dass er mehr Führung braucht."

» Lehrkraft: „Lieber Herr Wusterberg, Marcel könnte sicherlich etwas mehr Struktur gebrauchen, um seine vielen tollen Gedanken auch beim Lernen nutzen zu können. Wie wäre es, wenn wir uns überlegen, wie wir das gemeinsam organisieren?"

Im Idealfall erreichen hier beide Seiten ihre Ziele. Die Eltern bekommen ein gewisses Maß an Kontrolle, die Lehrkraft erwirkt trotzdem eine gewisse Freiheit für das Kind, und wenn alles gut läuft, verbessert es sich noch.

Eigenwertorientierte treffen Dompteur-Lehrkraft

Hier gibt es jede Menge Konfliktpotenzial, denn beide haben einen starken Willen und geben nur sehr ungerne nach. Grundsätzlich ist es auch gar nicht die Aufgabe von Lernenden nachzugeben, denn Schule ist auch ein Ort, an dem sie sich entwickeln und ausprobieren. Hier eine Szene, wie sie sich so oder so ähnlich in Klassenräumen abspielen kann.

Sandra hat in der kurzen Wechselpause die Schar ihrer Freundinnen um sich geschart, um ein furchtbar wichtiges neues Bild in ihrer Stickersammlung zu präsentieren. Das Gespräch erstirbt auch nicht, als der Musiklehrer Sondermann in den Raum tritt. Er ist dafür bekannt, dass er auf einen pünktlichen Beginn der Stunde großen Wert legt. Aber Sandra denkt gar nicht daran, ihre Geschichte zu unterbrechen, woher sie den Sticker hat. Da sie bewusst oder unbewusst seinen vorwurfsvollen Blick und das beredte Schweigen nicht wahrnimmt, fängt es an, ungemütlich zu werden. Die Freundinnen verziehen sich nach und nach auf ihre Plätze. Beleidigt setzt auch sie sich hin. Im besten Fall schweigt sie, ist sie allerdings auf Eskalation aus, wird die Stunde durch spitze Zwischenbemerkungen sicher nicht erfreulich für Herrn Sondermann.

Alternatives Szenario

Stephanie erzählt: Auf eigenwertorientierte Lernende eingehen

Wenn ich als Lehrerin im Dompteur-Modus bin, dann ist es hilfreich, auch mich selbst im Zaum zu haben. Ich komme rein und sehe, dass es nicht möglich ist, mit der Stunde zu beginnen? Dann hilft, statt vorwurfsvoll vor der Tafel zu stehen und zu warten, nur hinzugehen und die persönliche Ansprache zu suchen. „Oh, du sammelst Sticker? Das ist ja spannend, was du da hast, das können sich die anderen jetzt gar nicht alle auf einmal ansehen. In der großen Pause habt ihr viel mehr Zeit dafür. Bist du so nett und packst es jetzt weg, dann können wir anfangen." Die persönliche Ansprache und Wertschätzung von etwas, was der Schülerin wichtig ist, bekommt sie sonst vielleicht eher nicht und doch ist es das, wonach sie auf ihre Art sucht. Der Unterricht kann zwar vielleicht etwas verspätet, aber damit ohne Spannung anfangen. So entsteht eine Win-win-Situation.

Permissive Eltern treffen Boss-Lehrkraft

Eigentlich könnte man glauben, dass diese Kombi supergut funktioniert, denn die einen geben nach und der andere sagt, wo es langgeht - aber weit gefehlt! Der Zündstoff liegt im Detail. Permissive Eltern identifizieren sich sehr stark mit ihrem Kind und verstehen sich als seine Freunde. Wenn also das Kind nicht mag, was die Lehrkraft sagt, gilt der Satz: Der Feind meines Freundes ist auch mein Feind.

Die Eltern von Marek werden zum Gespräch gebeten, weil er eigentlich nie seine Hausaufgaben hat. Auf Nachfrage hat er geantwortet, dass seine Eltern gesagt hätten, wenn er keine Lust hat, muss er sie nicht machen. Mit dieser Aussage konfrontiert, könnten die Eltern wie folgt antworten:

> » Eltern: „Ja also manchmal ist er einfach so erschöpft nach dem ganzen Tag in der Schule, dass er einfach keine Kraft mehr dafür hat!"

Oder:

> » Eltern: „Na ja, die Hausaufgaben, die wir gesehen haben, schienen ja nicht so richtig sinnvoll zu sein, da finden wir es schon wichtiger, dass er seine sozialen Kontakte pflegt und mit seinen Freunden spielt."

Oder:

> » Eltern: „Ach, das hat Marek natürlich missverstanden, das tut uns leid."

Eine Lehrkraft vom Boss-Typ könnte Folgendes entgegnen:

> » Lehrkraft: „Die Hausaufgaben sind Bestandteil des Lernens und müssen unbedingt gemacht werden, sie fließen auch in die Note ein."

Oder:

» Lehrkraft: „Machen Sie sich mit Marek zu Hause einen Plan, wann er die Hausaufgaben macht, damit er sie nicht vergisst!"

Oder:

» Lehrkraft: „Wir werden ab sofort ein Elternheft führen und dort immer hineinschreiben, wenn er Aufgaben nicht gemacht hat!"

Mareks Eltern werden zustimmend nicken, sich umdrehen und Marek zu Hause sagen, er müsse die Aufgaben natürlich nicht machen, wenn er sie langweilig findet. So einen autoritären Ton können sie auf keinen Fall gutheißen.

Der Einzige, der am Ende leidet, ist aber eben doch Marek, denn Üben ist für den Lernprozess wichtig.

Mögliches alternatives Szenario

Wenn ihr Eltern seid, die mit einem autoritären Führungsstil nichts anfangen können, dann haltet euch vor Augen, dass es den Lehrkräften immer um das Wohl eures Kindes geht und sie ihre Aufgabe ernst nehmen - genauso wie ihr. Ihr möchtet, dass euer Kind nicht überfordert ist, und Freiräume für ihn oder sie schaffen. Dann macht lösungsorientierte Vorschläge und versucht einen Mittelweg zu finden: Zum Beispiel werden Hausaufgaben regelmäßig, aber maximal 30 Minuten pro Tag gemacht, damit Luft bleibt, oder das Kind konzentriert sich auf Schwerpunktaufgaben, wo es besonders nötig ist.

Als Lehrkraft werdet ihr so oder so mit Druck und „Bestimmerdrang" den Eltern gegenüber nur selten Lorbeeren ernten. Warum also nicht solche Vorschläge von eurer Seite? Oder versucht im Gespräch die Situation abzuschätzen, was geht und was nicht. „Sie müssen ..." hilft nur selten.

Gemeinsam schlau - aber wie?

Wir könnten das jetzt für alle Kombinationen von Typen durchspielen, aber das würde den Rahmen des Buches sprengen. Nur so viel sei gesagt: Wenn sich alle Beteiligten im selben Tabellenfeld bewegen, kommt nur selten Dynamik ins Spiel ... Warum?

Jemanden zum Jagen zu tragen ist für beide Seiten lästig. Beim Schreiben dieses Buches haben wir den so einfachen, aber holprigen und am Ende wunderschönen Weg gesehen:

Diversität. Unterschiedliche Menschen begeben sich bewusst miteinander in Lernprozesse. Selbst wenn sie in den unterschiedlichen Quadranten der Tabelle zu verorten sind, können sie sich vornehmen zu kooperieren. Der Zauber von „Jetzt mache ich mal was mit einem, der so ganz anders ist als ich" könnte sich als verbindendes Element in der Kultur einer Schulgemeinschaft erweisen und so durchgezogen werden. Wie wäre es mit Co-Teaching? Ein strenger Dompteur könnte bewusst Projekte mit Nachgebenden oder Unsicheren angehen. Die unzufriedene Lehrkraft könnte mit einem freundlichen Helfer klarkommen und von ihm lernen ... Wie wäre es mit Co-Caring? Ein vernachlässigendes Elternteil kann Hilfe brauchen - von wem auch immer, vielleicht sogar von einem Hardliner-Disziplinfan?

Die zentrale Idee dieses Buchs ist, unsere mentalen und sozialen Blasen aufzubrechen und uns über unsere Bedürfnisse und Strategien auszutauschen. Vielleicht nehmen wir diese Typologie zur Hand, um zu schauen: Wie ähnlich und wie unterschiedlich sind wir eigentlich? Wie können wir uns ergänzen? Was können wir angehen? Machen statt meckern! Lasst uns gemeinsam dafür sorgen, dass wir unseren Kindern und uns Erwachsenen das größte Geschenk machen, das in einer Schulgemeinschaft möglich ist: Wachstum und Lernfreude auf allen Ebenen.

Neue Autorität

Wenn ihr euch anhand unserer Typologie verortet habt, kann es hilfreich sein zusätzlich zu wissen, welchem Typ eure Kinder und auch die Lehrenden eurer Kinder zuzuordnen sind. Dies kann helfen, miteinander zu kommunizieren und gemeinsam bewusst aktiv zu werden. Aber das alleine reicht nicht aus, denn so ganz von selbst läuft das oft nicht. Wir haben uns umgesehen, was einer gelingenden Kommunikation eine Struktur geben kann. Wir sind dabei auf die „neue Autorität" gestoßen. Sie kann unserer Ansicht nach hilfreich dabei sein, neue Wege zu finden, um sich auf Augenhöhe zu begegnen. Bevor wir euch den Ansatz im Überblick vorstellen, werfen wir einen Blick auf das Image des Wortes „Autorität".

Dazu haben wir in der Tollabea-Community nachgefragt, was die Mitglieder mit dem Thema Autorität verbinden. Es wurde sehr schnell deutlich, dass zwischen dem Adjektiv autoritär und dem Nomen Autorität unterschieden wurde. Autoritär wurde im Wesentlichen als negativ angesehen und Begriffe wie Machtmissbrauch, Angst, Hierarchie oder absoluter Gehorsam genannt. Autorität dagegen war nicht per definitionem negativ, sondern es wurde viel von Ausstrahlung oder natürlicher Präsenz gesprochen.

Früher war die Lehrkraft im Schulkontext die Autoritätsperson. Was sie sagte, galt. Sie war die Autorität, die nicht falschliegen konnte, und sie infrage zu stellen war undenkbar.

Dieses Bild hat sich in den letzten 60 Jahren, seitdem sich Bildung beginnend mit der Studentenrevolution stärker im Wandel befindet, grundlegend geändert. Das hat zum einen mit einem Werteverfall der Bildung zu tun. War Bildung früher viel wert und kostete Geld, machen heute wesentlich mehr Schüler und Schülerinnen das Abitur. Gleichzeitig ist aber auch der Begriff der Autorität seit den 1970er-Jahren einem massiven Wandel unterworfen.

Autorität ist ein heikles Thema. Bei vielen Menschen stellen sich die Nackenhaare auf, wenn sie das Wort hören, und gerade im Zusammenhang mit Schule tauchen Bilder aus *Max und Moritz* vor dem geistigen Auge auf, in denen der Schulmeister einen Rohrstock in der Hand hält.

Das Wort Karzer stirbt Gott sei Dank aus, aber geht es um Autorität und Schule, schwingt die Idee von Bestrafung immer ein wenig mit.

Parallel zur Friedensbewegung entstand in der Pädagogik der Wunsch, Erziehung so zu gestalten, dass Menschen freier und friedlicher miteinander umgehen. In progressiven Gesellschaftsschichten, die sich gegen die autoritäre Erziehung durch die eigenen Eltern auflehnten, wurde dieser Gedanke mit Begeisterung aufgenommen.

Ihr Ansatz lautete, dass Kinder mit Liebe, Verständnis, Ermunterung und in Freiheit erzogen werden sollten. Eine Methode, die unter dem Sammelbegriff „antiautoritäre Erziehung" bekannt ist. Kinder sollten in ihrer Entwicklung so wenig als möglich eingeschränkt werden, um ihr Potenzial frei entfalten zu können. Der Grundgedanke war, dass sie zu zufriedenen, liebevollen und verständnisvollen Erwachsenen heranwachsen, weil sie dies alles ihrerseits in ihrer Entwicklung so erfahren hatten. Das Experiment „antiautoritäre Erziehung" wurde wissenschaftlich aus den Reihen der Erziehungswissenschaften begleitet und stellte sich leider als Reinfall heraus. Untersuchungen wie die von Diana Baumrind[40] zeigten sehr bald, dass eine Erziehung ohne sinnvoll gesetzte Grenzen mehr oder weniger das Gegenteil von dem bewirkte, was eigentlich angestrebt war.

Unterschiedliche Erziehungsstile

Autorität muss aber nicht von vornherein negativ sein, wie wir bereits gesehen haben. Gerade im Bereich der Wissenschaft und Forschung spricht man mit Hochachtung von einer Person als „Autorität", wenn sie durch ihr Wissen und Können überzeugt. Wer sich einmal mit japanischen Kampfkünsten beschäftigt hat, dem wird der Begriff Sensei geläufig sein. Oft wird es vereinfacht mit dem Begriff „Lehrkraft" oder „Meister" übersetzt. Wortwörtlich bedeutet es aber „derjenige, der zuvor geboren wurde", und damit wird nicht der eindimensionale Blick des Lehrens betont, sondern die Vielschichtigkeit der Erfahrung, die derjenige bereits durch sein Alter erlangen durfte.

Im Idealfall entsteht Autorität also durch Erfahrung. In der Pädagogik ist und bleibt das Thema Autorität ein wichtiges Thema und ist in vielen Varianten zu finden; genannt seien hier der klassische Ausspruch „Kinder brauchen Grenzen" von Jasper Juul oder die Attachment-Theorie. Wir wollen uns aber auf eine Richtung beschränken, die sowohl Eltern als auch Lehrkräfte an Bord holt und sie gemeinsam das Kind in den Fokus stellen lässt, ohne dabei die Bedürfnisse aller Akteure, also auch die der Eltern und Lehrkräfte, außer Acht zu lassen.

Der Erziehungswissenschaftler Haim Omer[41] hat sich mit dem Thema Autorität beschäftigt und gemeinsam mit vielen anderen das Konzept der „neuen Autorität" entwickelt. Seine Ausgangsposition ist, dass die „alte" Autorität, also eine Form des gewaltsamen Einforderns von Gehorsam, überholt ist. Was kann also an ihre Stelle treten? Und wie kann uns das in unserer Arbeit als Eltern und Lehrkräften helfen? Lasst uns gemeinsam einen Blick darauf werfen.

Präsenz[42]

Die alte Autorität lebte unter anderem von Distanz. Distanz hilft dabei, das Machtverhältnis deutlich zu machen, und wird von demjenigen eingesetzt, der die Autorität in der Beziehung oder Begegnung für sich in Anspruch nimmt. Wer erinnert sich nicht an Geschichten, die im 19. Jahrhundert spielen und in denen vor allem die Väter als sehr distanziert, oft in ihrem Zimmer sich verschanzende Ehrfurcht oder Angst einflößende Charaktere dargestellt werden? Und nur selten hatten diese Geschichten ein glückliches Ende.

Aber auch in Beziehungen Erwachsener kommt es immer wieder vor, dass einer der beiden Partner innerlich oder äußerlich auf Distanz geht und den anderen im Unklaren lässt.

Distanz kann durch so einfache Mittel wie mit Verschanzen hinter einem Schreibtisch erreicht werden. Er signalisiert: „Du bist da und ich bin hier, und ich bestimme, wann diese Distanz aufgehoben wird." In jeder Bewerbungssituation wird Distanz deutlich gemacht, und damit auch, wer hier die Autorität ist. Wir glauben, dass diese förmliche und gestellte

Distanz eine Form der Unsicherheit ist, denn natürliche Autorität benötigt solche Hilfsmittel nicht. Bei Autorität entsteht eine bewusste innere Nähe, eine Präsenz, die verbindlich und spürbar ist. Präsenz bedeutet, aufmerksam zu sein und zu zeigen, dass ihr da seid und hinhört. Es bedeutet, nicht alles zu kontrollieren. Es bedeutet: „Ich sehe dich!" Manche Kinder fordern explizit ein, gesehen zu werden, und das könnt ihr ihnen nur geben, wenn ihr präsent seid. Das heißt nicht, dass ihr euch von den Kindern herumkommandieren lassen müsst und jedes „Zeig mir, dass du mich siehst"-Spiel mitspielen sollt. Ein Kind, das etwas Unrechtes tut, braucht eine Konsequenz, aber auch den liebevollen Blick sowie die Frage: „Warum?" und „Was können wir (du und ich) tun, damit es nicht wieder passiert?"

Selbstkontrolle und Autonomie

Kontrolle und Gehorsam sind die Instrumente, mit der der alten Autorität zufolge sichergestellt werden kann, dass ausgeführt wird, was verlangt wird. Das beste Beispiel ist die Armee. Der Offizier erwartet absoluten Gehorsam, egal ob der Soldat es für richtig hält oder nicht. Aber bei der Armee geht es in aller Konsequenz um Krieg, und genau das ist es nicht, was wir wollen.

Begegnung zwischen Eltern und Lehrkräften, aber auch zwischen Eltern und Kind sowie Lehrkraft und Kind sollen zum Wohle des Kindes und aller Beteiligten ja genau das Gegenteil sein: friedvoll und konstruktiv statt aggressiv und destruktiv. Wie aber soll das gehen? Tatsächlich durch Kontrolle, aber nicht die Kontrolle des anderen, sondern durch Selbstkontrolle und Selbstbeherrschung. „Ich tue, was ich sage!" ist der Schlüsselsatz, der Kindern hilft, sich und ihr Handeln ernst zu nehmen. Wenn wir als Eltern und Lehrkräfte dieses Verhalten vorleben, dann erlangen wir ohne Befehle und den Versuch, Menschen zu beherrschen, Autorität, die den Kindern ermöglicht, Autonomie zu erlangen.

Networking

Von „oben herab", top-down, und Hierarchien sind weitere Merkmale alter Autorität. „Ich steh über dir, damit habe ich das Recht, dir zu sagen, was du zu tun hast." Lehrkräfte, die auf Lernende, die sitzen, herabsehen. Eltern, die von oben auf ihre Kinder schauen und schimpfen. Zu oft sehen wir diese Struktur noch immer in allen Bereichen unseres Lebens. Gleichzeitig stellt dies auch eine große Schwäche dar, denn wer in der Hierarchie oben steht, der ist da normalerweise auch alleine und somit isoliert. Wie sich das anfühlt und wie wichtig Gemeinschaft eigentlich für uns ist, hat sich deutlich durch die physische und damit häufig verbundene soziale Distanz während der Corona-Pandemie gezeigt.

Im System der alten Autorität hat sich ein einzelner an die Spitze der Hierarchie gesetzt und seine Autorität aus sich selbst heraus legitimiert, in der neuen Autorität geschieht das aber aus dem unterstützenden Netzwerk heraus. Autorität wird uns von anderen zugeschrieben und von anderen mitgetragen.

Deshalb unser Aufruf: Vernetzt euch! Nichts ist hilfreicher, als ein Unterstützungssystem von allen Seiten zu haben. Eigentlich ist es uns angeboren, uns zu vernetzen, denn unser Gehirn tut den ganzen Tag nichts anderes, als Verbindungen herzustellen und zu nutzen, um all die Dinge machen zu können, die wir machen müssen und wollen.

Elternnetzwerk: Co-Parenting

Mal Hand aufs Herz, wenn ihr selber Eltern mit Kindern in der Schule seid, wie gut kennt ihr eure „Miteltern"? Wenn Kinder in die Schule kommen, ergeht es euch als Eltern eigentlich genauso wie den Kindern: Ihr werdet in eine Elterngemeinschaft hineingeworfen, die ihr euch nicht aussuchen könnt. Womöglich gibt es Eltern in der Klasse, die ihr vom Sehen kennt, wenn eure Kinder in eine Sprengelschule gehen, aber das heißt noch lange nicht, dass ihr euch mögt. Trotzdem werdet ihr auf die eine oder andere Art vier Grundschuljahre miteinander zu tun haben, und dann ist es doch sinnvoll, etwas Positives daraus zu machen.

231

Wenn wir von Elternnetzwerk sprechen, dann meinen wir nicht die Gossip Gang, die sich, nachdem sie die Kinder zur Schule gebracht hat, noch auf einen Kaffee beim Bäcker trifft und dann über Gott und die Welt herzieht. Wir sprechen auch nicht von konspirativen Elterntreffen und endlosen E-Mail-Threads, weil irgendein Kind oder eine Lehrkraft sich angeblich unmöglich verhalten hat. Uns geht es um das Interesse an gegenseitiger Unterstützung. Jetzt könntet ihr sagen: „Mein Leben und meine Familie geht die anderen nichts an!" Ja, so könntet ihr das sehen, aber spätestens in dem Moment, in dem eure Kinder miteinander in der Schule zu tun haben, ist das illusorisch, das müsstet ihr eigentlich noch aus dem Kindergarten wissen.

Warum also nicht das Beste daraus machen und proaktiv ein neues Netzwerk entwickeln, das euch unterstützen kann? Und euer Netzwerk muss nicht allein durch die Schule gesteuert werden, sondern sollte durch euch gestaltet werden. Erster Schritt: Einigt euch auf einen Kommunikationsweg, nehmt aber auch die Menschen mit, die vielleicht nichts von modernen Messengern halten und lieber nur telefonieren. Fangt dann damit an, euch eine Übersicht zu verschaffen, was eure Miteltern besonders gut können und wo sie gerne unterstützen. Vielleicht gibt es eine Mutter, die nebenher als Fußballtrainerin arbeitet und gerne noch eure Mädels und Jungs mit einbindet und mitnimmt, einen Vater, der künstlerisch aktiv ist und sein Können und Wissen gerne weitergibt. Ein Großelternteil, der es liebt, vorzulesen oder mit Kindern zu kochen. Manchmal ist es aber auch schon ausreichend, wenn ihr eine Gruppe von Menschen habt, die ihr fragen könnt, wo es den besten Apfelkuchen gibt, ob jemand einen Elektriker empfehlen kann oder ob jemand ein gutes Kinderbuch oder tolle Geburtstagsspiele kennt.

Daraus entstehen vielleicht auch andere Unterstützungsmöglichkeiten oder gemeinsame Aktivitäten. Sie können dabei helfen, sich bei der manchmal überwältigenden Aufgabe, Kinder zu erziehen und durch die Schule zu bringen, weniger einsam und verloren zu fühlen. Wichtig ist es dabei, dass jeder so viel einbringen darf, wie er möchte, und ihr euch wirklich als Netzwerk und nicht als hierarchisch strukturierte Gruppe versteht oder zur Selbsthilfegruppe mutiert. Wenn ihr das Gefühl bekommt, mehr Kraft und Zeit zu investieren, als ihr eigentlich habt, dann läuft etwas falsch. Beim Yoga wird oft davon gesprochen, dass man nur so weit in die Dehnung gehen soll, wie es der Körper gerade zulässt (und das kann jeden Tag anders sein). Das gilt auch für eure Kräfte; im Elternnetzwerk aktiv zu sein muss sich gut anfühlen und darf nicht belasten. Es ist vollkommen richtig und gut, auch Nein sagen zu können, aber genauso wichtig, um Hilfe zu bitten, wenn ihr nicht mehr weiterwisst.

Während wir dieses Buch geschrieben haben, haben wir immer wieder Fragestellungen und Thesen an die Tollabea-Community weitergegeben. So auch die Idee des Elternnetzwerkes – und wir waren sehr überrascht, wie ablehnend die Reaktionen ausfielen. Es reichte von „Das brauche ich nicht" bis hin zu „Ich wurde abgelehnt"; nur ein oder zwei Teilnehmende hatten etwas Positives zu berichten. Woran liegt das? Haim Omer und Philip Streit identifizieren in ihrem Buch *Neue Autorität: Das Geheimnis starker Eltern*[43] vor allem zwei Punkte, die auch uns in Gesprächen immer wieder begegnen. Wir haben sie beim Thema Erziehung schon angesprochen: „Was in der Familie passiert, geht niemanden etwas an!" Wir nennen diese Haltung auch „Familien-DSGVO". Der andere Aspekt ist die Angst oder Scham, in den Augen anderer Eltern nicht zu genügen. Wir wollen hier nicht von so Gravierendem wie Vertuschung von Missbrauch sprechen, nein, diese beiden Gründe Angst und Scham treffen auf ganz durchschnittliche Familien zu. Sie verhindern, sich ein Unterstützungsnetzwerk außerhalb der Familie und des Freundeskreises aufzubauen. Wie seid ihr vernetzt? Und was hindert euch eventuell, euch zu vernetzen?

Lehrkräftenetzwerk: Co-Teaching

Ihr Eltern glaubt vielleicht, dass Lehrkräfte, alleine, weil sie im selben Gebäude arbeiten und mehr oder weniger regelmäßig Konferenzen haben, gut vernetzt sind. Aber das trifft eigentlich nicht zu. Zu oft arbeiten sie selbst in einer Schule oder einem Fachbereich in ihrer eigenen Welt. Ähnlich wie bei den Eltern kann man manchmal auch hier erleben, dass

MEINE NETZWERKE

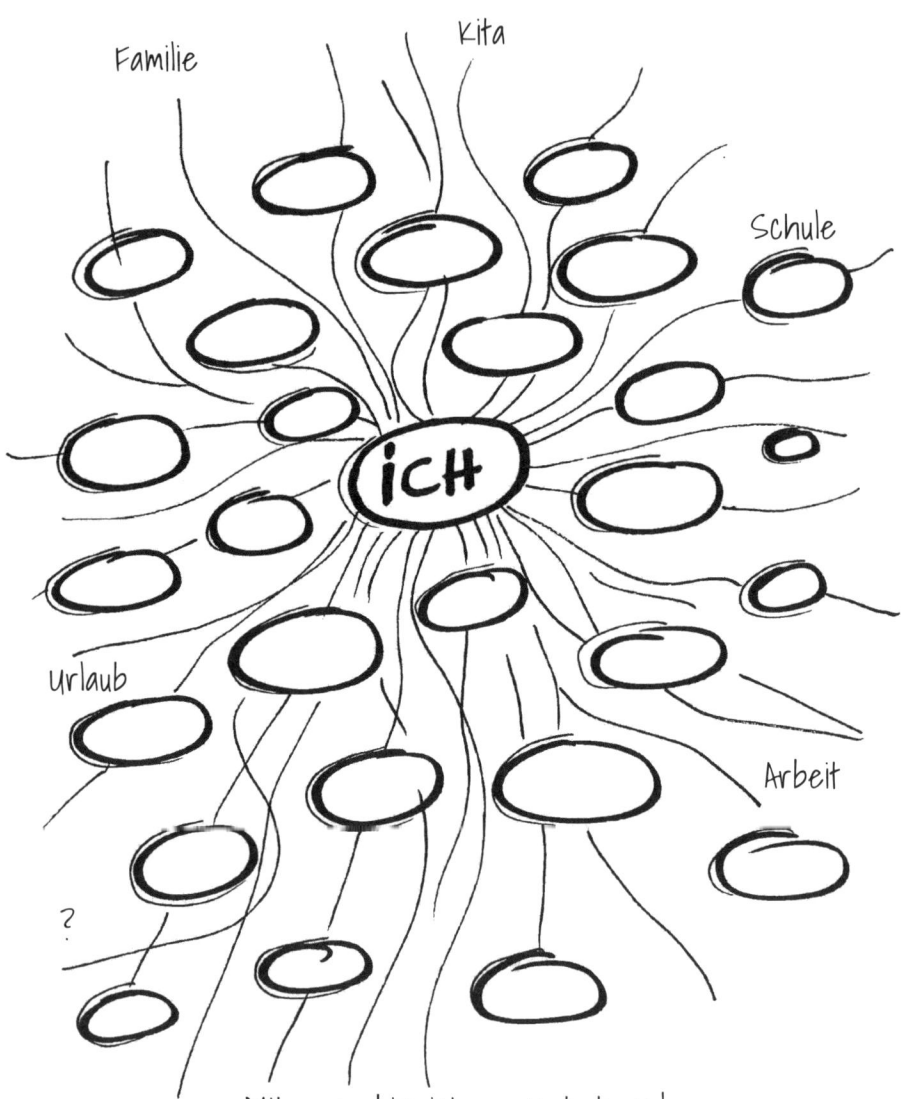

Mit wem bin ich vernetzt und
wie sind diese Menschen untereinander vernetzt?

Lehrkräfte der Ansicht sind, dass ihre Arbeit im Klassenraum niemanden etwas angeht. Oder sie sind so von ihrer Arbeit eingenommen, dass sie kaum mehr Zeit haben, nach rechts oder links zu schauen. Dadurch entsteht eine ganz eigene Form der Vereinsamung, und die Pause zwischen den Stunden reicht nur selten für ein Gespräch, das in die Tiefe geht. So geschieht es, dass Lehrkräfte oft das Rad neu erfinden und viel Zeit in das Erstellen und Aufbereiten von Material und Stunden investieren, die sie eigentlich an einer anderen Stelle viel dringender gebraucht hätten. Es gibt zwar inzwischen fantastische Materialsammlungen im Netz, kostenpflichtig oder kostenlos, aber Material alleine macht Unterrichten nicht einfacher. Hier ein gutes System zu finden, wie Inhalte geteilt werden können, ist hilfreich.

Stephanie erzählt: Beautiful new world
Wer immer von uns gutes Material findet, teilt es. Einfach weil es geht und weil es uns alle entstresst. Früher wurden die Materialien im Fachbüro in vielen dicken Ordnern gesammelt, aber mit dem Corona-Lockdown hat unsere Schule angefangen eine Plattform zu nutzen, die es ermöglicht, unsere Materialien systematisch abzulegen und – egal, von wo aus – zugänglich zu machen. Übungen und Aufgaben, die wir online für unsere Schüler entwickelt haben, legen wir dort genauso ab wie Links zu Webseiten, Texte usw. Das nervige Durchwühlen von Pappordnern, das Rausziehen, Kopieren und wieder Abheften entfällt dadurch und macht unsere Arbeit viel leichter.

Aber auch auf pädagogischer Ebene ist Unterstützung von und Vernetzung mit Kollegen und Kolleginnen hilfreich und gut. Nicht selten gibt es da den einen Schüler oder die eine Schülerin, an die wir als Lehrkraft nicht herankommen, und manches Mal liegt das daran, dass wir eine Informationslücke in der Hinsicht haben, was diesen Menschen gerade bewegt oder welche Herausforderungen ihn begleiten. Wie gehen andere aus dem Kollegium damit um? Sich regelmäßig solche Räume für Austausch zu schaffen, erleichtert euch die Arbeit immens.

Und dann ist da noch die persönliche Ebene. Oft erleben wir, dass Kollegen und Kolleginnen, die miteinander mehr als nur den Arbeitsalltag teilen, auch effektiver und stressresistenter sind. Das bedeutet nicht, dass ihr deshalb ständig eure gesamte Freizeit miteinander verbringen müsst, aber es ist hilfreich, sich dort, wo gemeinsame Interessen bestehen, auszutauschen und vielleicht einmal im Jahr wenigstens im Fachbereich etwas zusammen zu unternehmen. Sich an positive gemeinsame Erlebnisse zu erinnern und sie zu schätzen ist wichtig, um nicht in stressigen Situationen überrollt zu werden.

Und schließlich ist da die Welt des Netzes, in dem es Foren und Ratschläge gibt, in denen ihr von den Erfahrungen anderer lernen könnt. Wichtig ist es, den Klassenraum nicht als hermetisch abgeriegelte Welt zu sehen, sondern als einen Teil des großen Ganzen, und zu wissen, wann wir nach Hilfe fragen müssen.

Eltern-Lehrende-Netzwerk: Co-Caring

Wir haben uns bisher die Idee eines Eltern- und die eines Lehrkräfte-Netzwerkes getrennt angesehen, aber unser Fokus liegt ja darauf, wie Eltern und Lehrkräfte zum Wohle der Kinder bzw. zum Wohle aller Beteiligten besser miteinander arbeiten können. Ein gutes Netzwerk zu haben oder eine gute Eltern-Lehrende-Beziehung ist an dieser Stelle wichtig. Es geht dabei nicht darum, dass die zwischenmenschliche Komponente hier wie bei den beiden anderen Netzwerken eine Rolle spielt, sondern darum, wie Eltern und Lehrkräfte gemeinsam effektiv miteinander kommunizieren und Lösungen finden können. Auch hier stellt sich die Frage nach dem Medium. Aus Erfahrung empfehlen wir, für alle organisatorischen Fragen digitale Hilfsmittel wie Doodle-Links, E-Mail, Klassengruppen auf Lernplattformen der Schule usw. zu nutzen. Für alles andere das private Gespräch, sei es am Telefon oder von Angesicht zu Angesicht. Wichtig ist dabei, immer das Thema zu umreißen, wenn ihr um ein Gespräch bittet - unabhängig davon, ob als Eltern oder als Lehrkraft. Es gibt nichts Schlimmeres als eine E-Mail, in der nur steht, dass das Gegenüber einen Gesprächstermin möchte, ohne zu benennen, worum es geht.

Und selbst wenn es nicht das Wichtigste ist, ist es auch immer gut, zusammen Unternehmungen zu planen und miteinander Erlebnisse zu haben, um eine gemeinsame Grundlage der Kommunikation und des Miteinanders zu bekommen. Ein gutes Eltern-Lehrende-Netzwerk unterstützt sowohl die Arbeit des Kollegiums als auch die der Eltern. Viel Stress in der Schulbiografie eines Kindes kann durch gute Kommunikation vermieden werden.

Schüler-Netzwerk?

Ein Netzwerk unter Schülerinnen und Schülern ergibt sich in den Klassen automatisch. Aber manchmal fallen Kinder heraus, weil sie anders sind oder nicht dieselben Interessen haben. Müssen immer alle eingebunden werden? Die Antwort lautet: Nein! Solange diese Kinder von den anderen nicht herablassend behandelt werden, gilt auch hier die Devise: Jeder so viel, wie es für ihn oder sie passt. Solltet ihr als Eltern oder Lehrkraft mitbekommen, dass ein Kind nicht gut eingebunden ist, bitte immer zuerst mit dem Kind sprechen, ob es überhaupt mehr mitmachen möchte, bevor ihr in Aktionismus geratet. Gleichzeitig ist die Vernetzung die Grundlage für das Co-Learning der Gemeinschaft von Eltern, Lehrenden und Kindern. Eure Netzwerke werden zu Schlüsselstellen für Co-Parenting, Co-Teaching und Co-Caring und unterstützen eure Arbeit an einem gemeinsamen Lernprozess. Keiner von euch muss Einzelkämpferin oder Einzelkämpfer sein, alle zusammen bewegen sehr viel mehr.

Beharrlichkeit

In der Schnelllebigkeit unserer Zeit ist eine der größten Qualitäten die Beharrlichkeit im Miteinander: nicht sofort reagieren, nicht dem Impuls nachgeben, sondern einen Schritt nach dem anderen tun und auch einfach mal eine Situation oder ein Ereignis aushalten. Häufig versuchen wir, Probleme schnell aus der Welt zu schaffen, was grundsätzlich eine lobenswerte Herangehensweise ist. Nur manchmal geht das einfach nicht. Manchmal sind Beständigkeit und Beharrlichkeit notwendig, um etwas zu verändern. Beide sind nur dann wirksam, wenn sie sachorientiert und ohne Vorwürfe oder unterschwellige Emotionen eingesetzt werden. Menschen, die geduldig an ein Problem herangehen, gewinnen an Glaubwürdigkeit, Entschlossenheit und damit auch an Tiefe. Kurz gesagt, sie gewinnen an Autorität. Und das brauchen wir als Gemeinschaft, unsere Kinder sind oft verunsichert und die schnelllebige Welt ist ihnen zu viel und stresst sie. Manche sind es nicht gewohnt, schwierige Situationen auszuhalten, und versuchen bei jeder Möglichkeit, auszubrechen oder Anforderungen auszuweichen.

„Jeremias hat mal wieder seine Hausaufgaben nicht gemacht." Mit diesem Gedanken kann man als Lehrkraft entweder ein Kreuz in seine Übersicht machen oder dem Schüler zeigen: „Ich sehe dich, ich will etwas von dir, ich höre jetzt nicht einfach auf!" Also wird nachgefragt, immer und immer wieder - weder mit Vorwurf noch Druck. Einfach nachfragen und beharrlich sein. Auch wenn es für einen selber unbequem und anstrengend ist. Im Idealfall kommt Jeremias nach zwei Wochen und zeigt, was er gemacht hat. Und wenn das, was er gemacht hat, gut ist, bekommt er das gespiegelt.

Was für die Schule gilt, gilt auch für zu Hause. Aufräumen ist beispielsweise ein relativ unverfängliches Thema, sollte man meinen, und kann trotzdem mit viel Theater und Emotionen verbunden sein. Die eindeutige und wertende Aufforderung „Räum endlich dein Zeug weg!" geht oft mit einem lauten Tonfall und anschließendem Maulen oder gar Türenknallen einher. Die Emotionen schaukeln sich hoch. Es ist eure Entscheidung, ob ihr es immer wieder dazu kommen lasst oder ob ihr mit freundlicher Beharrlichkeit (auch wenn es euch tierisch auf den Senkel geht) euer Kind darum bittet, die dreckigen Socken in die Wäschetonne zu tun, weil ihr möchtet, dass euer gemeinsamer Raum ordentlich ist. Erwartet nicht, dass es beim ersten Mal klappt. Vielleicht müsst ihr die Socken auch einfach noch einen Tag oder zwei liegen lassen, aber erwähnt es immer wieder. Freundlich ohne Vorwurf. Es braucht Kraft. Vor allem die ersten Male und besonders dann, wenn ihr es nicht gewohnt seid, den kleinen Jan zu ermahnen. Vielleicht braucht ihr auch Unterstützung von außen, Menschen, die euch darin bestärken durchzuhalten.

Aber es funktioniert und es wird von Mal zu Mal leichter.

Grenzen

Und zu guter Letzt kann Autorität nur dann entstehen, wenn Grenzen klar definiert sind, und zwar auf beiden Seiten. Nur wenn wir als Erwachsene, Eltern und Lehrkräfte die Grenzen der Kinder wahrnehmen und respektieren und ebenso die Grenzen den jeweiligen Erwachsenen gegenüber, können wir mit Erfolg neue Wege gehen. Und bevor ihr Teil 2 dieses Buches angeht, hier noch ein Gedanke, der euch auf eurer Reise zu einer kooperativen, konstruktiven Co-Learning-Gemeinschaft hilft: Bangemachen gilt nicht!

Wisst ihr noch, wie es war, als digitaler Unterricht in unserem Leben keinen Platz einnahm? Und dann war er plötzlich da, wir mussten! Wir haben während der Corona-Pandemie in der Zeit des Distanzunterrichts alle neuen Qualitäten von Lern- bzw. Lehrmittelmethoden kennengelernt, als Eltern, Lehrkräfte und Kinder. Ihr als Eltern seid dabei oft das Bindeglied und Motivations-Coaches gewesen und ihr wart diejenigen, die es ermöglicht haben. Das gemeinsame Arbeiten ist also möglich und es entstehen dabei auch wunderbare neue Ideen, und das Verständnis füreinander wächst. Folgende Ermunterungen helfen euch Eltern, den Lehrkräften und den Lernenden, die Veränderung eurer Schulkultur zu bewerkstelligen:

- Ich weiß nicht, wie es geht, aber ich versuche es!
- Wir wissen alle nicht, wie es geht, aber wir versuchen es zusammen!
- Toll, endlich mal was, das wir zusammen lernen/machen können!
- Ich fand es am Anfang auch schwer, aber dann hat es Spaß gemacht!
- Macht nix, wenn es zuerst nicht funktioniert, jeder macht am Anfang Fehler, nur so kannst du lernen!
- Später macht's auch Spaß!
- Jeder ist beim ersten Mal Vorreiter!
- Es geht nicht darum, alles sofort zu können. Es reicht auch, am Ende

des Tages ein wenig mehr zu können!

- Schön, dass wir zusammen sind. Lass' uns mal was daraus machen!
- Wir brauchen nicht perfekt zu sein, gut ist gut genug!
- Wir können es *noch* nicht. Wir werden es können!
- Was wir nicht wissen, können wir noch recherchieren!
- Wenn alles auf den ersten Blick klar wäre, wäre es zu einfach!
- Mit nur Bahnhof verstehen fängt auch eine Reise an!
- Wer kann mir helfen?
- Erst mal atmen, dann sehen wir weiter.
- Niemand bekommt beim ersten Mal alles komplett richtig hin.
- Jetzt sieht es aus, als ob wir das nicht könnten. Wenn wir es nicht mehrfach versuchen, werden wir nicht wissen, ob wir es können könnten.
- Morgen ist auch ein Tag, und ich werde es morgen wieder versuchen, wenn es heute nicht klappt.
- Der Weg ist wirklich das Ziel - wir lernen am meisten, wenn wir unterwegs sind.

Wie haben viele Ideen gesammelt, um die Schulgemeinschaft zu stärken. Hoffentlich habt ihr jetzt Lust bekommen, in den zweiten Teil des Buches einzusteigen und euch inspirieren zu lassen.

WIE KANN ICH MICH MEHR IN DIE SCHULE EINBRINGEN?

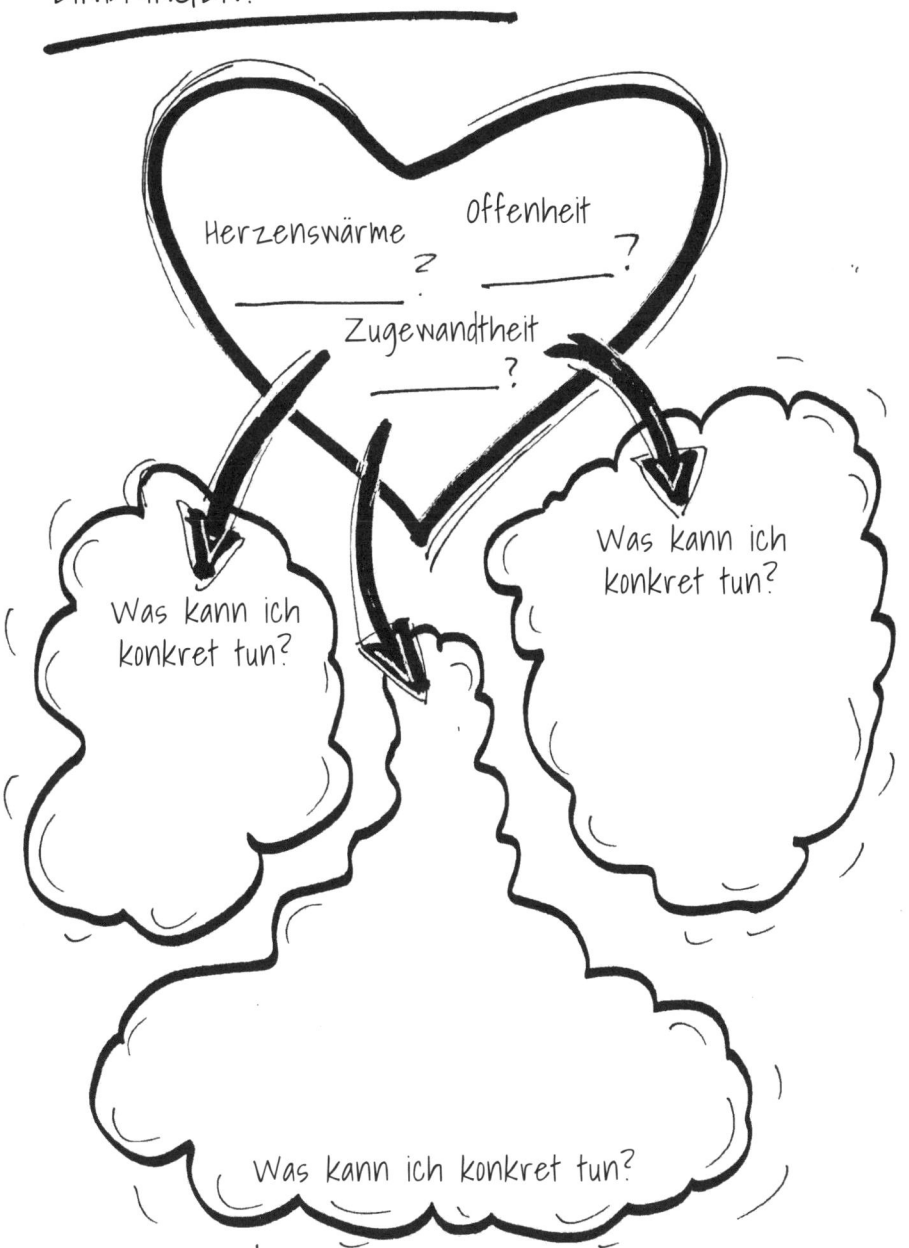

Herzenswärme

Offenheit

Zugewandtheit

Was kann ich konkret tun?

Was kann ich konkret tun?

Was kann ich konkret tun?

Teil 2: Gemeinsam machen

Endlich! Nach der ganzen Theorie über die nicht immer einfachen Beziehungen zwischen Eltern, Kindern und Lehrkräften geht es jetzt los! Wir geben euch Ideen und Anregungen an die Hand, die euch inspirieren sollen, das Zusammenspiel zwischen Schule und Eltern-häusern zu verbessern und euch auf eine neue Art des Miteinanders einzulassen.

Gemeinsam loslegen!

Wenn ihr (Eltern und Lehrkräfte) die einzelnen Ideen durchlest, dann werden euch vielleicht Sätze wie: „Pillepalle", „Das mache(n) ich (wir) doch eh schon" einfallen. Oder es kommt euch „Das wäre bei uns an der Schule gar nicht möglich!", „Viel zu viel Aufwand!" oder „Noch mehr Arbeit!" in den Sinn. Aber ihr lest dieses Buch, weil ihr den Wunsch habt, die Verbindung zwischen Eltern und Lehrkräften zum Wohle der Kinder zu verbessern oder überhaupt eine herzustellen, ebenso unter den Eltern einer Klassen- und Schulgemeinschaft.

Jetzt fragt ihr euch, warum die ganze Mühe? Weil es alle einfach weiterbringt, wenn:

- Telefonate mit einem Lächeln auf den Lippen enden.
- Elternabende besser laufen und Informationen und Meinungen untereinander respektvoll ausgetauscht werden können.
- E-Mails und andere Kommunikation wertschätzend gelingen.
- Kinder keine Angst vor dem Zusammentreffen von Eltern und Lehrkräften haben müssen.
- Kinder, die später selbst Eltern sind, ihre Erfahrungen guter Zusammenarbeit zwischen Schule und Elternhaus wieder in die Schule ihrer Kinder tragen können.

Wer von euch die Initiative ergreift, ob es ein Elternteil ist, der den Vorschlag macht, etwas zusammen zu erleben, zu gestalten oder zu verändern, ein Kind oder eine Lehrkraft, das ist vollkommen egal. Jeder und jede sollte die Möglichkeit bekommen und/oder den Mut haben, etwas zu initiieren. Ihr werdet vermutlich oft auf Widerstand und Unwillen stoßen, womöglich auch auf Unverständnis, aber lasst euch davon nicht entmutigen, denn das Zauberwort heißt „noch". Die Menschen in eurem Umfeld machen „noch" nicht mit.

Wir wollen euch darin bestärken, die Veränderung nach dem Grassroot-Prinzip anzugehen. Also von der Basis starten und seinen eigenen kleinen Teil zur Veränderung beitragen. Wer Lust und Zeit hat, kommt dazu, wer nicht, darf es gerne sein lassen. Macht den ersten Schritt davon abhängig, wo eure Stärken liegen.

Béa erzählt: Was ich machen kann und was nicht

Als meine Tochter in der Grundschule war, war das Interesse anderer Eltern am Übernehmen von Aktionen und Ämtern riesig. Elternvertretung, Wandertage, Kuchentage, Ausflüge, Kaffeekränzchen mit und ohne Basteln. Ich war voll berufstätig und wusste, dass ich nicht alles mitmachen konnte und wollte. Und das habe ich auch klar kommuniziert: Ich mache eine Sache im Jahr, die alles wieder wettmacht. Die anderen Eltern waren erst skeptisch. Aber nachdem ich mithilfe meiner verschiedenen Geschäftspartner ein durchgesponsertes Sommerfest vom Erdbeerstand bis hin zur Fotoausrüstung hingelegt hatte, wuchs die Begeisterung für meine Einmalaktionen. Das Ganze erforderte auch klare Kommunikation und Verhandlungen, und das war mir gelungen – zugegeben, weil der Schuldirektor mich auch unterstützt hat, nicht mit der Sponsorenarbeit, sondern mit der Kommunikation gegenüber der Schulgemeinschaft.

Für euch sollte immer klar sein, dass alle das machen, was sie können und wollen. Denn für euch gilt: Alles kann, nichts muss. Und wenn etwas gut gelungen ist und auch entsprechend von allen wahrgenommen wurde, ist das Feedback idealerweise so toll, dass beim nächsten Mal mehr Menschen dabei sein wollen. Wenn eine Idee oder Aktion zu euch als Lerngemeinschaft passt, dann wird sie auch ein tolles und verbindendes

MEINE STÄRKEN UND SCHWÄCHEN

meine Schwächen

Ich als Elternteil

PICKING

Dafür setze ich mich nicht ein

meine Stärken

MY BATTLES

→ Dafür setze ich mich ein

_____

_____

_____

_____

Erlebnis. Noch ein Hinweis: Verändert und gestaltet unsere Ideen nach euren Möglichkeiten um. Nicht jede Schule wird Platz für Co-Working-Spaces haben oder ein Café einrichten können, ganz zu schweigen von einer Fahrradwerkstatt. Und achtet auch darauf, dass nicht nur Jungen und Männer basteln und bauen, während Mädchen und Frauen nähen oder andere Handarbeiten machen. (Denn was wäre mit denen, die sich keinem Geschlecht eindeutig zuordnen, machen sie dann alles oder gar nichts?) Nutzt solche Gelegenheiten, so vielfältig wie möglich zu denken und zu handeln, sowohl persönlich als auch als Schulgemeinschaft. Denkt an unseren Fokus Co-Learning. Wie viel könnt ihr an diesem Projekt miteinander, voneinander und übereinander lernen, das euch auf eurer Lernreise weiterbringt?

So geht gemeinsam

Aber wie gehen wir das Ganze jetzt an? Ihr habt im Laufe des Buches eine Menge über euch und eure Haltung zu euren Kindern, zur Schule und zu euren Wünschen herausgefunden. Wir haben euch erzählt, warum für uns ein Weg immer nur gemeinsam gelingt. Jetzt geben wir euch etwa 100 konkrete Ideen und vorab eine Handvoll Kriterien mit auf den Weg, wie ihr das Ganze angehen könnt:

Schritt 1
Sucht euch ein Thema, eine Aktion aus, an der ihr Spaß haben würdet. Wenn ihr versucht etwas zu organisieren, das euch eigentlich nervt, braucht ihr gar nicht erst damit zu beginnen. Denkt euch selber etwas aus, das zu euch und eurer Schule passt, wir geben euch hier nur ein paar Anregungen.

Schritt 2

Schlagt eure Idee vor, findet einen Resonanzboden dafür. Sprich, lasst eure Idee bei einigen Mitmenschen (Eltern, Lehrkräften und Kindern) einfach mal fallen und seht, wie die Reaktion ist. Nehmen die anderen sie auf? Denken sie mit? Findet ihr dafür Verbündete?

Schritt 3

Alle, die Interesse haben, ladet ihr zu einem Treffen ein, um einen (Ablauf-)Plan zu entwickeln:

- Was genau machen wir (und warum und für wen)?
- Wann machen wir es?
- Was brauchen wir?
- Wer macht was?
- Wie und wo kommunizieren wir?
- Wer ist Ansprechperson bzw. hat den „Orgahut" auf?

Schritt 4

Machen!

Schritt 5

Spaß haben!

Schritt 6

Rückblick

Schritt 7

Noch mal.

Aber nicht immer gelingt ein Projekt auf Anhieb. Häufig mussten wir feststellen, dass es auf halbem Weg einschläft oder zu einer echten Last wird. Worauf solltet ihr also achten, damit euch das nicht passiert?

Typische Projektkiller und Stolperfallen sind

- Perfektionismus
- Geltungsdrang
- das Gefühl „Ich muss, sonst bin ich kein guter Mensch"
- schlechte Kommunikation
- zu lange oder unklare Planungszeiträume, so um die drei Monate
- zu viele Köche bei der Organisation.

Außerdem dürft ihr nicht aus den Augen verlieren, dass es ja um eine gemeinsame Aktion geht. Auch wenn sich manches vielleicht nach einer typischen Eltern-Lehrende-Interaktion anhört, könnt ihr meist die Kinder mit einbinden. Ein paar Beispiele stellen wir euch vor, aber ihr kennt euer Umfeld besser und habt bestimmt ein paar eigene, viel bessere Ideen.

Welches Thema interessiert euch?

1. Wir lernen uns kennen
2. Wir sind unterwegs
3. Wir gestalten unseren Lebens- und Lernraum
4. Wir sind kreativ
5. Wir lernen zusammen
6. Wir gehören zusammen
7. Wir kochen zusammen
8. Wir sprechen miteinander
9. Wir entscheiden gemeinsam
10. Wir feiern gemeinsam
11. Wir klugscheißen gemeinsam

Die Icons

Wie findet ihr eine Aktivität, die zu eurer Idee passt? Folgende zwei Kriterien helfen euch bei der Orientierung:

1. Damit ihr sofort erkennen könnt, welches Projekt ihr zusammen mit der Schule schnell, mittelschnell oder eher zäh umsetzen könnt, benutzen wir lustige Icons - Ziegen! Sie kennzeichnen den Umfang und den Schwierigkeitsgrad des zu erwartenden Einsatzes für jedes Projekt.

 Unser kleines **Zicklein** ist der Indikator für den zu erwartenden Widerstand bei euch Eltern, aber auch bei den Lehrenden. Das Zicklein steht dafür, dass mit wenig Widerstand und einfacher Durchführung zu rechnen ist - es ist also fast ein Erfolgsgarant.

 Seht ihr die **Ziege**, könnte es schon etwas schwieriger werden, was zum Teil aber auch an Aufwand und Zeitbedarf liegt und nicht unbedingt bei den Personen zu suchen ist.

 Und wenn ihr den **Rammbock** seht, dann wisst ihr: Hier sind Power und Durchhaltevermögen gefragt. Das sind aber auch die Projekte, die am ehesten das Miteinander in eurer Schule und damit die positive Entwicklung vorantreiben.

Wenn eure Schule schon sehr progressiv und kooperativ mit Eltern arbeitet, dann findet ihr bei Ziege und Rammbock vielleicht genau die richtige Inspiration. Aber Vorsicht, nicht enttäuscht sein, wenn es nicht funktioniert, dann war es einfach noch nicht die richtige Zeit, das Projekt durchzuführen, oder das Elternteam passte nicht richtig.

2. Das zweite Kriterium ist unsere Weiterentwicklung der „21st Century Skills", die wir schon im Kapitel 2 des Buches erläutert haben. Auch dazu haben wir Icons entwickelt, die die sieben Fähigkeiten unterstützen, die in Zukunft von euch, von den Lehrenden und von euren Kindern gefragt sein werden. Jedes einzelne Projekt ist mit einem der Icons ge-kennzeichnet. Sie sind ein guter Wegweiser, welches Projekt zu euch pas-sen könnte. Ihr macht also nicht einfach irgendetwas, was die Beziehung zwischen Schule und Eltern stärkt, sondern ihr könnt euch an unseren sieben „Schulschlau"-Skills orientieren, die euch helfen, gemeinsam ein sinnvolles Projekt zu gestalten:

Kommunikation (communication): Rede-schlau

So reden, dass es andere verstehen, und dabei achtsam und respektvoll sein - aktiv zuhören inklusive.

Natürlich geht kein Projekt ohne Kommunikation, das ist vollkommen klar, aber hier geht es vor allem darum, achtsam und wertschätzend miteinander zu kommunizieren - den anderen wirklich zu hören und zu versuchen, zu verstehen, was ihn oder sie antreibt. Kommunikation muss an dieser Stelle nicht auf die verbale Kommunikation beschränkt sein, sondern beinhaltet auch digitale Formate, wie etwa eine Schulwebseite.

Kreativität (creativity, flexibility): Lösungs-schlau

Lösungen finden und Probleme unterschiedlich betrachten lernen.

Wir möchten mit diesem Buch nicht nur helfen, euer Miteinander zu stärken, sondern auch eure Kreativität zu fördern. Und erinnert euch, wir haben bereits im Kapitel 2 geschrieben, dass Kreativität nicht nur die schönen Künste, sprich Malen-Musizieren-Motion betrifft. Hier geht es besonders darum, Lösungen zu entdecken, die durchaus sehr prag-matisch ausfallen können. Wie zum Beispiel ein Pflanzen-Wasserspender, der gleichzeitig als Vogelscheuche dient. Unsere Spiele und Übungen im Zeichen der Kreativität eröffnen auch diese Möglichkeiten!

Neugier (critical thinking): Entdeckungs-schlau

Auf große Entdeckungsreise gehen: alte Ideen, neue Menschen oder besondere Orte und Kulturen neu kennenlernen.

Warum? Warum ist das so und nicht anders, wie funktioniert das? Diese und ähnliche Fragen treiben uns voran und sind Innovationsbeschleuniger. Kaum etwas beim Lernen ist wichtiger, als immer wieder neu zu fragen und weiterdenken zu wollen. Es geht darum, Verbindungen herzustellen und Neugelerntes auch zum Lösen von verwandten Fragen und Problemen zu nutzen. In diesem Bereich sind die einen eher Sprinter, sie glühen kurz für ein Thema, nehmen so viel wie möglich auf, um dann zum nächsten Thema zu eilen. Andere gehören eher zum Typus Marathonläufer: Wenn sie sich einmal in ein Thema eingraben, dann lassen sie nicht so schnell wieder locker. Beides hat seine Berechtigung und kann ungemein hilfreich sein.

Verantwortung (citizenship, leadership, initiative): Welt-schlau

Verantwortung übernehmen und uns bewusst machen, dass wir dabei nicht allein sind.

Einige unserer Vorschläge haben mit Verantwortung zu tun; Verantwortung für sich selbst, fürs unmittelbare Umfeld, aber auch für die Gemeinschaft und die Gesellschaft. Verantwortung ist aber in unseren Augen keine Spaßbremse, sondern kann im Gegenteil unheimlich viel Spaß machen. Je früher wir lernen, Verantwortung zu übernehmen, umso leichter fällt es uns später. Übrigens ist Verantwortung nichts Individuelles, sondern sie ist in Gemeinschaft sinnstiftend und bringt Freude.

Zusammenarbeit (collaboration): Wir-schlau

Gemeinsam Dinge bewegen, gemeinsam gestalten, gemeinsam Freude haben.

Bei der Zusammenarbeit liegt der Fokus auf einem gemeinsamen Ziel. Alle müssen darauf vertrauen können, dass alle Beteiligten auf ihre eigene Art dazu beitragen.

Lernbegeisterung (Growth Mindset): Chancen-schlau

Sich immer wieder neuen (Lern-)Herausforderungen stellen und diese alleine oder gemeinsam meistern.

Aus dem Englischen stammt der Begriff „Growth Mindset". Es ist der Wunsch und die innere Haltung, zu wachsen und (auch problematisches) Neues als Chance und Herausforderung in der eigenen Entwicklung anzusehen. Er impliziert auch, sich Herausforderungen mit Offenheit und Tatkraft zu nähern und diese alleine oder im Miteinander zu bewältigen.

Humor: Spaß-schlau

Mit Freude und Spaß lässt sich lernen, ein befreiendes Lachen zuzulassen ist eine wichtige Fähigkeit.

Und zu guter Letzt haben wir uns entschieden, den Humor noch mit reinzunehmen, auch wenn er nicht explizit in der Auflistung der Organisation für wirtschaftliche Zusammenarbeit und Entwicklung enthalten ist. Wir können es gar nicht oft genug sagen: Ohne Humor (manchmal vielleicht auch Galgenhumor) können gute Erziehung und partnerschaftliches Arbeiten gar nicht gehen. Für uns ist Humor ein Mittel, um Resilienz zu stärken. Sich auch mal nicht so ernst zu nehmen, ist eine Qualität, die das Leben ein bisschen leichter macht. Dabei ist wichtig, dass ein Scherz nie auf Kosten einer anderen Person geht.

Und jetzt geht es los! Fangen wir ganz am Anfang an.

Wir lernen uns kennen

Ihr seid als Eltern oder Lehrkraft neu an der Schule, oder mit dem neuen Schuljahr bekommt die Klasse einen neuen Lehrer oder eine neue Lehrerin. Erster Tag, erster Elternabend - alles neu. Wir haben bereits von der Kraft der ersten Begegnung gesprochen und möchten euch mit diesen Übungen Werkzeuge an die Hand geben, um die ersten Treffen aufzulockern und positiv zu gestalten.

Das Kennenlernen und der erste Eindruck sind unserer Meinung nach so wichtig, dass wir euer Augenmerk besonders darauf lenken wollen. Wie erwähnt, besteht die Arbeit mit Kindern zu einem wesentlichen Teil aus Beziehungsarbeit, und zwar nicht nur der Beziehung zwischen euch als Eltern zu euren Kindern oder der (Lern-)Beziehung der Lehrenden zu euren Kindern, sondern auch der Beziehung zwischen euch und den Lehrkräften. Stimmt die Beziehung von Eltern und Lehrkräften nicht, kann es schnell zu Missverständnissen kommen.

Als Gesprächsstarter zumindest den Namen, das Gesicht dazu und ein kleines Detail (nach Möglichkeit persönlich, aber nicht zu persönlich) zu kennen, ist immer eine gute Grundlage für alle Gespräche - auch für schwierige. Und das gilt für Eltern genauso wie für Lehrkräfte.

Wichtig dabei ist es, zwischen der professionellen Beziehung Eltern - Lehrkraft / Lehrkraft - Lernende und der eher persönlichen Beziehung zwischen den Lernenden untereinander sowie zwischen den Eltern zu unterscheiden.

Wenn ihr als Lehrkraft eine 1. Klasse übernehmt, in der auch die Eltern sich noch nicht kennen, dann ist es sicherlich sinnvoll, die Aufgabe zu übernehmen, das Kennenlernen zu gestalten. Aber wenn ihr als Lehrkraft neu in der Klasse seid und die Eltern sich schon kennen, wäre es eine schöne Geste, wenn die Eltern diesen Teil übernehmen. Folgende Ideen können sowohl zum Kennenlernen als auch zum „Aufwärmen" bei einem Elternabend hilfreich sein.

Wer: Eltern, Lehrkräfte, Lernende
Ab 8 Personen ab ca. 14 Jahren
Je nach Gruppengröße maximal 30 Min.

Gegenseitig vorstellen with a twist

Bei diesem Vorstellungsspiel dürft ihr lügen, nein, ihr müsst sogar lügen! Es eignet sich genauso für Gruppen, die sich schon kennen und zu denen neue Menschen dazukommen, wie auch für komplett neu zusammengewürfelte Gruppen.

Bildet Zweiergruppen und beide Personen beschreiben sich selbst anhand von drei Fakten. Eine dieser drei Informationen muss gelogen sein. Vorsicht, es ist nicht eure Aufgabe, den Schwindel aufzudecken! Wenn ihr ihn oder sie später im Plenum mit allen drei Fakten vorstellt, müssen die anderen raten, was geschwindelt war. Das Spiel macht extrem viel Spaß, kann aber sehr langwierig werden, weil es so spannend ist. Wir empfehlen für das gegenseitige Vorstellen maximal 3 Minuten, dabei wird nach 1,5 Minuten gewechselt. Bei diesem Spiel kommt nicht selten Überraschendes zum Vorschein, das später zu einem angeregten Gespräch führen kann.

Wer: Eltern, Lernende
Ab 8 Personen
Ca. 10 Min.

Ein Rätsel lösen

Es erscheint erst mal anstrengend, bei einem Elternabend die Mütter und
Väter mit Rätseln zu „quälen", aber nichts verbindet mehr, als eine gemeinsame Aufgabe zu lösen. Denken muss nicht ermüden, sondern kann
sogar erfrischen! Am besten nehmt ihr Rätsel, die ihr auch mit Kindern
zu Hause macht. Haltet dabei die Schwierigkeitsschwelle niedrig, denn es
soll ja Spaß machen und nicht demotivieren. Bildet Zweier- oder Dreier-
gruppen und los geht's. Wir empfehlen maximal zwei Runden mit einem
Zeitlimit von je 2 Minuten.

Verschärfte Variante: Eure Kinder spielen dasselbe Spiel morgens in
der Schule mit denselben Fragen. Beim Elternabend spielt ihr Eltern das
Spiel dann erneut. Mal sehen, wer besser ist!

Wer: Eltern, Lehrkräfte, Lernende
Ab 5 Personen
Ca. 10 Min.

Namen rückwärts - sträwkcür nemaN

Sich die Namen vieler anderer Eltern zu merken, ist für manche eine
große Herausforderung. Ein bisschen Gehirngymnastik kann dabei ganz
hilfreich sein. Jeder spricht seinen Namen rückwärts aus und die anderen müssen herausfinden, wie er richtig herum lautet. Das ist allerdings
schon eine hohe Kunst. Wir empfehlen eine etwas einfachere Variante,
denn es kann durchaus sein, dass es Menschen gibt, die sich mit dem
Lesen und Schreiben auch noch im Erwachsenenalter schwertun. Alle
Namen stehen an der Tafel bzw. am Whiteboard. Dann ist beim Vorlesen
des Namens rückwärts die Zuordnung einfacher.

Ihr könnt diese Methode auch später bei Elternabenden noch mal zusätzlich mit Hobbys, den Namen der Kinder oder Lehrplanthemen aufgreifen. Und mit Kindern ist es eine tolle Übung zum Schreiben und Lesen oder um die Zeit auf einer laaaaangweiligen Autofahrt zu verbringen.

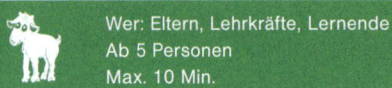

Wer: Eltern, Lehrkräfte, Lernende
Ab 5 Personen
Max. 10 Min.

Hashtag

Ihr wollt das Kennenlernen nicht zu lang machen oder seid in einer der höheren Klassen? Dann ist die #-Methode vollkommen ausreichend. Jeder stellt sich nur mit seinem Namen und drei Hashtags vor. Das kann ein Hobby sein, ein Lieblingsgericht, der Beruf oder auch der Name des Kindes. Ihr könnt zu den Themen Vorgaben machen oder die Eltern wählen lassen. Kennen die Eltern sich schon, kann es trotzdem sein, dass dabei neue Gemeinsamkeiten ans Licht kommen, von denen sie vorher nichts wussten. Wichtig: Fasst euch kurz. Vor allem bei einer großen Gruppe sollte jeder nicht mehr als 30 Sekunden bekommen.

Variation: Ihr könnt auch erst mehrere kleine Gruppen bilden, in denen sich die Eltern und Kinder vorstellen. Nach der ersten Gruppe besprecht ihr ein Sachthema, danach kommt die nächste kleine Gruppe dran. Das trägt zur Auflockerung bei.

Wer: Eltern, Lehrkräfte, Lernende
Ab 5 Personen
Max. 10 Min.

Der Name ist Programm

Wir können uns Alliterationen besonders gut merken. Deshalb ist auch der folgende „Icebreaker" hilfreich. Jede Person stellt sich mit ihrem Vornamen oder, wenn es eine etwas formalere Runde ist, mit dem Nachnamen vor und ergänzt ihn durch ein Hobby oder ein Adjektiv, um sich zu beschreiben. Zum Beispiel: Mein Name ist Stephanie und ich segle gerne. Oder: Mein Name ist Béa und ich bin begeisternd.

Diejenige Person, die danach kommt, muss die Vorstellung der vorhergehenden wiederholen, dadurch ergibt sich eine Art Erinnerungskette. Je nach Gruppengröße sollte aber nur der Name der unmittelbar vorhergehenden Person wiederholt werden, sonst dauert es zu lange und nicht jeder Mensch hat eine entsprechend große Aufmerksamkeitsspanne.

Wer: Eltern, Lehrkräfte, Lernende
Ab 5 Personen
Max. 10 Min.

Ich packe meinen Koffer ...

Das Spiel kennen sicherlich alle. Eine Person fängt an und sagt: „Ich packe meinen Koffer und nehme ... mit." Die nächste wiederholt, was die erste gesagt hat, und packt etwas dazu, die dritte wiederholt, was die erste und zweite gesagt haben und so weiter. Dieses Spiel eignet sich hervorragend, um Wünsche und Erwartungen abzufragen. Dabei ist es egal, ob sich die Gruppe schon kennt oder nicht. Beispiel: „Ich packe meinen Koffer und nehme Humor mit."

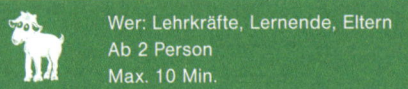

Wer: Lehrkräfte, Lernende, Eltern
Ab 2 Person
Max. 10 Min.

LinkedIn auf dem Zettel oder im Video

Kommt ein neuer Klassenlehrer oder eine neue -lehrerin, sind nicht nur die Kinder aufgeregt, sondern definitiv auch die Eltern. Egal, ob jemand bereits 20 Jahre an der Schule ist oder frisch ins Kollegium aufgenommen, irgendwelche Gerüchte kursieren immer! Wieso als Lehrkraft nicht einfach den ersten Schritt auf Lernende und Eltern zumachen, um Transparenz zu schaffen? Dafür reicht es schon, ein LinkedIn-ähnliches Profil zu erstellen - nur eben nicht ganz so förmlich. Heißt die Klassengemeinschaft mit einem Begrüßungsbrief herzlich willkommen - und stellt euch kurz vor! Welche Lehrerfahrung habt ihr bereits, mit welchen persönlichen Überzeugungen macht ihr euren Job? Welche Erwartungen habt ihr an das Schuljahr? Falls es wichtige klasseninterne Regelungen gibt oder ihr besondere Methoden anwendet, könnt ihr diese kurz vorstellen. Alternativ könnt ihr auch ein Begrüßungsvideo machen!

Umgekehrt können auch die Lernenden ein Video für die neue Lehrkraft machen, um die Klasse vorzustellen. Eine Kamera hat heute eigentlich jeder im Handy dabei. Außerdem ist es eine gute Übung für die Klasse, sich zu überlegen, was eigentlich besonders an ihr ist. Darüber hinaus gibt es der Lehrkraft die Möglichkeit, die Namen auch außerhalb des Unterrichts zu lernen.

Diesen Aufwand von Eltern zu erwarten, wäre tatsächlich schon *next level* und würde von uns den Schwierigkeitsgrad **Ziege** bekommen :-)

Wer: Eltern, Lehrkräfte, Lernende
Ab 5 Personen
Max. 10 Min.

Superkräfte

Eigentlich gehen wir der Frage nach, wer kann was in welchem Umfeld.
Nur dass wir uns hier mit unseren Superkräften vorstellen. Was kann
jeder, was ganz besonders ist? Ist es: genau hinschauen, tolle Scherze
machen, Leute motivieren, besondere Kuchen backen, wirkungsvoll
ausrasten oder einfach mal kein Nein akzeptieren - egal, alles ist gut und
alles ist willkommen. Gegebenenfalls lässt sich zwischen privat und beruflich unterscheiden bzw. „in der Freizeit" und „wenn ich arbeite". Und
wenn ihr euch gut kennt, könnt ihr auch jemanden aus der Gruppe mit
seinen oder ihren Superkräften vorstellen. Manche wissen gar nicht, dass
sie über solche verfügen. Wenn ihr euch die Superkräfte notiert, ist es
eine gute Grundlage, um ein Unterstützungsnetzwerk aufzubauen.

Wer: Eltern, Lehrkräfte, Lernende
Ab 5 Personen
Ca. 30 – 40 Min.

Ich kann meinen Namen malen

Für dieses Spiel braucht ihr Zeit und es eignet sich nur, wenn nicht ganz
so viele Eltern in einem Kurs sind. Alle bekommen ein Blatt Papier und
ihr stellt Malmaterialien zur Verfügung. Daraus basteln alle ihr Namens-
schild und zeichnen oder malen dazu etwas, dessen Thema ihr vorgebt,
beispielsweise das Hobby oder den Beruf. Wenn es gerade passt, kann
es auch ein Smiley sein, wie die Stimmung ist. Das kann eigentlich jeder
und es hilft euch einzuschätzen, wie es den Anwesenden geht.

Wir empfehlen maximal fünf Minuten fürs Malen, und danach stellen
sich alle mit dem gefragten Thema vor. Ihr glaubt gar nicht, wie kreativ

manche sind, vor allem die, die behaupten, nicht zeichnen zu können. Allerdings kann es hier schnell Widerstand geben, darauf solltet ihr vorbereitet sein. Es ist auch okay, wenn jemand seinen Namen vielleicht mit Schnörkeln oder verschiedenen Farben schreiben will. Wenn ihr qualitativ hochwertige Materialien nehmt, könnt ihr die Schilder einsammeln und für die nächsten Elternabende wieder verwenden.

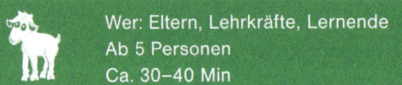

Wer: Eltern, Lehrkräfte, Lernende
Ab 5 Personen
Ca. 30–40 Min

Lasst Bilder sprechen

An Material braucht ihr Bilder und Postkarten, die Vorbereitungszeit beträgt ca. 30 Minuten. Wahlweise sucht ihr Bilder und/oder Postkarten aus, oder ihr bittet die Eltern, Entsprechendes mitzubringen. Denkt aber daran, etwas in petto zu haben, da bestimmt der eine oder die andere es vergessen wird. Die Bilder werden an eine Pinnwand geheftet und alle suchen sich eines aus, zu dem sie kurz erzählen, warum sie sich von diesem Motiv angesprochen fühlen. Achtet auf die Zeit und stoppt sie, niemand sollte mehr als 1 Minute sprechen, sonst passiert es schnell, dass nicht genug Zeit für anderes bleibt.

Variante I: Diese Alternative bietet mehr Überraschung, weil sie nach dem Zufallsprinzip funktioniert: Schreibt verschiedene Begriffe auf und lasst alle einen Zettel ziehen. Wer dran ist, nennt seinen oder ihren Namen und spricht dann eine Minute zu dem Thema.

Variante II: Wahlweise könnt ihr auch die Eltern bitten, Begriffe auszuwählen, sie auf Blätter schreiben und ziehen lassen. Das aktiviert alle und ihr lernt bestimmt neue Sichtweisen kennen und Ideen, die ihr mit dem Wort gar nicht in Verbindung gebracht hättet.

Vorsicht: Nicht jedem Menschen ist es gegeben, assoziativ zu denken, und wer nicht möchte, sollte aussetzen dürfen. Außerdem sollte die Auswahl an Begriffen ganz vielfältig erfolgen und schwierige Themen sind sehr vorsichtig zu behandeln.

Wer: Eltern, Lehrkräfte, Lernende
Ab 5 Personen
Ca. 30 Min.

Das Kennenlernen versüßen

Klassisch wird dieses Spiel eigentlich mit M & Ms gespielt, aber es eignen sich auch alle anderen Süßigkeiten, die in unterschiedlichen Farben daherkommen. An Material benötigt ihr also verschiedenfarbige Lebensmittel, das Spiel ist in 10 Minuten vorbereitet. Insbesondere, wenn in eurer Klasse Veganer oder Muslime sind, ist es sinnvoll darauf zu achten, was ihr kauft.

Jeder darf sich eine der farbigen Süßigkeiten ziehen und nennt dann seinen Namen und antwortet auf eine Frage, die der Farbe der Süßigkeit zugeordnet ist: beispielsweise gehört Gelb zum Hobby, Grün ist der Beruf, Rot das Lieblingsessen usw. Gebt die Fragen aber erst preis, nachdem jeder schon eine Farbe ausgesucht hat. Das macht mehr Spaß, als wenn die Leute verzweifelt nach Grün suchen. Wer keine Süßigkeiten nehmen mag, kann einfach eine Farbe nennen. Ihr könnt das Ganze natürlich auch mit Obst machen, das braucht aber mehr Vorbereitung.

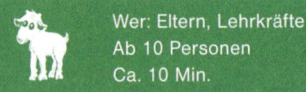

Wer: Eltern, Lehrkräfte
Ab 10 Personen
Ca. 10 Min.

Bewegung tut gut!

Elternabende finden am Ende eines manchmal langen Arbeitstages statt. Alle sind müde, womöglich hungrig und wollen eigentlich nicht länger bleiben als nötig. Was im Klassenraum für Lernende gilt, gilt auch beim Elternabend: Sich zu bewegen hilft der Konzentration und dem Wohlergehen. Warum nicht die „bewegte Statistik" nutzen, um sich kennenzulernen? Bittet die Eltern, sich im Raum zu verteilen, und stellt beispielsweise folgende Fragen:

- Wer ist Frühaufsteher und wer Nachteule?
- Wer liebt die Berge und wer den Strand?
- Wer ist in diesem Ort geboren und wer ist zugezogen?
- Wer hat wie viele Kinder?
- Wer spielt ein Instrument?

Für die Antworten gebt ihr vorher bestimmte Plätze im Raum bekannt: Beispielsweise Frühaufsteher stellen sich ans Fenster, Nachteulen an die Tafel etc. Je abwechslungsreicher, desto kurzweiliger wird es, und nach dem Elternabend entstehen sicherlich noch einige Gespräche auf dem Heimweg.

Wer: Eltern, Lehrkräfte
Ab 5 Personen
Ca. 10 Min.

Verrückte Texte

Dieses Spiel eignet sich weniger zum Kennenlernen, ist aber hilfreich, wenn ihr zum Beispiel über Grammatikunterricht sprecht. Ihr bereitet einen kurzen Text, in den Wörter eingesetzt werden müssen, vor oder lasst die Kinder ihn vorbereiten. Dabei ist es wichtig, dass die Eltern den Text weder kennen noch sehen! Ihr fragt sie dann nach Begriffen, die in die Lücken eingesetzt werden. Außerdem müssen sie die Art des gesuchten Wortes (bspw. Adjektiv, Verb in Vergangenheitsform usw.) spezifizieren. Daraus entsteht witziger Unsinn, der dann am besten von einer Person aus der Elterngruppe laut vorgelesen wird.

So bindet ihr die Eltern in die Lernprozesse ihrer Kinder ein und macht auf spielerische Art und Weise transparent, was gerade dran ist. Das Gleiche könnt ihr auch mit Sachkundethemen oder gar mit einer Fremdsprache machen.

Vorsicht: Ist Deutsch für einige Eltern eine Fremdsprache, eignet sich ein themenbezogener Text, bei dem die Grammatik egal ist, besser.

Beispiel:
Hunde (eine Tierart) essen täglich (wie oft) 2-3 Kilo (Menge) Fleisch (etwas, das man essen kann).
Daraus kann werden:
Kamele essen morgens 5 Gramm Gummibärchen.
Mehr muss es gar nicht sein, um in ein neues Thema (hier Haustiere) einzuführen.

Wir sind unterwegs

Wenn ihr euch als Eltern und Lehrkräfte ein bisschen besser kennenge-lernt habt, geht der Spaß erst richtig los. Es gibt so viele Möglichkeiten, gemeinsam euer Lernen und das der Kinder zu bereichern, ohne dass das Gefühl entsteht, dass Eltern zu Lehrenden mutieren oder die Lehr-kraft zu tief in euer Privatleben einsteigt. Wir haben Spiele und Aktionen für euch zusammengestellt, die die Gemeinschaft stärken. Sie stehen immer unter dem Motto „Grenzen wahren". Jeder macht so weit mit, wie er oder sie es möchte.

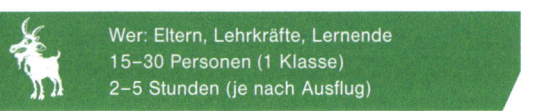

Wer: Eltern, Lehrkräfte, Lernende
15–30 Personen (1 Klasse)
2–5 Stunden (je nach Ausflug)

Ausflüge zu einem Hit machen

Ausflüge sind bei Schülerinnen und Schülern beliebt und bei Lehrkräften eigentlich auch, wäre da nicht das ganze Drumherum. Der Transport muss geklärt werden, die Verpflegung, Geld eingesammelt und Vertre-tungen für den eigenen Unterricht gefunden werden. Außerdem braucht es immer mindestens eine Begleitperson. Neben all der ganzen anderen Arbeit bedeutet ein Ausflug für viele Lehrkräfte zusätzlichen Stress, und das ist ein wesentlicher Grund dafür, dass Ausflüge so selten stattfinden.

Hier könnt ihr als Eltern extrem hilfreich sein und eure Lehrkraft unterstützen. Neben den normalen Klassendiensten als Kassenwart oder Elternvertretung könnt ihr einen Ausflug-Organisationsdienst einrichten, der in einem sinnvollen Turnus rotiert. Der Vorteil: So können eure Kinder viele verschiedene Lernorte kennenlernen, und ihr vielleicht auch. Außerdem entstehen so gemeinsame schöne Erinnerungen und Erfahrungen, die später helfen können, schwierige Situationen zu überwinden.

So ein Ausflug kann aber auch eine Belastungsprobe für das Verhältnis zwischen euch und der Lehrkraft werden. Oft fehlen Kollegen oder Kolleginnen, die einen Klassenausflug begleiten können, und dann ist die Frage, ob ein Elternteil mitgehen kann. Diese Alternative wird von vielen Lehrkräften vermieden. Warum?

1. Die Kinder, deren Eltern mitkommen, werden vermeintlich bevorzugt.
2. Es gibt Eltern, die den Ausflug als willkommene Abwechslung ansehen und mehr genießen, als dass sie unterstützen.
3. Manche Eltern übernehmen - gewollt oder ungewollt - die Führung.

Was könnt ihr also tun? Stellt gemeinsam mit den Lehrkräften und unbedingt auch mit euren Kindern eine Aufgaben- bzw. Checkliste zusammen und verteilt die Rollen ganz klar. Wer hat die Tickets für den Bus? Wer geht hinter der Gruppe, wer geht vorne etc.?

Tipp für Lehrkräfte: Oft kennen die Eltern viel coolere Plätze als wir oder haben super Verbindungen, die einen Ausflug an einen ungewöhnlichen Ort ermöglichen.

Stephanie erzählt: Ausflug in das Museumsdepot
Ich hatte eine Mutter, die uns eine Sonderführung der besonderen Art im Pergamonmuseum ermöglichte. Als wir das Thema Ägypten behandelten, durften wir in das Depot im Keller, wo eine Vielzahl von ägyptischen Artefakten lagert, die nur selten oder gar nicht in Ausstellungen zu sehen sind. Die Schülerinnen und Schüler waren

begeistert und hörten gar nicht mehr auf, Fragen zu stellen. Die Museumsmitarbeiterinnen und -mitarbeiter haben sich über so viel Interesse enorm gefreut.

Fragen lohnt sich also.

Und hier noch ein paar kreative Ideen, um Ausflüge lustiger zu gestalten:

- Bastelt euer eigenes Erkennungsmerkmal, z. B. einen Hut oder ein farbiges Brustband, falls jemand verloren geht.
- Kleidet ein Elternteil oder eine Lehrkraft als „Leuchtturm" in einem neonfarbenen T-Shirt oder mit einer auffälligen Baseballkappe. Bei dieser Person treffen sich immer alle.
- Die Aufgabe als Eventfotograf oder -fotografin kann auch verteilt werden, sie muss nicht unbedingt von Lehrkräften oder Eltern übernommen werden. Auch die Lernenden machen das mit viel Vergnügen. Dabei aber bitte immer darauf achten, dass alle damit einverstanden sind, fotografiert zu werden, und dass ihr keine privaten Geräte benutzt.
- In einem geschützten digitalen Klassenraum könnt ihr die Fotos sammeln oder ihr verschickt einen Link zu einem Klassenalbum. Ganz altmodisch könnt ihr die Bilder auch ausdrucken und im Klassenzimmer aufhängen.

All das lässt sich so natürlich auch auf Klassenfahrten anwenden.

Wer: Eltern, Lehrkräfte, Lernende
Ab 5 Personen
Je nach Jahreszeit 2–3 Stunden pro Woche

Klassenschrebergarten

Viele Schulen haben keine Möglichkeit, Kindern das Wachstum von Pflanzen in einem Garten nahezubringen. Dabei ist es so wichtig, sie beim Lernen der sogenannten MINT-Fächer zu unterstützen. Lasst eure Kinder die Wachstumsprozesse in der Natur bewusst erleben und lernen, was dazu führt, dass Pflanzen gedeihen oder eben nicht. Und das geht auch ohne Schulgarten.

Vielleicht habt ihr jemanden mit einem Schrebergarten in der Klasse? Dann könnt ihr im Wochenrhythmus einen Schrebergartendienst einteilen, der den betreffenden Eltern hilft, den Garten in Ordnung zu halten und die Pflanzen zu pflegen. Das lässt sich mit einem Pflanzentagebuch oder einem Online-Klassengartenblog (zu digitalen Ideen kommen wir später noch) verbinden. So können Eltern und Lehrkräfte gemeinsam unmittelbar die Sprachentwicklung und das Verantwortungsbewusstsein fördern.

Schrebergärten stehen natürlich nicht überall zur Verfügung oder sie sind einfach zu weit weg. Dann bleibt immer noch Urban Gardening. Projekte wie zum Beispiel der „Prinzessinnengarten"[44] in Berlin machen es vor: Mobile Gärten kann man leicht und unkompliziert auf jedem Gelände aufstellen. Es sind eigentlich nichts anderes als Pflanzkübel, die schnell hingestellt und genauso schnell wieder weggeräumt sind. Sollte das Projekt nicht wie erhofft erfolgreich sein oder es auf Dauer nicht genügend Lernende geben, die sich darum kümmern, dann ist es in Windeseile wieder abgebaut.

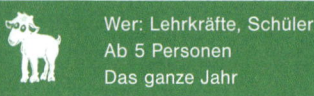

Wer: Lehrkräfte, Schüler
Ab 5 Personen
Das ganze Jahr

Summ summ summ - Bienenpatenschaften

Nein, Bienen sind nicht aggressiv und stechen, sie sind unglaublich kluge
Arbeitstierchen. Sie sind absolut notwendig, um Pflanzen zu bestäuben
und damit eine der wichtigsten Nutztierarten, die es gibt. Gleichzeitig
sind sie aber auch vom Menschen bedroht und brauchen Lebensraum -
auch in der Stadt. Ein Bienenstock auf dem Dach oder im Schulgarten
bedeutet zwar viel Verantwortung, bringt aber auch leckeren Honig und
Wachs, der zu Kerzen verarbeitet werden kann. Vielleicht gibt es jemanden in der Schule, der sich gerne zum (Hobby-)Imker ausbilden lassen
möchte? Oder jemand kennt jemanden, der zum Imker oder zur Imkerin
ausgebildet ist und euch unterstützen kann? Das Projekt „Bienen machen
Schule"[45] ist dabei ein guter Anlaufpunkt. Wichtig ist nur, dass einige
Lernende und Lehrende die Verantwortung für die regelmäßige Pflege
übernehmen.

Wer: Eltern, Lehrkräfte und Lernende
Ab 15 Personen
Je nach Wunsch regelmäßig ca. 45 Min.

Besondere Orte dieser Welt

Schulen laden bereits Eltern ein, damit sie Lernenden etwas von ihrem
Beruf erzählen. Wie aber wäre es, wenn ihr auch Eltern einladet, die von
ihren ungewöhnlichen Reisen oder Begegnungen mit der Natur erzählen?
Ihr lebt auf dem flachen Land und eine Mutter war schon mal im Himala-
ya? Was für tolle Geschichten sie sicherlich zu erzählen hat?

Eventuell müsst ihr dafür geeignete technische Hilfsmittel organisieren. Ein atemberaubendes Bild, von einem Beamer projiziert, macht

auch einiges mehr her, als ein paar Fotos herumzureichen oder ein
Plakat aufzuhängen. Ihr müsst es thematisch aber gar nicht nur auf Orte
beschränken, Projekte oder Hobbys sind oft genauso spannend.

Wer: Lehrkräfte, Lernende, Eltern
Ab 5 Personen
Je nach Vorliebe regelmäßig 1–2 Stunden

Pflanzendetektive im Park

Wer von euch kann Pflanzen bestimmen und wer möchte es gerne
lernen? Wer kennt den Unterschied zwischen den Blättern eines giftigen
Maiglöckchens und dem leckeren Bärlauch? Überhaupt, welche Pflanzen
sind essbar und welche nicht? Wenn ihr Menschen bei euch in der Klasse
oder Schule habt, die Wald-, Wiesen- und Park-Wanderungen anbieten
können, ist das eine tolle Gelegenheit, bei schönem Wetter Zeit draußen
statt drinnen zu verbringen und gleichzeitig noch etwas für die Grund-
kenntnisse in Pflanzenbiologie zu tun.

Wer: Lehrkräfte, Lernende, Eltern
Ab 5 Personen
1–2 Stunden oder nach Jahreszeit

Pflanzenbibliothekare

Immer wieder hören wir in den Nachrichten, dass die Artenvielfalt bedroht ist. Häufig wissen Kinder nicht einmal die Namen der klassischen
Wald- und Wiesenpflanzen. Oder sie wissen nicht, dass Bärlauch essbar,
aber die Blätter des Maiglöckchens giftig sind, obwohl beide sich zum
Verwechseln ähnlich sehen. Sammelt Wissen nach bestimmten Kriterien
in Texten, Bildern und Zeichnungen und findet einen Ort, an dem ihr

dieses von allen zusammengetragene Wissen sammelt. Vielleicht ein Wiki oder eine Textesammlung?

Wenn ihr dann in der Natur unterwegs seid, könntet ihr euch zusätzlich ein Buch mit getrockneten Pflanzen - Herbarium genannt - anlegen. Kauft dafür ein leeres (Sketch-)Buch. Schön gestaltet trainiert es, systematisch und ordentlich zu arbeiten. Außerdem können die Kinder es gemeinsam mit den Eltern in den Ferien fortführen.

Wer: Eltern, Lehrkräfte, Lernende
Ab 5 Personen
Unterschiedlich

Lieblingsort

Die Fächer Heimat- oder Sachkunde - je nach Bundesland - richten in der 4. Klasse eigentlich immer den Blick auf die Stadt, in der ihr lebt. Wie wäre es, nicht nur ein Profil zu erstellen, wo alle wohnen, sondern auch die Frage zu stellen, wo ist der Lieblingsplatz der Eltern oder Großeltern und warum ist es ein Lieblingsplatz? Daraus könnt ihr einen alternativen Stadtplan oder sogar Reiseführer mit ganz persönlichen Geschichten erstellen. Die Vorbereitung dauert 3-5 Stunden (je nach Aufwand), die Durchführung 2-3 Stunden, die Nachbereitung kann je nach Anspruch länger dauern.

Wer: Eltern, Lehrkräfte, Lernende
Bis 5 Personen
Unterschiedlich

Reiseführer: mein liebster Ort

Ihr findet, dass die Orte, die ihr zusammen entdeckt habt, und die Geschichten, die ihr dazu gehört habt, es wert sind, festgehalten zu werden? Dann ist das eine tolle Gelegenheit, eine Schreibwerkstatt zu eröffnen oder gar einen eigenen Verlag zu gründen. Ob als kopiertes Heftchen, handschriftlich von den Kindern und Erwachsenen geschrieben, als gedruckte Version, digital als Blog oder gar als Youtube-Serie, eurer Fantasie sind hier keine Grenzen gesetzt. Holt alle, die Lust dazu haben, an Bord und gestaltet etwas Besonderes.

Wer: Eltern, Lehrkräfte, Lernende
Ab 15 Personen
Unterschiedlich

Stadtrallye

Wir sind immer noch beim Thema „Orte erkunden" - und was gibt es Schöneres, als Schätze zu entdecken? Die gute alte Schnitzeljagd ist hier der Anlass, neue Orte kennenzulernen. Eltern entwickeln gemeinsam eine Schnitzeljagd für die Kinder. Und ihr als Lehrkraft lasst euch überraschen. Alternativ erarbeiten ältere Schüler die Schnitzeljagd gemeinsam mit euch Lehrkräften und schicken die Eltern los. Und am Ende gibt es mindestens ein Eis für jeden. Die Vorbereitung dauert je nach Aufwand 3-5 Stunden, die Durchführung 2 Stunden.

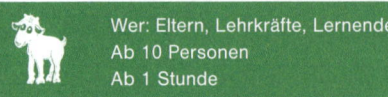  

Wer: Eltern, Lehrkräfte, Lernende
Ab 10 Personen
Ab 1 Stunde

Spurensuche

„Unsere Stadt früher und heute" ist ein schönes Thema, um Eltern ein-
zubinden. Für diese Heimatgeschichten recherchieren die Kinder mit
ihren Eltern entweder im eigenen Archiv oder an anderen Stellen, wie
es früher in der Stadt oder in ihrer Straße aussah. Vielleicht gab es den
einen besonderen Kiosk, in dem man Esspapier und Überraschungstüten
bekam, der jetzt einem Supermarkt gewichen ist. Vielleicht gibt es bis
heute noch die Fleischerei, in der Vater oder Mutter immer ein Würstchen
auf die Hand bekamen? Auch hier gilt: Sammelt die Geschichten und
Bilder und macht vielleicht ein kleines Buch daraus (siehe „Reiseführer:
mein liebster Ort" auf Seite 273). Ihr könnt die Eltern zu Geschichten-
'runden einladen, oder lasst eine Stadtführung daraus werden, die
besonders interessant für Neuhinzugezogene sein kann.

Wir gestalten unseren Lebens- und Lernraum

Nach wie vor ist das Klassenzimmer der wichtigste Lernraum im Leben von Kindern. Schulen sind aber häufig als Zweckbauten konzipiert und sehen häufig auch so aus. Nicht selten spielt dabei der Gedanke eines schön gestalteten Klassenzimmers nur eine zweitrangige oder gar drittrangige Rolle. Von der Idee, den Schulraum zu öffnen, ganz zu schweigen. Hinzu kommt, dass die Instandhaltung, vor allem bei alten Schulgebäuden, oft nur selten Priorität hat.

Gleichzeitig wird aber in der Pädagogik und in der Architektur immer wieder vom Raum als „drittem Pädagogen" gesprochen.[46] Wir können mit unseren Ideen keine neuen Räume schaffen, aber vielleicht können wir euch Räume eröffnen, das Konzept Raum neu zu begreifen. Wichtig ist - wie bei allem, was wir euch hier an die Hand geben -, dass nicht einer alleine alles machen muss, denn wenn alle gemeinsam ein bisschen mit anpacken, geht es um so viel leichter.

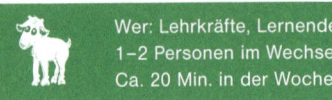  

Wer: Lehrkräfte, Lernende
1–2 Personen im Wechsel
Ca. 20 Min. in der Woche

Blumendienst

Viele Klassenräume sind eher karg eingerichtet. Hin und wieder versuchen Lehrkräfte durch Grünpflanzen ein wenig die Arbeitsumgebung aufzumöbeln, aber oft überleben die Pflanzen dieses Experiment nicht, weil sich niemand so richtig verantwortlich fühlt, sich um sie zu kümmern. Manchmal braucht es aber gar keine Grünpflanzen, die der regelmäßigen Pflege bedürfen, sondern schon ein paar Schnittblumen oder ein schön gestalteter Strauß aus Gräsern können den Lernraum verschönern. Vielleicht gibt es bei euch in der Klasse Eltern mit Gärten, die etwas beisteuern, oder ihr nutzt einen kleinen Teil des Klassenbudgets regelmäßig dafür, den Klassenraum mit ein paar bunten Blüten zu verschönern.

Unser Tipp: Zelebriert jeden neuen Strauß und verbindet das als Lehrkraft immer auch mit einer kurzen Erklärung, welche Blumen es sind und was das Besondere an ihnen ist. Auch eine äußerst genügsame Silberdistel kann sich in einem Strauß sehr gut machen. (Sie wurde übrigens im 16. Jahrhundert als Englische Distel bezeichnet. Spannend wäre jetzt herauszufinden, warum ...)

Wer: Lehrkräfte, Lernende
Alle in der Klasse
1–2 Stunden alle 3–4 Monate

Putzen macht Spaß!

Es mag ein wenig merkwürdig erscheinen, wenn wir sagen „Putzen macht Spaß", aber jede Aktion, die ihr gemeinsam macht, hilft, sich als Gemeinschaft zu fühlen. Ja, wir hören schon das Argument: Das ist aber Aufgabe der Schule, der Staat bzw. die Schule muss dafür sorgen, dass der Klassenraum sauber ist. Aber seien wir ehrlich, Putzmenschen bekommen im besten Fall den Mindestlohn und müssen im Akkord arbeiten, da ist das Ergebnis nicht immer so, wie man es sich wünscht.

Deshalb ist einmal im Monat oder einmal zwischen den Ferien eine Putzaktion genau das Richtige. Lasst es nicht Arbeit sein, sondern macht ein Event daraus, vielleicht mit Plätzchen und Tee im Advent oder Grillen im Sommer. Wer schafft es, den saubersten Tisch zu haben? Wer hat das sauberste Fenster? Wer bringt das meiste Altpapier weg? Das übt auch für größere und kleinere Putzaktionen zu Hause.

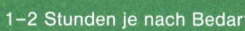
Wer: Eltern, Lehrkräfte, Lernende, Hausmeister
Alle in der Klasse
1–2 Stunden je nach Bedarf

Wir sind hier die Hausmeister

Wer eine gute Schule sucht, kann sich zwar das Curriculum und alles Mögliche andere ansehen, findet aber folgende Dinge erst später heraus: Eine Schule, die wirklich gut funktioniert, hat eine freundliche und kompetente Sekretärin und einen tollen Hausmeister (oder bei einer größeren Schule mehrere). Sie sind die eigentlichen Stars einer Schule, denn wenn sie nicht wollen, geht manchmal gar nichts. Traditionell lassen sich Hausmeister nur ungern ins Handwerk pfuschen, aber gleichzeitig sind sie auch sehr stolz darauf, zu zeigen, was sie können.

Warum plant ihr nicht mal einen Reparatur-Nachmittag zusammen mit den Hausmeistern? Vielleicht gibt es auch Eltern, die entweder einen handwerklichen Beruf haben oder gern Dinge selbst reparieren? Das schafft Verbindung und Respekt vor den Tätigkeiten des Hausmeisters. Außerdem wird alles, was wir selber anfassen und geschaffen oder repariert haben, von uns sorgsamer behandelt und muss nicht so schnell wieder ausgetauscht werden.

277

Stephanie erzählt: Kunstprojekt Abrissmauer

Vor einigen Jahren habe ich an einer Schule in Schwerin gearbeitet, die nach einigem Suchen ein altes Gelände übernahm, auf dem während der Nazidiktatur ein Gauleiter beheimatet war. So schön die alte Villa und das dazugehörige Gelände war, ragte davor eine alte, hässliche, graue Betonmauer auf. Im Zuge von Um- und Ausbauarbeiten sollte die Mauer abgerissen werden, aber das stellte sich als viel zu teuer heraus. Was tun? Die Kunstlehrerin der Schule schrieb kurzerhand einen Schülerwettbewerb zu Ideen, wie man die Nazivergangenheit des Ortes positiv gestalten kann, aus, und am Ende der Sommerferien haben wir Lehrkräfte die Entwürfe der Schüler auf der Mauer umgesetzt. Eltern hätten wir ebenso einladen können, uns dabei zu helfen.

 Wer: Eltern, Lehrkräfte, Lernende
Alle in der Klasse
2–3 Stunden, je nach Aufwand auch länger

Farbwelten

Manchmal braucht es also nur ein bisschen Make-up, um Räume freundlicher zu machen. Vom Wandtattoo bis zur thematisch bemalten Klassenwand ist alles denkbar. Nicht jedes Projekt muss aber gleich eine ganze Mauer verschonern, wie in dem Beispiel von Stephanie, doch mit etwas Farbe, Freude und Kreativität lässt sich eigentlich immer etwas zaubern. Und wenn es nicht besonders schön geworden ist, holt ihr halt einen Eimer weiße Farbe und fangt von vorne an.

Wer: Eltern, Lehrkräfte, Lernende
Alle in der Schule
1-2-mal in der Woche, 1–2 Stunden

Elterncafé

Eine Möglichkeit, um Eltern ganz praktisch „Raum" in der Schule zu geben, ist ein Elterncafé. Dort kann in lockerer Atmosphäre Begegnung und Austausch bei einer Tasse Kaffee stattfinden – beim Bringen oder Abholen der Kinder, oder vielleicht auch einfach zwischendurch.

Um das Miteinander und die aktive Mitgestaltung an schulischen Vorhaben durch Eltern wachsen zu lassen, kann das Elterncafé vielseitig genutzt werden: zum Beispiel als Planungsort für gemeinsame Freizeitaktivitäten, Schulfeste, Ausflüge oder Projektwochen. Oder als Weiterbildungsort für Eltern, in dem Computer- oder Sprachkurse oder Fortbildungen angeboten werden. Im Idealfall wird das Elterncafé von Eltern für Eltern initiiert, und neben Kaffee werden auch die aktuelle Tageszeitung und Spielsachen für Kleinkinder bereitgelegt.

Wir haben dieser Aktivität das Prädikat Rammbock gegeben, weil es bis zur Umsetzung vermutlich viele Hürden überwinden muss und vieles bedacht werden muss. Ohne das Einverständnis der Schulleitung lässt sich ein Elterncafé kaum umsetzen. Deshalb unser Tipp: Klein anfangen und vielleicht ein- oder zweimal im Monat in einer der Klassen beginnen. Wenn es gut funktioniert, dann ist Skalieren angesagt. Und wer weiß, vielleicht rennt ihr mit der Idee ja auch offene Türen ein?

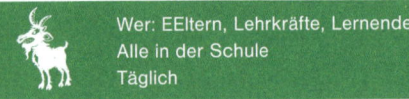
Wer: EEltern, Lehrkräfte, Lernende
Alle in der Schule
Täglich

Co-Working-Space

Eigentlich machen Lehrkräfte es im Lehrerzimmer vor. Oft sitzen dort Menschen, die an ihren Sachen arbeiten und sich von Zeit zu Zeit auch austauschen. Warum nicht auch Eltern diesen Raum in der Schule geben? Und zwar überall, nicht nur unter Erwachsenen? Das ist in allen Gemeinschaftsräumen bzw. überall, wo Menschen konzentriert arbeiten, denkbar. Vielleicht lohnt es sich für einen Elternteil nicht, zwischen dem Zur-Schule-Bringen und einem Termin noch einmal nach Hause zu fahren, aber es wäre noch genug Zeit, um zu arbeiten? Oder was wäre, wenn es einen gemeinsamen Co-Working-Space für Eltern und Kinder gäbe? „Learnlife"[47] in Barcelona macht es vor. Ja, wir können die Proteste förmlich hören, aber es gibt viele gute Beispiele, bei denen so ein Co-Working-Space Teil des Schulprogramms ist. Und wenn Eltern in den Alltag der Schule mit eingebunden sind, dann ist auch das Thema Vertrauen nicht mehr so schwierig. Das Prädikat Rammbock ergibt sich aus den vielen Widerständen, die dafür voraussichtlich überwunden werden müssten.

Jeder Tag ist Fridays for Future

Kaum ein Tag, an dem nicht über Klimawandel gesprochen wird, und mehr und mehr Menschen versuchen, ihren Lebensstil nachhaltiger zu gestalten. Macht als ganze Klasse oder Schulgemeinschaft mit. Wir haben hier ein paar Ideen gesammelt, die ihr bestimmt um eure eigenen ergänzen könnt. Wichtig ist es, dass Elternhaus und Schule respektieren, wenn es unterschiedliche Ansätze und Einstellungen zum Thema Umweltschutz gibt. Gemeinsame Aktionen können aber fruchtbar, kreativ und hilfreich sein.

Ein ganz einfacher Weg, die Umwelt zu schonen, ist das Recycling von Kleidung.

Kleidung

Quillt euer Kleiderschrank auch mit Kleidung über, die euch nicht mehr passt? Vielleicht gefällt euch auch die Farbe einfach nicht mehr? Alleine, das alles auszusortieren, dauert oft schon eine Weile, auch wenn man nicht irgendwelche Lifestyle-Methoden zum Entrümpeln nutzt. Aber dann müssen die Sachen auch noch zum nächsten Altkleidercontainer gebracht werden... Ähm, halt, es geht auch anders! Hier ein paar Ideen, was ihr aus getragener Kleidung in der Schule zusammen machen könnt:

Wer: Eltern, Lehrkräfte, Lernende
Ab 10 Personen
2–3 Stunden

Kleidertauschtag

Bringt alle eure gut erhaltenen Kleidungsstücke in die Schule bzw. Klasse, einmal gewaschen und nach Größen und Typ (Hose, Pulli etc.) sortiert. Dann darf jede und jeder sich maximal so viele Kleidungsstücke wieder mitnehmen, wie er oder sie gebracht hat, was übrig bleibt, wird gespendet. Wer die Kleidung dann nicht in die Altkleidersammlung geben möchte, kann auch bei einem Theater anfragen, ob noch Bedarf im Fundus ist. Oder vielleicht hat sogar eure Schule eine Theater AG und dort wird noch genau dieser organgefarbene Pulli für das neue Stück gebraucht? Oder ihr verarbeitet die Kleidung in einer Upcycling-Aktion weiter. Rechnet für die Vorbereitung, den Aufbau und Abbau noch extra Zeit ein. Ihr benötigt auch Tische und Kleiderbügel für euren Kleidertausch.

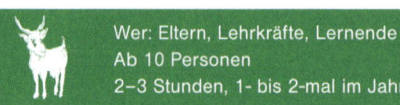

Wer: Eltern, Lehrkräfte, Lernende
Ab 10 Personen
2–3 Stunden, 1- bis 2-mal im Jahr

Modemachen aus alten Sachen

Alte Kleidung zu verbessern und zu verändern ist ein Trend, der nicht ganz neu ist, aber viele Anhänger hat. Kleidung, die schon etwas gelitten hat oder ein Facelifting braucht, wird kreativ verwandelt (und dann eventuell in der Schule verkauft). Mit dem Geld könnt ihr Schul- oder andere Projekte unterstützen.

Auch wenn Handarbeit nur noch selten in Schulen unterrichtet wird, gibt es genug Youtube-Videos, anhand derer ihr olle Kleidung in tolle Kleidung umfunktionieren könnt. Bietet einfach einen Nachmittag ein offenes Atelier an. Haltet Schere, Nadeln, Textilfarben und Garn bereit und schon kann es losgehen. In Japan ist aus dem Flicken und Verstärken von Kleidung eine eigene Textilkunst entstanden: Sashiko.

Recycling und Upcycling for a cause
Viel zu oft werfen wir Dinge weg, die eigentlich mit etwas Liebe noch weiterverwendet werden können. In Deutschland leben wir größtenteils in so viel Wohlstand, und es ist so einfach, etwas Neues zu kaufen, statt etwas Altes noch einmal zu reparieren und weiter zu nutzen. Das lässt sich so aber schnell und unkompliziert ändern:

Wer: Eltern, Lehrkräfte, Lernende
Ab 10 Personen
2–3 Stunden, einmal im Jahr

Upcycling

An Material braucht ihr alte Kleidung, Nähmaterial, evtl. Nähmaschinen, Stofffarben, Pailletten etc. Ihr könnt als Klasse oder Elterngruppe einen Workshop veranstalten. Daran können auch Interessierte teilnehmen, die ihr einbinden möchtet. Vielleicht gehören sie gar nicht (mehr) direkt zur Schule, sondern bloß zum Umfeld. Und um das Ganze am Ende stilvoll zu präsentieren, organisiert ihr eine Upcycling-Modenschau mit einem echten Fotoshooting. Am Ende wird das beste Outfit prämiert.

Diese Aktion hat den Vorteil, dass sie im Kleinen wie im Großen funktioniert und weder viel Geld noch viel Können benötigt wird. Dafür fördert sie die Kreativität und schafft ein Bewusstsein dafür, dass Kleidung, die einem selber vielleicht nicht mehr gefällt, für jemand anderen ein Schatz sein kann.

Wer: Eltern, Lehrkräfte, Lernende
Ab 10 Personen
2–3 Stunden, 1-bis 2-mal im Jahr

Möbeldesigner in the making

Was für Kleidung gilt, kann für Möbel ähnlich gelten, nur dass der Transport natürlich etwas schwieriger ist. Fangt im Kleinen an. Vielleicht braucht der Klassenraum ein neues Regal oder einen Tisch, der kein Schultisch ist. Bei vielen Leuten lagert im Keller noch genau das alte Regal, das für die Klasse schön wäre. Oder ist ein Möbelstück noch zu gut, um es dem Recyclinghof zu übergeben, aber passt nicht mehr in die Wohnung? Fragt doch einfach mal bei euren Lehrkräften nach und gestaltet es dann gemeinsam mit den Kindern um.

Benötigtes Material sind natürlich alte Möbel, Werkzeug, Farben, Leim, Schleifpapier. Ein Tisch bekommt ein Mosaik oder eine Bemalung, die mit Klarlack geschützt wird. Ein Regal wird mit Farbtupfern oder Buchstaben, vielleicht auch mit Zitaten, zu einem Bücherregal. Der Fantasie sind keine Grenzen gesetzt.

Und selbst alte Elektrogeräte können auf einem Tausch- oder Flohmarkt neue Abnehmer finden. Eltern, die eine entsprechende Ausbildung haben, können sie zusammen mit den Kindern reparieren. Alternativ kann der alte Mixer im Physikunterricht auseinandergenommen und erklärt werden.

Wer: Eltern, Lehrkräfte, Lernende
Ab 5 Personen
2–3 Stunden, 1- bis 2-mal im Jahr

Fahrrad-Reparatur-Tag

Welche Lehrkraft kennt das nicht: „Entschuldigung, ich bin zu spät, mein Fahrrad hatte einen Platten." Spätestens wenn im Lehrplan das Thema Fahrradführerschein steht, müssen diese Transportmittel aus dem Keller heraus und in Schuss gebracht werden. Aber auch in der Fahrradsaison gibt es immer wieder Ketten, die nicht genug Öl, Bremsen, die bessere Zeiten gesehen haben, und Reifen, denen die Luft ausgegangen ist. Fahrräder sind wahrscheinlich die einzigen Transportmittel (es sei denn, es sind Elektroräder), die wir noch teilweise selber reparieren können, und das machen wir am besten gemeinsam. In jeder Schulgemeinschaft findet sich mindestens eine Schrauberin oder ein Schrauber. Wenn dieses Projekt gut läuft, kann daraus vielleicht eine Fahrradwerkstatt entstehen, die alte Räder wiederherstellt und verkauft. Schaut doch mal in euren Kellern, ob da nicht das eine oder andere alte Rad steht, das vielleicht zu klein ist oder das ihr nicht mehr braucht, und spendet es als Anfangskapital. An Material braucht ihr außerdem: Werkzeug und Ersatzteile.

Wer: Eltern, Lehrkräfte, Lernende
Ab 10 Personen
2–3 Stunden, 1- bis 2-mal im Jahr

Raus in die Natur und aufräumen – oder Mini-Burning-Man

Je nachdem, wo ihr lebt, ist eure Umwelt vielleicht mehr oder weniger davon betroffen, aber Müll findet sich meist überall. Ihn gemeinsam aufzusammeln – und sei es nur auf dem Schulhof – lässt bei den Kindern ein Bewusstsein dafür entstehen, wie wichtig es ist, den Abfall nicht einfach auf die Straße zu werfen. Besonders effektiv ist es, wenn auch die Eltern sich an dem Müllsammeltag beteiligen, denn sicherlich sagt auch ihr oft genug „Man schmeißt keinen Müll auf die Straße" oder bittet euer Kind, in der Wohnung etwas aufzuheben, und bekommt die Antwort: „Das ist aber nicht meins!" Ihr zeigt damit, wie ernst es euch ist, und sofort steigt eure Streetcredibility.

Inspiration vom „Burning Man"[48]: Bei dem weltberühmten Kunsthappening in der Wüste von Nevada kommen jedes Jahr über 70 000 Menschen zusammen, um acht Tage lang gemeinsam in einer Pop-up-Stadt zu leben. Eines der Prinzipien ist: „leave no trace behind". Es gilt, keine Spuren, sprich Müll, in der Natur zu hinterlassen. Die Teilnehmenden schaffen das tatsächlich, weil sie sich darüber einig sind, die Regeln einzuhalten.

Für euer Aufräumprojekt braucht ihr Handschuhe für alle und einige Müllgreifer und -zangen.

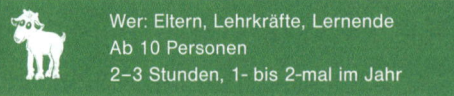

Wer: Eltern, Lehrkräfte, Lernende
Ab 10 Personen
2–3 Stunden, 1- bis 2-mal im Jahr

Buch sucht neue Leseratte

Auch Bücher haben manchmal einfach ausgedient oder es gibt nicht genug Platz im Regal. An einem Büchertauschtag in der Klasse oder der Schule bringen alle ihre alten Schinken mit, und wie beim Kleidertauschtag dürfen sich alle nur so viele Bücher nehmen, wie sie selbst mitgebracht haben. Das funktioniert übrigens nicht nur für die Bücher der Kinder, sondern auch für Bücher der Lehrkräfte und Eltern. Wichtig: In jedem Buch vorher nachsehen, ob nicht noch irgendwo ein Zettel als Lesezeichen drin klemmt, der wichtig sein könnte.

Eine andere Möglichkeit bietet das Aufstellen eines Bücherschranks im Schulfoyer oder an einem anderen zentralen Ort.

Stephanie erzählt: Books to go

In einer der Schulen, in denen ich gearbeitet habe, gab es eine original englische Telefonzelle, die wir von einem Vater geschenkt bekommen hatten. Die wurde in den Eingangsbereich gestellt und diente als Büchertauschzelle. Bücher können ihren Weg aber auch in die Klassen- oder Schulbibliothek finden oder an Einrichtungen gespendet werden, die Kinder am Nachmittag betreuen.

Wir sind kreativ

Jetzt stellen wir das Kreativsein selbst mit ein paar Beispielen in den Mittelpunkt. Wer behauptet, er sei nicht kreativ, hatte unserer Ansicht nach nur noch keine Chance, es zu zeigen, oder es fehlte der richtige Anlass dazu. Das ist wie mit dem Singen. Jeder kann es, deshalb muss man aber nicht Plácido Domingo oder Aretha Franklin sein.

Wer: Eltern, Lehrkräfte, Lernende
Ab 5 Personen
Regelmäßig

Arts & Crafts

Leider werden die Lehrpläne zunehmend zu Leerplänen, was Kreativität angeht, denn rein kognitive Fächer stehen im Mittelpunkt. Nur noch selten werden Fähigkeiten wie Stricken, Nähen oder der Umgang mit irgendwelchen Materialien unterrichtet. (Dabei ist es bewiesen, dass Tätigkeiten mit den Händen die Vernetzung im Gehirn unterstützen.[49])

Dadurch gibt es nur noch wenige Lehrkräfte, die selber Handarbeiten beherrschen oder gar unterrichten können, deshalb wäre es toll, wenn ihr eure Hobbys in diesen Bereichen im Kunstunterricht oder in Form zeitlich begrenzter AGs weitergebt. Und am Ende gibt es dann einen Basar für einen guten (Schul-)Zweck oder ihr habt tolle Geschenke für Oma und Opa. Außerdem ist es hilfreich, sticken und nähen zu können, um Kleidung upzucyceln.

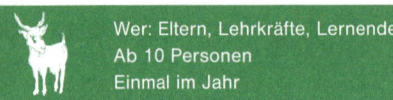  

Wer: Eltern, Lehrkräfte, Lernende
Ab 10 Personen
Einmal im Jahr

Schulkleidung entwerfen

Dieselben oder ähnliche Outfits oder der gleiche Haarschnitt zeigen Gruppenzugehörigkeit an. Skater kleiden sich anders als Segler. Gemeinschaft nach außen zu zeigen ist in vielen Ländern über Schuluniformen geregelt, die aber ausschließlich den Kindern vorbehalten sind. Um eure Schulgemeinschaft auch nach außen zu zeigen, ohne dabei elitär zu wirken, gibt es unendlich viele Möglichkeiten. Führt einen Designwettbewerb mit Eltern-Kinder-Teams oder Eltern-Lehrkräfte-Lernende-Teams je Klassenstufe durch. Welches Medium wollt ihr nutzen? Ist es ein Schul-T-Shirt, ein Pullover? Oder vielleicht eine Mütze, ein Schal, ein Einkaufsbeutel oder eine Kaffeetasse? Oder alles zusammen? Wenn es richtig gut läuft, gibt es vielleicht jedes Jahr eine andere Edition. Je nach Aufwand braucht ihr mindestens 2 Wochen lang regelmäßig 1-2 Stunden für die Organisation.

Wer: Eltern, Lehrkräfte, Lernende
Alle in einer Klasse
10 Min., immer wieder, bis alle dran waren

Auch Eltern sind Künstlerinnen und Künstler

Es wird immer nur bewundert, was für tolle Bilder Kinder malen, aber wie wäre es, wenn es auch eine Elterngalerie in der Klasse gäbe? Wer Malen nicht mag oder kann, bringt ein Bild mit, das er besonders mag. Auch eine Postkarte reicht ganz und gar. Das ist ggf. auch eine schöne Gelegenheit, um zu erzählen, warum ihr das Bild mögt.

Wer: Eltern, Lehrkräfte, Lernende
Die ganze Klasse
1–2 Stunden

Wer ist denn hier wer?

Ein Gruppenprojekt von Kindern, Eltern und Lehrkräften ist die Kinder-
bildcollage. Jeder und jede bringt ein Bild von sich mit. Vielleicht haben
auf diesen Fotos alle ein ähnliches Alter. Aus diesen Bildern gestaltet ihr
zusammen eine Collage für die Klasse.

Ihr könnt aber auch ein Ratespiel daraus machen. Kinder freuen sich
ein Loch in den Bauch, wenn sie raten sollen, wer wer ist, insbesondere
bei den Lehrenden, aber die Eltern anderer Kinder sind mindestens
genauso interessant.

Wer: Eltern, Lehrkräfte, Lernende
Alle in einer Klasse
10 Min., immer mal wieder

Walk of Fame

Jeder kennt ihn, den Walk of Fame in Hollywood, auf dem Berühmtheiten
ihren Stern im Bürgersteig bekommen. Warum nicht auch euren eigenen
in der Klasse gestalten? Ein Kind hat etwas Tolles gemacht? Papier her,
Farbe her und los geht es. Ein Elternteil hat besonders schöne Blumen
mit in die Schule gebracht oder die Klasse auf dem Ausflug begleitet? Er
hat sich auf jeden Fall einen Platz im Klassenzimmer verdient. Und auch
die Lehrkräfte der Klasse und selbst der Hausmeister oder die Hortange-
stellten können nominiert werden. Hängt die Latte nicht zu hoch und
nicht zu niedrig. Wenn es gut läuft, hat am Ende des Jahres jeder seinen
Stern an der Wand.

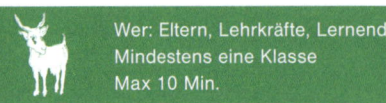

Wer: Eltern, Lehrkräfte, Lernende
Mindestens eine Klasse
Max 10 Min.

Award für Alltagsheldinnen und -helden

Wenn in der Schule Beifall geklatscht und gelobt wird, dann geht es meist um besonders herausragende Leistungen der Kinder. Der Chor beim Schulfest wird beklatscht und die Gewinnerin von „Jugend debattiert" bekommt einen Kiosk-Gutschein. Doch abgesehen davon bleiben viele tolle Taten, die abseits der Bühne geschehen, oft im Schatten. Die Alltagshelden und -heldinnen der Schule tragen den Ranzen von Tobias mit dem verstauchten Fuß. Sie teilen ihr Pausenbrot mit Lisa, machen sich für Schwächere stark und feuern im Schwimmunterricht ihre Klassenkameraden an. Sie sind der Kleister der Klassengemeinschaft und absolut würdig, gefeiert zu werden! Ein Award wird vergeben für: Mut, Ermutigung, Hilfsbereitschaft, 100-prozentigen Einsatz, Geduld … sicherlich fallen euch noch andere tolle Taten ein! Die Verleihung kann auf Schul-, Jahrgangs- oder Klassenebene geschehen, und das ist eine tolle Gelegenheit, auch die Eltern einzuladen!

Wer: Lernende, Eltern, Lehrkräfte
Die ganze Klasse
1–2 Stunden

Der Jahresplaner

Selbst in der Zeit der Ping-Erinnerungen für einen Termin haben ganz altmodische Wandkalender eine besondere Qualität. Und sie zu gestalten macht unglaublichen Spaß. Soll es ein Geburtstags- oder Ferienkalender werden? Oder beides? Wichtige Schulevents dürfen natürlich auch nicht fehlen. Und in welchem Stil soll er gestaltet sein? Hier könnt ihr eurer Fantasie freien Lauf lassen.

Wichtig: Ihr macht es zusammen, gerne an einem Nachmittag für Eltern, Lehrende und Lernende bei Kuchen und Kaffee oder Schokolade und Saft. Habt gemeinsam viel Spaß dabei!

Stephanie erzählt: Selbsterfüllende Prophezeiung

In meinem 2. Klassenzeugnis stand zum Thema Kunst von meinem Klassenlehrer: „Stephanie ist nicht gut im Malen." Ihr könnt euch sicherlich denken, was daraus wurde. Eine echte Mal-Phobie! Das zog sich bei mir bis zum Abitur hin. Ich hätte mich nie im Leben als kreativ bezeichnet. Doch dann kam die Fotografie in mein Leben und mit ihr *meine* Form der Kreativität. Später entdeckte ich auch noch das Quilten für mich. Kreativität liegt nicht im Auge des Betrachters. Es liegt bei dem Menschen, der etwas selbst gestaltet und hervorbringt. Denn Kreativität ist ein Zustand, kein Endergebnis. Deshalb kann wirklich jeder Mensch kreativ sein – auch wenn nicht jeder zu einer Frida Kahlo wird.

Wir lernen zusammen

Zusammen lernen zu können ist ein Geschenk und besonders dann, wenn Kinder, Eltern und Lehrkräfte es auf Augenhöhe gemeinsam tun. Dafür gibt es eine ganze Reihe von Möglichkeiten. Gleichzeitig nehmen wir dann noch wichtige Fertigkeiten fürs Leben mit, die normalerweise nicht in der Schule unterrichtet werden. Wichtig dabei ist, dass alle Freude und Spaß daran haben und dass ihr niemanden zwingt, eure Begeisterung für eine Sache zu teilen. Begeisterung steckt von ganz alleine an.

Wer: Eltern, Lehrkräfte, Lernende
Die ganze Klasse
Unterschiedlich

Gemeinsamer Erste-Hilfe-Kurs

Lehrkräfte mussen regelmäßig Erste-Hilfe-Kurse absolvieren, aber Eltern, oder gar Kinder …? Ein gemeinsamer Kurs zumindest für Eltern und Lehrende - und wenn die Kinder alt genug sind, auch für sie - ist nicht nur hilfreich, sondern schafft auch Vertrauen. Ihr als Eltern bekommt Sicherheit, was in einem Notfall zu tun ist. Denn, seien wir mal ehrlich, wie lange ist euer Erste-Hilfe-Kurs für die Führerscheinprüfung her? Außerdem, aber das ist von der Lehrperson abhängig, kann man eine Menge Spaß haben und sich noch einmal auf einer anderen Ebene kennenlernen.

Wer: Eltern, Lehrkräfte, Lernende
Alle Interessierten
Je nach Kurslänge

Mit Händen reden

Inzwischen sieht man immer öfter Gebärdensprachdolmetscher oder -dolmetscherinnen bei TV-Sendungen, leider aber noch nicht oft genug, finden wir. Auch wenn offiziell „nur" 0,1 Prozent[50] der deutschen Bevölkerung Gebärdensprache nutzt, wäre es doch ein tolles inklusives Projekt, wenn Lehrkräfte mit Eltern und Kindern diese Sprache lernen. Wer weiß, wozu ihr es später einmal brauchen könnt?

Wer: Eltern, Lehrkräfte, Lernende
Alle Interessierten
Je nach Kurslänge

Antimobbing-Training

Meistens werden Antimobbing-Trainings nur mit Schülern durchgeführt, während die Lehrkräfte die Kurse begleiten; Eltern werden bloß an einem Elternabend informiert. Es gibt aber auch Trainings, die sich an eine ganze Schulgemeinschaft richten und sowohl Eltern als auch Lehrkräfte voll mit einbeziehen. Zum Beispiel ist „Halt! - Keine Gewalt!"[51] ein größeres Projekt, es kann in einer Schulgemeinschaft sehr viel für das gegenseitige Verständnis leisten.

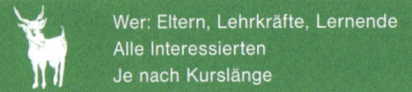
Wer: Eltern, Lehrkräfte, Lernende
Alle Interessierten
Je nach Kurslänge

Social Media im Sauseschritt

Mit dem Fortschreiten der Digitalisierung in der Schule und im Privaten sind viele Menschen überfordert. Es gibt viele Stolperfallen, aber auch viele Möglichkeiten, soziale Medien zielgerichtet und sinnvoll einzusetzen, sodass ein Social-Media-Kurs für Kinder, Eltern und Lehrkräfte sinnvoll sein kann. Angebote lassen sich leicht im Internet finden.[52]

Wer: Eltern, Lehrkräfte, Lernende
Alle Interessierten
Je nach Kurslänge

Quietscheentchen ist out, Rettungsschwimmer ist in

Eine weitere Aktivität, die nicht nur sehr hilfreich ist, sondern euch auch in Bewegung hält, besteht darin, das Rettungsschwimmerabzeichen zu machen. Vielleicht war das im Schwimmunterricht in der Schule nicht möglich, aber wenn sich Lehrkräfte, Eltern und Kinder zusammenfinden, die ein Interesse haben, ist das eine schöne Möglichkeit für eine Lerngemeinschaft. Gleichzeitig sorgt ihr für mehr Sicherheit bei Ausflügen ans Wasser.

Wer: Eltern, Lehrkräfte, Lernende
Alle Interessierten
Je nach Kurslänge

Ich kann Karate … oder Krav Maga

Selbstverteidigung oder Kampfsportarten sprechen nicht jeden Menschen an, das ist uns wohl bewusst. Doch aus Erfahrung wissen wir, dass gute Trainerinnen und Trainer vor allem Selbstbeherrschung und Disziplin mit ihren Lernenden trainieren und lehren, ihre Kampfkunst nur in absoluten Notfällen anzuwenden. Zudem ziehen vor allem Mädchen und Frauen viel Selbstbewusstsein daraus. Es kann eine echte Bereicherung sein, wenn Eltern zusammen mit ihren Kindern und Lehrkräften eine Kampfsportart lernen.

Wer: Eltern, Lehrkräfte, Lernende
Alle Interessierten
Je nach Kurslänge

Vom Mauerblümchen zur Rampensau

Vielleicht habt ihr bei euch an der Schule schon eine Theater AG, in der bekannte Stücke gespielt werden. Vielleicht sind nicht nur die Kinder involviert, sondern auch die Lehrenden und Eltern. Das lässt sich aber noch toppen: Habt ihr schon mal von Impro-Theater gehört? Wenn nicht, es ist ganz einfach zu erklären: Improvisationstheater ist wie das richtige Leben, nur lustiger. Die Schauspielerinnen und Schauspieler bekommen vom Publikum ein Thema zugerufen und machen auf der Bühne aus dem Stegreif etwas daraus. Für die eine oder den anderen klingt es vielleicht nach einem Albtraum, aber Impro-Theater könnt ihr lernen.

Es gibt unglaublich gute Profi-Gruppen, die ihr einladen könnt. Organisiert mit einer einen Workshop für die komplette Klassengemeinschaft mit den Eltern und Lehrkräften. Hier lernen kleine und große Menschen das Prinzip von „Ja, und" anstatt von „Ja, aber" sowie spontan und schlagfertig auf ungewohnte Situationen zu reagieren und vieles mehr!

Wer: Eltern, Lehrkräfte, Lernende
Alle Interessierten
Je nach Kurslänge

Wir sind alle blutige Anfänger!

Warum sollen nicht alle zusammen, also Kinder, Lehrkräfte und Eltern, etwas völlig Neues für alle lernen? Zum Beispiel gewaltfreie Kommunikation, Japanisch für Anfänger, Rap oder Breakdance, Einrad fahren, auf einem Ball balancieren, programmieren, analog Fotos entwickeln, Pizzaöfen bauen, imkern … auf jeden Fall etwas, das niemand kann! Das ist dann Co-Learning at its best.

Wer: Eltern, Lehrkräfte, Lernende
Ab 10 Personen
Immer mal wieder 10 Min.

Gefühlszielscheibe

Wer erkennt seine Gefühle oder die der anderen und kann sie benennen? Es gibt etliche Varianten von Gefühlsrädern, die wir aus der Psychologie kennen. Recherchiert die Idee dahinter und malt selbst ein großes Poster für das Klassenzimmer. Allein die Diskussion, welche Farben den Gefühlen zugeordnet werden sollten, ist wertvoll!

DAS GEFÜHLSRAD

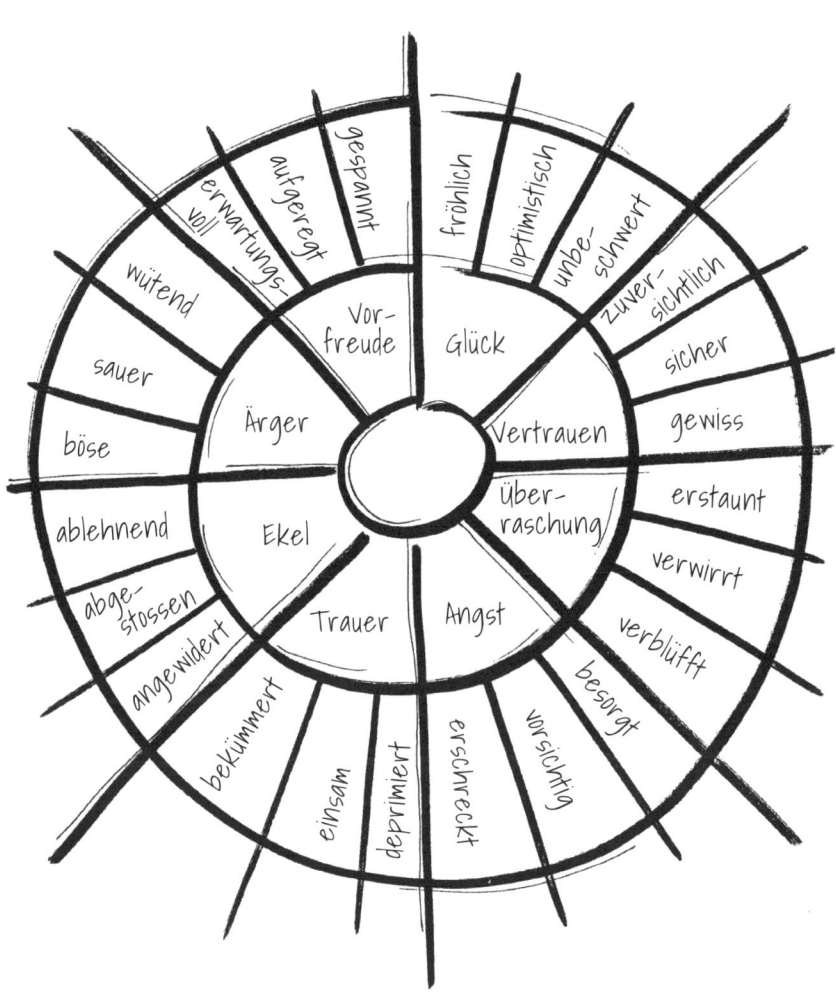

Das ist nur ein Beispiel!
Recherchiere gerne selbst weiter und finde noch
mehr Gefühle und Emotionen heraus, oder erstelle
eigene Gefühlsräder und -listen.

Wir gehören zusammen

Wer bis hierhin systematisch unsere Ideen für das Bilden einer Gemeinschaft gelesen hat, wird vielleicht bemerkt haben, dass wir die Intensität Stück für Stück ein bisschen gesteigert haben. Einige von euch werden sich vielleicht bei den Aufwärmübungen mehr zu Hause fühlen und betrachten sie als ausreichend, um Verbindung mit den Eltern aufzunehmen. Wieder andere setzen auf den Blumen- und Putzdienst. Doch an einigen Schulen gibt es eventuell bereits eine so vielfältige Zusammenarbeit, dass ihr eigene Aktivitäten noch intensivieren könnt. Im Folgenden werden der Input der Eltern und die Zusammenarbeit sowie die soziale Komponente stärker betont. Es kann gut sein, dass das euch als Eltern und Lehrkräfte zu viel ist. Wenn ja, ist das vollkommen in Ordnung. Trotzdem würden wir uns freuen, wenn ihr wenigstens einen Blick auf unsere Vorschläge werft - und selbst wenn ihr es selber nicht machen möchtet, vielleicht doch Freude daran findet.

Wer: Eltern, Lehrkräfte, Lernende
Alle Interessierten
Max. 1 Woche, evtl. in der Adventszeit

Food Drive

Als Schulgemeinschaft Menschen zu unterstützen, denen es nicht so gut geht, bringt euch zusammen und schafft Identität. Einen Food Drive, also eine Lebensmittelspendenaktion, kann die einzelne Klasse, ein Jahrgang oder die ganze Schule machen. Über eine Woche werden an einem zentralen Ort in der Schule haltbare Lebensmittel gesammelt und dann an eine Organisation, wie z. B. die Tafel, zum Verteilen weitergegeben. Das Schöne dabei ist, dass eigentlich überall noch eine Packung Nudeln oder Reis übrig ist, die beigesteuert werden kann. Das ist ein tolles Beispiel dafür, wie viele kleine Bemühungen eine große Wirkung erzielen können.

Wer: Eltern, Lehrkräfte, Lernende
Alle Interessierten
Variabel, evtl. als Jahresprojekt

Wo kommst du her?

Vielerorts ist Deutschland inzwischen sehr international. Zu Hause wird mehr als eine Familiensprache oder Dialekt gesprochen, die Großeltern leben in einem anderen Land und die Mischung zwischen der deutschen Lebensweise und der des Herkunftslandes bringt neue Gewohnheiten mit.

Gemeinsam die vielen verschiedenen Kulturen und jeweiligen Besonderheiten kennenzulernen und zu zelebrieren, ist eine ungemeine Bereicherung für die Schulgemeinschaft. Wir haben einige Ideen gesammelt, was ihr machen könnt. Ihr könnt sie als einen schönen Starter ins neue Schuljahr nutzen oder über das Schuljahr verteilen. Wir empfehlen, dafür einen Freitag oder Samstag zu „opfern" und den Nachmittag mit den Familien zu gestalten - ihr werdet sehen, es lohnt sich!

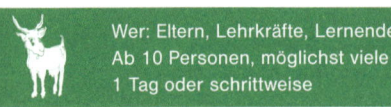   

Wer: Eltern, Lehrkräfte, Lernende
Ab 10 Personen, möglichst viele
1 Tag oder schrittweise

Die Welt ist so vielfältig

An Material braucht ihr für dieses Projekt eine Deutschland-, Europa-
oder Weltkarte. Je nachdem, wie eure Klasse zusammengesetzt ist, nehmt
ihr euch die entsprechende Karte und lasst die Eltern eurer Kinder
markieren, wo sie herkommen. Alleine das ist schon Anlass, miteinander
ins Gespräch zu kommen. Vielleicht kann jeder Elternteil ein oder zwei
Dinge schon mal zum Heimatland sagen oder dazu, warum die Familie
jetzt in Deutschland ist. Vorsichtig müsst ihr natürlich mit Familien, die
geflüchtet sind, umgehen, aber wir glauben, dass es ihnen in den meisten
Fällen guttut, von den schönen Dingen in ihrem Land zu berichten.

Wer: Eltern, Lehrkräfte, Lernende
Ab 10 Personen
Nach Vorliebe

Wo gehört dieses Wort hin? Schnellkurs Sprachen dieser Welt

Lasst alle dasselbe Wort oder dieselben Wörter wie z. B. Guten Tag,
Danke, Bitte in ihrer jeweiligen Sprache oder in ihrem Dialekt aufschreiben. Sammelt die Zettel in einem großen Topf und lasst jeden
Mitspielenden losen. Aus welcher Sprache stammt das Wort? Werden
in einem Land mehrere Sprachen oder eine Hauptsprache und Dialekte
gesprochen, müssen sich die Eltern für eine Möglichkeit entscheiden.

Wer: Eltern, Lehrkräfte, Lernende
Ab 10 Personen
Nach Vorliebe

Gemeinsam singen verbindet

Vielleicht fällt es euch nicht leicht, ein Lied vorzustellen, weil ihr denkt, ihr könntet nicht singen. Hier wäre es super, eure Musiklehrkräfte zu involvieren. Mit oder ohne Beteiligung der Eltern könnt ihr typische Kinder oder Volkslieder aus jedem Land einüben und dann ein Konzert für alle geben.

Gibt es außerdem einen bestimmten Rhythmus oder Schritt, einen besonderen Tanz, der aus einem Land oder einer Region stammt? Kommt in Bewegung und probiert ihn aus. Vielleicht unterstützen euch die Kinder und die Eltern aus dem betreffenden Land?

Wer: Eltern, Lehrkräfte, Lernende
Ab 10 Personen
Nach Vorliebe

Wie ist denn eure Welt entstanden?

Es gibt kaum eine Kultur oder Religion, die nicht ihre eigene Schöpfungs-
geschichte hätte. Das Spannende an ihnen ist, dass oft viele Ähnlich-
keiten zu finden sind. Auch hier ist natürlich Vorsicht geboten und es ist
wichtig, kulturelle und religiöse Unterschiede wertzuschätzen. Die Frage
aber lautet: Welche Gemeinsamkeiten gibt es? Daraus kann auch wunderbar ein Buch mit selbst gemalten Bildern entstehen. Wem die Schöpfungs-
geschichten ein zu heikles Thema sind, kann auch Märchen unterschied-
licher Kulturen miteinander vergleichen.

Wer: Eltern, Lehrkräfte, Lernende
Nach Projektgröße
Nach Vorliebe

Kinderspiele rund um die Welt oder: Wie habt ihr früher gespielt?

Leider sind Pausenhöfe nicht immer schön und auch nicht auf jedem Pausenhof können Spielgeräte aufgestellt werden. Was also tun, damit die Lernenden sich nicht langweilen und dann außer Rand und Band geraten? Häufig kennen die Kinder viele alte Spiele wie Himmel und Hölle gar nicht. Sammelt ihr als Eltern doch einmal die Spiele, die ihr auf Schulhöfen oder am Nachmittag auf der Straße gespielt habt. Eigenkreationen sind herzlich willkommen! Es gibt beispielsweise die unterschiedlichsten Hüpfspiele[53], deren Kästchen schnell und unkompliziert mit Kreide auf den Boden gemalt werden können. Kreide verschwindet schnell, wollt ihr länger etwas davon haben, braucht ihr Farbe. Ebenso sind Murmelspiele fast in Vergessenheit geraten. Solche Spiele bieten etwas Spannendes auf dem Pausenhof, aber es lassen sich auch ohne Probleme ganze Turniere für Kinder, Eltern und Lehrkräfte damit veranstalten.

Wir kochen zusammen

Die Küche ist ja bekanntlich das Zentrum jeder Lebensgemeinschaft. Hier wird gekocht und geredet, gestritten und gelacht. Kühlschrank und Herd sind der Ausgangspunkt zu kulinarischen Höhenflügen oder röst-aromatischen Abstürzen. Auch hier könnt ihr die Thematik unendlich variieren, wir haben nur ein paar Ideen für euch gesammelt.

Wer: Eltern, Lehrkräfte, Lernende
5–10 Personen
Nach Vorliebe

Elternabend-Catering

Wir haben das Thema Elternabend bereits mehrfach im Buch angesprochen. Aus der Tollabea-Community haben wir erfahren, dass der Abend durchaus besser laufen kann, wenn es etwas zu essen und zu trinken gibt. Wer aber kümmert sich um das Catering? Die Lehrkraft, die Eltern oder die Lernenden vielleicht? Wie wäre es, wenn Eltern und Kinder zusammen eine Kleinigkeit vorbereiten und mitbringen? Oder wenn ältere Lernende es sich auf die Fahne schreiben, das Catering für den Elternabend zu übernehmen?

Wer: Eltern, Lehrkräfte, Lernende
Ab 10 Personen
Nach Vorliebe

National-/Regionalgerichte

Auch hier steht wieder die Vielfalt im Mittelpunkt. So viele Gerichte es in den Ländern gibt, so zahlreich sind die Variationen. Jeder macht Pfannekuchen anders und die Anzahl der Rezepte für Käsekuchen scheint unendlich. Vielleicht richtet ihr euren Blick auch thematisch auf ein typisches Frühstück, eine bestimmte Zutat oder ein besonderes vegetarisches Gericht.

Wichtig ist, dass es auch ohne Küche und mit einfachen Mitteln funktionieren muss und dass ihr das Essen gemeinsam genießen könnt. Und daran schließt sich direkt unsere Idee an:

Wer: Eltern, Lehrkräfte, Lernende
Ab 10 Personen
Nach Vorliebe

Create a cookbook

„Was koche ich morgen?" Oder: „Marias Pausenbrot ist immer viel leckerer!" Jeder von euch kennt dieses Dilemma. Warum nicht gemeinsam ein Kochbuch für die Klasse zusammenstellen? Das übt gleichzeitig das Schreiben (Deutschunterricht) und den Umgang mit Mengenangaben (Mathematik), und gemeinsames Kochen ist sowieso eine tolle Gelegenheit, Zeit miteinander zu verbringen. Einfach mal einen Tag das Klassenzimmer in eine provisorische Küche mit Schneidebrett und Zutaten verwandeln und mit einer Vielzahl von Rezepten und kochaffinen Eltern loslegen. Inklusive Putzdienst versteht sich, denn wie in jeder Küche sieht es am Ende manchmal etwas chaotisch aus. Wichtig ist, dass ihr vorher überlegt, welche Zutaten zu viel Schmiererei verursachen.

Wer: Eltern, Lehrkräfte, Lernende
Ab 2 Personen
Nach Vorliebe

Dolmetschservice

Nicht jede Familie, die nach Deutschland kommt, spricht schon fließend Deutsch. Teilhabe und sich wohlzufühlen sind auch davon abhängig, dass Menschen verstehen, was um sie herum geschieht. Wenn ihr in der Schule Menschen findet, die eine bestimmte Sprache sprechen und dolmetschen könnten, ist es für die Neuankömmlinge eine große Unterstützung. Einen Dolmetschservice zu etablieren ist aber auch eine Frage der Organisation, der Zeit und natürlich des Vertrauens. Wichtig bei dieser „Dienstleistung" ist es auch, sich über die kulturellen Besonderheiten des Gegenübers zu informieren, damit das Gespräch nicht nur sprachlich, sondern auch im persönlichen Verständnis für die jeweilige Herkunft funktionieren kann.

Stephanie erzählt: Das Wir gewinnt

Ich habe einmal in einer internationalen Klasse unterrichtet, in der auch ein Junge aus Indien war. Seine Familie war sehr traditionell, und als ein Entwicklungsgespräch anstand, habe ich mir einen der Erziehenden, der den Jungen kannte, dazugeholt. Auch wenn ich die Klassenlehrerin war, hat der Vater des Kindes ausschließlich mit dem Erzieher gesprochen und so getan, als sei ich nur Beiwerk. Darüber könnte man sich natürlich aufregen, aber mir persönlich war es wichtiger, die Eltern inhaltlich zu erreichen.

Wer: Eltern, Lehrkräfte, Lernende
Ab 2 Personen
Nach Vorliebe

Tandem

„Du bist neu hier, lass mich dir helfen!" ist ein Angebot, das Eltern bestimmt gerne in Anspruch nehmen, denn jede Schule funktioniert ein bisschen anders. Auch wenn es vielleicht ein Elternhandbuch gibt, das auch die Schulordnung umfasst, heißt das noch lange nicht, dass es auf dem neusten Stand ist oder die Inhalte aktiv umgesetzt werden.

Wenn ein neuer Schüler oder eine neue Schülerin in die Klasse kommt, gibt es oftmals Schülerpaten oder -patinnen, die sich um die Neuen kümmern. Sie zeigen ihnen, wo man sich ein Pflaster holt, entschlüsseln kundig den Vertretungsplan und geben Tipps zu den besten Drinks am Schulkiosk. Darüber hinaus kann es aber auch hilfreich sein, eine Familie aus der Klasse als Patenfamilie zu vermitteln. Insbesondere wenn Familien aus einer anderen Stadt oder einem anderen Land neu hinzuziehen, hilft es ungemein, unterstützt und herzlich aufgenommen zu werden! Ob man mal kurz den Rasenmäher ausleihen muss, sich einfach mal auf einen Kaffee treffen möchte oder Hilfe beim Überwinden sprachlicher Barrieren benötigt - es sind oft kleine Dinge, die einen riesigen Unterschied machen können!

Wir sprechen miteinander

Vor einigen Jahren haben Béa und ich uns in New York auf der Suche nach neuen Ideen getroffen. Unser Ziel war es, möglichst viele verschiedene kreative Plätze, die mit Lernen zu tun hatten, zu besuchen. Einer unserer Lieblingsorte war der „Superhero Supply Store" in Brooklyn. Aufgemacht in der Manier eines Geschäftes, das jeder potenzielle Superheld oder jede Superheldin besuchen muss, wurden alle möglichen Dinge mit einem Augenzwinkern verkauft. Aber es gab dort, wie es sich für Superheros gehört, ein geheimes Hinterzimmer, wo die wahren Superheldinnen und Superhelden steckten. Denn der Erlös, den der Verkauf im Laden erbringt, geht komplett in die Finanzierung einer Schreibwerkstatt für Kinder im Hinterzimmer.

Ihr müsst ja nicht gleich ein ganzes Geschäft einrichten, aber hier haben wir für eure Lerngemeinschaft Ideen zu Sprache, Sprechen und Kommunikation für Lernende, Eltern und Lehrkräfte zusammengestellt.

Wer: Eltern, Lehrkräfte, Lernende
Ab 10 Personen
Nach Vorliebe

Sprache

Vielleicht habt ihr Eltern in der Schule, deren Passion Sprache ist. Sie müssen gar nicht als Autorin oder Texter unterwegs sein, aber sie sollten Freude daran haben, mit Kindern Sprache zu entdecken. Sie können zum Beispiel die Lernenden unterstützen, deren Zweit- oder Drittsprache Deutsch ist, oder vielleicht Kinder, die sich mit Deutsch schwertun. Je nachdem, wie eure Schule aufgestellt ist, könnt ihr vielleicht eine Nachmittags-AG gründen oder sogar ein Unterstützungsangebot im normalen Unterricht einführen. Aber Vorsicht! Es geht nicht darum, dass Eltern zu Hilfslehrkräften werden, sondern dass ihr eure Freude und Begeisterung für die Sprache in den Dienst der Sache stellt. Das gilt übrigens für alle Community-Lernprojekte, die wir hier als Beispiele bringen.

Wer: Eltern, Lehrkräfte, Lernende
Ab 10 Personen
Nach Vorliebe

Worte retten

Es gibt viele Wörter, die nur noch selten gebraucht werden und es verdienen, gerettet zu werden. Wer von euch weiß zum Beispiel, was ein Heiermann war und warum dieses Wort unwiederbringlich aussterben wird?

Gründet ein Projekt, in dem ihr euch auf die Suche nach diesen Wörtern begebt, ohne das Internet zu benutzen, sondern indem ihr Bekannte oder Nachbarn aktiv befragt.

Wer: Eltern, Lehrkräfte, Lernende
Ab 5 Personen
Nach Vorliebe

Zungenbrecher

Wer liebt sie nicht, die Stolperfallen für unsere Zunge? „Blaukraut bleibt Blaukraut und Brautkleid bleibt Brautkleid" kennen vielleicht viele, aber wie wäre es, wenn ihr eure eigenen Zungenbrecher entwickelt oder gar einen Wettbewerb ausschreibt? Besonders lustig sind auch Sätze, in denen möglichst viele Wörter mit demselben Buchstaben anfangen, z. B.: „Rudi Ratlos raste mit seinem rosaroten Rummelroller durch die Radarkontrolle. Rumms - das Rad des rosaroten Rummelrollers war ab. Armer Rudi, jetzt hat er ein Rad ab."

Verleiht einen Preis für den längsten, den lustigsten Zungenbrecher oder für das fehlerfreie Aufsagen. Wer sagt die Sätze am schnellsten auf? Oder wer kennt die meisten Zungenbrecher auswendig?

Wer: Eltern, Lehrkräfte, Lernende
Ab 5 Personen
Nach Vorliebe

Mir fehlt ein Vokal

Versucht mal, einen Tag oder auch nur eine Stunde lang auf einen Vokal zu verzichten und ihn konsequent durch einen anderen zu ersetzen. Wahlweise kann man auch einen Konsonanten auswählen und *ih auch ei fach weglasse . Das ist ei Heide spaß.* Ihr könnt es auch nur zwei oder drei Leute in der Klasse machen lassen, und die anderen müssen raten, welcher Buchstabe es ist.

Wer: Eltern, Lehrkräfte, Lernende
Ab 4 Personen
Nach Vorliebe

Geheimsprachen entwickeln

Eine schöne Möglichkeit, dass Kinder sich gegen Eltern und Lehrkräfte gleichermaßen verbünden, ist, eine Geheimsprache zu entwickeln. Einzige Bedingung: Sie dürfen sich keine komplett neuen Wörter ausdenken, sondern müssen Wörter untereinander vertauschen. Also zum Beispiel wird „Toilette" zu „Hasenzahn" und „gehen" zu „Musik hören". Wenn Eltern und Lehrende zusammen zehn Wörter innerhalb von zwei Tagen (oder einer Woche) identifiziert haben, haben sie gewonnen. Welchen Preis bekommen sie von den Kids?

Wer: Eltern, Lehrkräfte, Lernende
Ab 10 Personen
Nach Vorliebe

Buchstabierwettbewerb

In Amerika sind sie gang und gäbe und werden sogar im Fernsehen ausgestrahlt: *Spelling Bees*, also Buchstabierwettbewerbe. Hier treten immer zwei Teilnehmende gegeneinander an, am besten innerhalb einer Altersgruppe. Sie müssen vorgegebene Wörter buchstabieren. Für die Kleinen kann das etwa „Schlüssel" oder „Hahn" sein, aber bei den Großen dann vielleicht „Quantenphysiklehrbuch" oder „Donaudampfschifffahrtskapitän".

Warum nicht mal einen solchen Wettbewerb in der Klasse oder Schule organisieren? Zum Beispiel Lernende gegen Eltern? Oder Eltern gegen Lehrkräfte?

Wer: Eltern, Lehrkräfte, Lernende
Ab 10 Personen
Nach Vorliebe

Literaturexperten und -expertinnen

Lesen wird meistens unterschätzt, vor allem Vorlesen. Selbst größere
Kinder finden es toll zuzuhören, wenn jemand vorliest. Hier hängt es
natürlich immer vom Stundenplan ab, aber wie wäre es, wenn ihr als
Eltern zu Buchrezensenten werdet? Stellt euer Lieblingskinderbuch vor,
vielleicht sogar eins aus eurer eigenen Schulzeit. Wenn ihr einen Abschnitt vorlest und erzählt, was euch an dem Buch begeistert hat, ist das
bestimmt informativer und motivierender als eine Buchliste.

Wer: Eltern, Lehrkräfte, Lernende
Ab 10 Personen
Nach Vorliebe

Lieblingswortwolke

Habt ihr auch ein Lieblingswort? Stephanies Lieblingswort ist Hippo-
potamus. Béa mag Gelbschnabelsturmtaucher (das ist ein Vogel, dessen
Gezwitscher eher froschartig klingt). Sammelt doch einfach mal die
Lieblingswörter von Kindern, Eltern und Lehrkräften einer Klasse und
stellt sie als Wortwolke digital oder auf Papier zusammen, um sie sichtbar
zu machen.

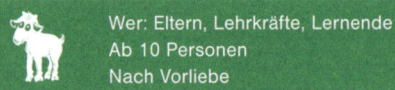

Wer: Eltern, Lehrkräfte, Lernende
Ab 10 Personen
Nach Vorliebe

Vorlesen ohne Wettbewerb

Stephanie erzählt: Vom Vorlesen

Gegenüber einer der Schulen, in denen ich gearbeitet habe, gab es ein Altenheim. Meine Kollegen und Kolleginnen, vor allem aus dem englischsprachigen Raum, führten häufig Community-Projekte durch, eben auch ein Leseprojekt für die Bewohnerinnen und Bewohner dieses Heims.

Wenn wir gerade keine Pandemie haben: Altenheime oder Seniorenresidenzen, wie sie so gern genannt werden, gibt es mehr, als ihr denkt, auch bei euch in der Nähe. Für die Kinder ist es ein tolles Erlebnis, für jemanden zu lesen, und es motiviert oft auch weniger ausgeprägte Leseratten. Wenn in der Schule geübt wird und ihr einen Nachmittag im Monat zur Verfügung stellt, um mit euren Kindern zum Vorlesen zu gehen, ist das ein tolles Projekt, insbesondere für Kinder, deren Großeltern nicht um die Ecke leben.

Wer: Eltern, Lehrkräfte, Lernende
Ab 5 Personen
Nach Vorliebe

Schwerfällige Wörter und Formulierungen umtaufen

Ihr erinnert euch an die Kapitel „Paradigmenwechsel"? Liest sich irgendwie groß, schwer und bedeutsam. Und verdammt unzugänglich. Wie wollen wir den Begriff anders taufen? Kehrtwende, Umdenken, Perspektiv-
akrobatik, Neudenken, Neumachen? Die deutsche Amtssprache ist eine
willkommene Quelle für dieses Spiel. Einfach mal das letzte Schreiben
des Schulamtes nehmen und es neu schreiben - mit Kindern und Eltern!
Auch auf Passivformulierungen könnt ihr euch stürzen wie hungrige
Füchse auf Beute: „Um Rückantwort wird gebeten". Wer bittet wen um
eine Antwort?

AUS NEGATIV WIRD POSITIV

Wer: Eltern, Lehrkräfte, Lernende
Ab 5 Personen
Nach Vorliebe

Reframing

Ganz oft, sogar in Zeugnissen (!), bekommen Kinder einen Stempel, wie „ängstlich", „trotzköpfig" oder „unfokussiert" - was für positive Sachen können dahinterstecken? Einfach gemeinsam erarbeiten! Ist es ein geheimer Code für Schulzeugnisse, der geknackt werden muss? Gibt es dazu was im Internet? Und warum überhaupt so negativ? Wir finden, alles hat eine positive Seite, und die entdeckt ihr als Schulgemeinschaft.

Wer: Eltern, Lehrkräfte, Lernende
Ab 5 Personen
Nach Vorliebe

Schülerzeitung, Schul- oder Klassennewsletter

Kennt ihr das auch? Alle Jahre wieder entsteht der Wunsch, eine Schülerzeitung zu etablieren, und in einem Hauruckaktion entsteht etwas mit einem mehr oder weniger kreativen Namen, der irgendetwas mit der Schule zu tun hat. Texte werden geschrieben und redigiert. Der Kopierer wird tagelang blockiert, es wird gefaltet, geheftet und vollmundig angepriesen. In der Hoffnung auf ein nachhaltiges Projekt steht auf der Titelseite: 1. Ausgabe. Wenn es gut läuft, werden alle Exemplare verkauft und die Schule zahlt die Kopien. Wenn es schlecht läuft, entsteht ein riesiger Haufen Altpapier.

Sinnvoll kann hier die Kooperation mit Eltern sein, die selber Schülerzeitungen geschrieben oder veröffentlicht haben oder das schon immer mal machen wollten. Fragt sie, ob sie eine AG anbieten möchten. Vielleicht muss es auch gar keine Papierzeitung sein, sondern ein monatlicher Newsletter für die Schule, die Klassenstufe oder auch einfach nur für die Eltern der Klasse - geschrieben von ihren Kindern.

Und damit sind wir in der digitalen Welt angekommen ... den Tiefen und Weiten einer Welt, die sich manchen Lehrkräften und Eltern so gar nicht erschließt.

Wer: Eltern, Lehrkräfte, Lernende
Ab 5 Personen
Nach Vorliebe

Programmwizzard

Es gibt Eltern, Lehrkräfte und natürlich auch Lernende, denen gruselt es schon, wenn sie nur ein Dokument in Word aufmachen müssen, geschweige denn speichern oder verschicken. Bei dem Wort Powerpoint-Präsentation bekommen sie Schweißausbrüche und Excel-Dateien sind der erklärte Feind Nummer 1.

Aber in jeder Schulgemeinschaft gibt es auch Menschen, die in diesem Bereich extrem gut bewandert sind, sei es aus beruflichen Gründen oder einfach, weil sie Freude daran haben, sich mit Software und digitalem Lernen zu beschäftigen. Wie wichtig es ist, zumindest die Grundlagen einiger Programme zu beherrschen, ist im Fernunterricht deutlich geworden und motiviert sicherlich auch mehr Menschen, sich mit Programmen auseinanderzusetzen.

Wie wäre es also, Workshops oder eine Lerncommunity für Fragen rund um Programme, die wir alle im Alltag nutzen, aufzubauen, nämlich gemeinsam mit Lernenden, Eltern und den Lehrkräften? Wer sich auskennt, bietet beispielsweise eine Sprechstunde an, um Fragen zu beantworten. Oder ihr baut ein schuleigenes Online-Forum auf, in dem fachliche Fragen gepostet werden können. Wer helfen kann, schreibt eine Antwort. Die Beratung lässt sich natürlich auch mit einem konkreten Projekt verbinden. Geht es vielleicht um neue Inhalte für die Schulwebseite (überhaupt, Schulwebseiten ...)?

Die Digitalisierung hat durch den Fernunterricht noch mal einen ganz neuen Schub bekommen und vieles im digitalen Bereich an Schulen ermöglicht, das zuvor gar nicht denkbar gewesen ist. Nutzt diesen Schub, um gemeinsam mit den Eltern digitale Projekte durchzuführen.

Wer: Eltern, Lehrkräfte, Lernende
Ab 5 Personen
Nach Vorliebe

Digitale Pinnwand

Wenn eure Schule eine Lernplattform nutzt, dann schaut doch, wie vielfältig die Möglichkeiten sind, und nutzt sie für eine Tausch-Pinnwand, Biete/Suche oder für bestimmte Themen, etwa ein Forum für Hobby-Gärtnerinnen und -Gärtner. Die Verwaltung und Strukturierung werden gleichermaßen von Lernenden, Lehrkräften und Eltern übernommen.

Wer: Eltern, Lehrkräfte, Lernende
Ab 10 Personen
Nach Vorliebe

Vloggen rockt!

Viele Videoplattformen bieten mittlerweile sichere Bereiche an, in denen die Schulgemeinschaft einen eigenen Channel einrichten kann. Hier könnt ihr gemeinsam Videos mit Lerntipps, Vorschläge für Ausflüge, Begrüßungs- oder Informationsvideos für neue Eltern oder sogar Stop-Motion-Filme von Eltern, Lehrkräften und Lernenden drehen und einstellen. Eurer Fantasie sind keine Grenzen gesetzt.

Wer: Eltern, Lehrkräfte, Lernende
Ab 5 Personen
Nach Vorliebe

Was bin ich? Das ist mein Job.

Ökotrophologin oder Kreuzworträtselautor? Auch wenn ihr keine so ungewöhnlichen Berufe habt, stellt sie in der Klasse eures Kindes vor. Toll ist das, wenn man zuerst ein kleines Ratespiel mit den Kindern macht (euer Kind darf natürlich nicht mitraten).

Erinnert ihr euch noch an das TV-Ratespiel „Was bin ich?"? Wenn nicht, macht euch nichts draus, aber wir haben es geliebt. Eine Handbewegung sollte den Ratenden einen Hinweis auf die Tätigkeit des Gastes geben. Fragen durften nur mit „Ja" oder „Nein" beantwortet werden. Für jedes Nein bekam der Gast 5 DM (ja, sooooo alt ist die Sendung) in ein potthässliches Sparschwein. Statt Geld nehmt vielleicht Schokolade oder Kekse.

Für euch ist es eine gute Übung zu erklären, was ihr eigentlich macht, wenn ihr Grafik-Designer oder IT-Beraterin seid, ohne den Namen eures Berufes zu nennen. Übt ihr einen handwerklichen Beruf wie Elektrikerin oder Koch aus, dann könnt ihr gleich noch ein Werkzeug mitbringen. Egal, um welche Klassenstufe es sich handelt, stellt euch vor, ihr wollt neue Auszubildende anwerben und „verkauft" euren Beruf - Begeisterung ist ansteckend.

Wer: Eltern, Lehrkräfte, Lernende
Die ganze Schule oder der gesamte Jahrgang
Nach Vorliebe

Das andere Sportfest

Jeder kennt die Bundesjugendspiele, und die bauen ja leider auf Leistung
und nicht auf Spaß auf. Da unsere Kinder (und wir) uns oft zu wenig
bewegen, wäre doch ein alternatives Sportfest genau das Richtige, um
sich gemeinsam und mit Freude zu bewegen. Kinder-Eltern-Teams oder
Kinder- und Eltern-Teams, das ist egal. Ein Tag mit Sackhüpfen, Eier-
laufen, Fußball-Pömpel-Slalom, Tauziehen und Unter-den-Beinen-Durch-
krabbelübungen inklusive eines tollen Picknicks sind eine super Einstim-
mung auf die Sommerferien.

Wer: Eltern, Lehrkräfte, Lernende
Ab 15 Personen
Nach Vorliebe

So ein Zirkus!

Zirkuspädagogik ist inzwischen in vielen Schulen Bestandteil ihres Nach-
mittags- oder Sportprogramms. Es muss aber gar nicht immer die große
Akrobatik-Nummer sein. Ihr könnt auch euren ganz einfachen eigenen
Zirkus organisieren, und dabei zählt vor allem der Spaß. Väter und
Mütter, die sich als Clowns oder starker August verkleiden, oder Dressur-
nummern mit dem eigenen Hund oder Meerschweinchen, Zauberer und
ihre Lehrlinge … Vieles ist möglich und alleine das Planen und Üben ist
schon eine große Gaudi.

Wer: Eltern, Lehrkräfte, Lernende
Ab 10 Personen
Nach Vorliebe

Talentshow

Ihr müsst ja nicht gleich zu Deutschlands nächstem Superstar werden, aber irgendein Talent haben doch ziemlich sicher alle, auch ihr. Und sei es, „Hänschen klein" beim Purzelbaumschlagen pfeifen zu können. Stellt euch als Eltern-, Klassen- oder Lehrendeteams der Herausforderung einer Talentshow.

Bildet eine Jury aus Eltern, Lehrkräften und Lernenden und tretet gegeneinander an. Der Sieger oder das Siegerteam bekommt eine selbst gebastelte Krone und einen Auftritt beim nächsten Schulfest.

Arbeitsleben kennenlernen

Früher oder später wird die Schulzeit beendet sein, und oft hören Kinder, dass sie nicht für die Schule, sondern für das Leben lernen. Aber dieses „Leben" kennen sie oft nur aus ihrer Familie und häufig wollen Kinder auf gar keinen Fall den Beruf ergreifen, den die Eltern haben. (Ja, liebe Eltern, da müsst ihr der Wahrheit frühzeitig ins Auge sehn.) Deshalb empfehlenwir, den Blick für verschiedene Branchen mit Freude zu öffnen und vielleicht sogar schon Verbindungen herzustellen.

Wir entscheiden gemeinsam

Schulen sollen eure Kinder dazu befähigen, an demokratischen Prozessen teilzuhaben und auf das Berufsleben vorzubereiten. Macht mit!

> Wer: Eltern, Lehrkräfte, Lernende
> Einzelne Klassenstufen oder die ganze Schule
> Nach Vorliebe

Student-led conferences

Alle hassen sie und trotzdem gibt es sie immer noch, die Elternsprechtage. Besprechungen im Zehnminutentakt. Nur die U-Bahn in Berlin fährt öfter. Der Sprechtag ist tot, es lebe die *student-led conference*, die von Lernenden moderierten Tage!

Stephanie erzählt: Die neue Form des Elternabends

Wer wie ich um die 160 bis 180 Schülerinnen und Schüler unterrichtet, kann unmöglich an einem Samstag mit allen Eltern sprechen. Erst als ich an einer bilingualen Schule gearbeitet habe, habe ich schülergeführte Elternsprechtage kennengelernt, und es war großartig. Lernende stellen bei dieser Vorgehensweise selbst Arbeitsproben aus dem Unterricht zusammen, schätzen sich selber für die verschiedenen Fächer und ihr Verhalten allgemein ein und wählen Aufgaben für ihre Eltern aus (ja, ihr lest richtig), etwa Kopfrechnen. Besonders interessant ist es festzustellen, dass viele Eltern das Kopfrechnen und Schönschreiben gar nicht mehr können, aber unglaublich viel Wert darauf legen.

In Grundschulen hat es sich bewährt, im Klassenraum Stationen zu den einzelnen Fächern aufzubauen und immer drei bis vier Eltern-Kind-Paare bzw. -Trios je Zeitfenster zuzuteilen. Als Lehrkräfte unterstützt ihr die Lernenden dabei und helft, wenn es Fragen zum Ablauf oder Verständnisfragen gibt. Das Schönste daran ist, dass die Kinder die Verantwortung übernehmen, zu erklären, was sie alles gelernt haben, zu zeigen, wie sich ihre Handschrift verbessert hat, oder ihre Eltern im Kopfrechnen oder Schönschreiben herauszufordern. Ich glaube, dass viele Eltern erst da richtig verstehen, was ihr Kind Tag für Tag leistet. Und Lehrkräfte führen ihre Elterngespräche auf solch einer guten Grundlage fundiert und freundlich.

 Wer: Eltern, Lehrkräfte, Lernende
Alle in der Klasse
Nach Vorliebe

Smarte Entscheidungsprozesse

Dies ist eine Anregung aus dem Forschungsgebiet der gewaltfreien Kommunikation, die dabei helfen kann, Entscheidungen zu treffen. Aus demokratischen Prozessen kennen wir das einfache System der Abstimmung: Ja, nein, Enthaltung. Wie wäre es mit einem anderen Weg? Möglicherweise könnten wir zunächst nur einmal fragen, wie oder wann?

- „Wie würde es sich für jeden anfühlen, wenn wir den Ausflug so und so machen würden?"

Oder:

- „Wann wäre es ein guter Zeitpunkt, die Renovierung der Klassenräume anzugehen?"

- „Welche Themen beschäftigen euch gerade, die wir in der Klassenstunde/am Elternabend besprechen sollen?"
- „Wie können wir am besten Informationen austauschen?"

Auf diese Art und Weise zeigen wir, egal ob Eltern, Lehrkräfte oder Lernende, dass es nicht eine Person ist, die autoritär bestimmt, sondern dass es sich um eine Gruppe von Menschen handelt, die gemeinsam etwas erreichen wollen. Das ist nicht immer ganz einfach, weil viele Menschen noch mit dem Gedanken überfordert sind, ihre Wünsche im Kontext Schule auszusprechen und gehört zu werden. Je mehr wir es aber üben, desto leichter fällt es, und die Stimmung und Bereitschaft, sich zu engagieren, wird größer. Wertschätzung ist ein Grundstein für gute Kommunikation und Vertrauen.

Wer: Eltern, Lehrkräfte, Lernende
Alle in der Klasse
Nach Vorliebe

Statt Elternabend ein Kinder-Eltern-Lehrende-Nachmittag

Warum nicht mal einen der Elternabende zu einem Eltern-Lernende-Lehrkräfte-Nachmittag machen und Fragen der Eltern auch von den Schülerinnen und Schülern beantworten lassen? Das sorgt für Transparenz und führt häufig zu einer besseren Diskussionskultur, denn es wird nicht mehr *über* die Kinder gesprochen, sondern *mit* ihnen. Dann sind auch schwierige Themen wie Probleme beim Lesen oder Rechnen leichter zu bearbeiten, weil so alle über die nötigen Informationen verfügen, die zur Lösung beitragen. Je nach Klassenstufe könnt ihr unterschiedliche Formate entwickeln und gleichzeitig noch einen Spielenachmittag daraus machen.

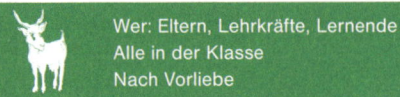  

Wer: Eltern, Lehrkräfte, Lernende
Alle in der Klasse
Nach Vorliebe

Elternjobbörse

Wer in der Klasse hat einen Job? Findet heraus, welche Menschen etwas
über ihren Job erzählen könnten, wer Schülerjobs, Praktikumsplätze oder
Einsteigerjobs für die Kinder vermitteln könnte. Vernetzt euch untereinander und tauscht euch regelmäßig über den Stand der Dinge aus. Häufig
entstehen aus euren Gesprächen weitere Ideen. Wer hat einen Tipp oder
einen Kontakt, wo ihr noch weiter schauen und nachfragen könnt? Weiß
vielleicht jemand von jemandem, der von jemandem weiß?

Wer: Eltern, Lehrkräfte, Lernende
Ab 2 Personen
Nach Vorliebe

Elternexperten

Auch ihr Eltern kennt euch auf irgendeinem Gebiet besonders gut aus,
da sind wir uns absolut sicher. Warum nicht euer Wissen bei Bedarf mit
anderen teilen? Sammelt am Anfang des Schuljahres in einer Liste die
Themen, in denen ihr euch so zu Hause fühlt, dass ihr anderen etwas beibringen konnt. Und das kann wirklich alles sein: Werbegestaltung, sich
selbstständig machen, Anträge bei Behörden stellen, selber Brot backen,
Renovierungsarbeiten für Anfänger ... Es kann, aber es muss nicht mit
eurem Beruf zu tun haben. Dadurch könnt ihr die Dinge, die ihr gerne
macht, mit anderen teilen und ihnen somit helfen. „Ich weiß nicht" gilt
nicht, jede und jeder hat etwas, was sie oder er besonders gerne macht
oder besonders gut kann.

Wer: Eltern, Lehrkräfte, Lernende
Ab 3 Personen
Nach Vorliebe

Klassenwebseite

Spätestens seit der Coronazeit ist uns allen deutlich geworden, wie wichtig es ist, digitale Medien zu beherrschen und vor allem sich untereinander zu vernetzen. Ein tolles Projekt ist eine Klassenwebseite, auf der Eltern, Lehrkräfte und Lernende Beiträge leisten, beispielsweise das Bild der Woche, von einem Elternteil unterwegs aufgenommen, oder das Matherätsel der Woche, das ihr zusammen mit euren Kindern löst, oder das tollste Ereignis der Woche, von Lernenden dargestellt. Ebenso passen auf diese Webseite Ankündigungen und Events oder eine Art digitales Tagebuch für die Schulzeit. Bloganbieter haben normalerweise die Möglichkeiten, damit Webseiten nur mit einem Passwort genutzt werden können, sodass auch dem Datenschutz Genüge getan wird.

Wer: Eltern, Lehrkräfte, Lernende
Ab 5 Personen
Nach Vorliebe

Das Abc der ungewöhnlichen Berufe

Erstellt zusammen mit den Eltern ein Job-Abc als Poster – und zwar nur mit Berufen, die es vor zehn Jahren noch nicht gegeben hat!

Wir feiern gemeinsam

Es ist unglaublich wichtig, die Schulzeit nicht nur als eine Pflicht anzusehen, sondern gemeinsam auch mal schöne und vom Lernen abgekoppelte Zeit miteinander zu verbringen. Feste in der Schulgemeinschaft leben von Begegnungen, und die ermöglicht ihr durch Feiern.

Wer: Eltern, Lehrkräfte, Lernende
Ab 10 Personen
Nach Vorliebe

Spielfilmkaraoke

Immer mehr Filme werden mit Untertiteln gezeigt. Macht eine kleine Theaterveranstaltung daraus. Ihr zeigt die Filmausschnitte auf der großen Wand, sodass alle Anwesenden sie sehen können und die Untertitel lesen. Den Ton schaltet ihr aus, und die Kinder, Eltern und Lehrkräfte übernehmen jeweils die Stimmen der Darstellenden.

Wer: Eltern, Lehrkräfte, Lernende
Ab 5 Personen
Nach Vorliebe

Der etwas andere Kuchenverkauf

Jeder kennt das Problem, wenn Geld benötigt wird, um einen Ausflug oder eine Klassenfahrt zu finanzieren oder dringend benötigte Materialien zu beschaffen. Dann werden die Eltern genötigt, Kuchen oder Muffins zu backen - aber bitte vegan und ohne Haselnüsse. Insbesondere wenn ihr keine sicheren und begeisterten Bäcker und Bäckerinnen seid, kann das echt anstrengend werden, und langweilig ist es auch irgendwie. Warum nicht mal was anderes wagen?

Wie wäre es, statt Kuchen Popcorn zu verkaufen? Das ist schneller gemacht, mal was anderes und enthält weniger Zucker.

Wer: Eltern, Lehrkräfte, Lernende
Ab 3 Personen
Nach Vorliebe

Candygram zum Valentinstag

Wer Zucker nicht missen möchte, kann in die Vollen gehen. Das Candygram ist dafür genau das Richtige und bereitet zudem viel Freude.

Kauft einen Karton mit Süßigkeiten (ob gesund oder nicht, vegan oder nicht, bleibt euch überlassen) und ein paar Bogen schönes Papier sowie kleine Grußkarten. Verpackt die Naschereien, und jeder kann sich für einen kleinen Betrag eine Süßigkeit aussuchen und einen Gruß auf die Karte schreiben oder schreiben lassen. Im Laufe des Tages werden die süßen Nachrichten innerhalb der Schule ausgeliefert - das ist perfekte Valentinstagsüberraschung!

Wer: Eltern, Lehrkräfte, Lernende
Ab 10 Personen
Nach Vorliebe

Schnick-Schnack-Schnuck ohne Brunnen!

Schon mal ein Schnick-Schnack-Schnuck-Turnier veranstaltet? Besorgt euch ein paar Gewinne, und wer an dem Turnier teilnehmen möchte, muss ein kleines Startgeld zahlen. Ob es Gruppen oder Einzelpersonen sind, die teilnehmen dürfen, müsst ihr entscheiden. Tretet in Runden gegeneinander an und ladet alle zum Endspiel ein. Bei Gruppen muss die Anzahl der Spielenden gerade sein, damit alle ein Gegenüber haben. Stellt aber sicher, dass „Brunnen" nicht dazugehört!

Wer: Eltern, Lehrkräfte, Lernende
Ab 10 Personen
Nach Vorliebe

Weihnachtslieder reloaded

Kennt ihr *carol singer*, also Sternsinger, die sich auf die Straße stellen oder von Haus zu Haus ziehen und Weihnachtslieder singen? Warum das nicht auch bei euch in der Schule tun? Ihr könntet von Klasse zu Klasse gehen oder in der Nachbarschaft eurer Schule ein buntes Medley präsentieren. Von „Rudolph the Red-Nosed Reindeer" zu „Es kommt ein Schiff geladen" aus dem 16. Jahrhundert. Auf Youtube findet ihr bestimmt tolle Karaokeversionen, mit denen ihr üben könnt, oder eure Musiklehrer und -lehrerinnen stellen ihre Musikbibliothek zur Verfügung.

Wer: Eltern, Lehrkräfte, Lernende
Mindestens 1 Klasse oder die ganze Schule
Nach Vorliebe

Mottotage

Was haltet ihr davon, an eurer Schule Mottotage einzuführen? Denn was für Partys gut ist, kann für das gemeinsame Lernen (auch mit den Eltern) nicht schlecht sein! Sie fördern die Kreativität und den Zusammenhalt, schaffen Freude am Lernen und Entdecken. Meistens sind bei uns Mottotage nur für Abiturjahrgänge bekannt. Doch an internationalen Schulen und in englischsprachigen Ländern sind sie in Vorschulen und Grundschulen längst gang und gäbe.

Und das Beste ist, dass Mottotage auch in Digitalmeetings, sprich auch im Distanzunterricht, funktionieren! Denn sich zu verkleiden, Themen abzusprechen und Inhalte vorzubereiten klappt auch als Videokonferenz gut.

Wir haben euch eine Liste mit Ideen für Mottotage zusammengestellt, die ihr natürlich vervollständigen könnt!

Farben-Mottotag:

„Alle in Blau", „Rot, rot, rot sind alle meine Kleider" oder einfach in „Schwarz-Weiß" - alle ziehen sich in einer Farbe oder in einer Farbkombination an. Hier bietet sich die Möglichkeit, diese Idee mit Fremdsprachen und Landesflaggen zu verbinden, etwa „Bleu-blanc-rouge" am 14. Juli, dem Nationalfeiertag Frankreichs.

Formen-Mottotage:

„Punkte-Tag", „Streifen", „Karos", „Sterne", „Alles rund" oder „Alles quadratisch" (bei Letzterem nicht nur aufgrund zu großen Bildschirm-Konsums ...).

Tiere-Mottotage:

„Tag der Pandabären", „Hühnerhaus", „Tiger und Löwen", „Affenhaus" etc. Hier lässt sich ein Outfit mit den entsprechenden Verhaltensweisen kombinieren, z. B. mit Tiergeräuschen bei der Wortmeldung oder bestimmten Gesten.

Pflanzen-, Früchte-, Gemüse-, Blumen-Mottotage:

„Flower-Power", „Wurzelgemüse", „Frühlingsblüte", „Obstsalat" ... Alles, was draußen wächst und blüht, kann Inspiration sein.

Kopf-Mottotage:

„Crazy Hair", „Caps und Sonnenhüte" oder „Lustige Kopfbedeckungen" sind leicht umzusetzen und sorgen für Lacher in der Klasse.

Witz- und Humor-Mottotage:

Alle kommen einmal dran und erzählen ihren Lieblingswitz. Oder beim „Komiker-Tag" dürfen alle mal Comedians darstellen, von Charlie Chaplin über Mr. Bean zu Cindy aus Marzahn.

Sprachspiele-Mottotage:

Beim „Rückwärts-Tag" müssen alle Namen oder bestimmte Wörter rückwärts gesprochen werden.
„Reim-dich-Tag" - versucht einmal, nur in Reimen zu reden.
„Alliterationen-Tag" - sprecht jede und jeden mit einer Alliteration an: Holde Hanna und Allwissender Alexander zum Beispiel. Hier gehören allerdings Beschimpfungen verboten, Dummkopf Daniel ist nicht okay!

Elemente-Mottotage:

Denkbar sind „Wasser-Tag", „Luft", „Erde" oder „Feuer".

Sportarten-Mottotage:

Denkt euch etwas aus, etwa den „Baseball-Tag", „Leichtathletik" oder „Ganz großes Tennis". Hier raten wir ausdrücklich von Kampfsportarten ab.

Oper- oder Musical-Mottotage:

„Cats" oder „Der Glöckner von Nôtre Dame", „Dschungelbuch" (für die Kleinen alles, was Disney schon mal herausgebracht hat) bieten sich an. An diesen Tagen müssen bestimmte Wörter, z. B. Ja oder Nein, immer gesungen werden.

Geschichte-Mottotage:

„Alte Römer", „Mittelalter", „Hof des Sonnenkönigs" oder „Wikinger" … Macht Geschichte sichtbar und erlebbar, indem ihr euch entsprechend verkleidet. Vielleicht zieht sich jede Klasse oder die ganze Schule einer Epoche entsprechend an. Lasst eurer Fantasie freien Lauf.

Erdkunde-Mottotage:

„Südamerika", „Afrika" oder „Asien" (jede Person für ein bestimmtes Land), „Weltmetropolen" (jede Person für eine Stadt) oder „Tag der Weltmeere" … Bei diesem Mottotag ist die Herausforderung schon größer. Wie kann ich mich als Amerika verkleiden? Oder wie werde ich zu einem Fluss?

Werkzeug- und Geräte-Mottotage:

„Küchenkram-Tag", „Klempnerkasten" oder „Fahrradladen" … Wir benutzen sie zwar ständig, viele unterschiedliche Gerätschaften, aber wofür man diese ganzen Hilfsmittel eigentlich braucht, wissen wir häufig nicht. Bringt Objekte von zu Hause mit und seid der Erklärbär.

Essen- und Trinken-Mottotage:

„Gourmets & Gourmands", „Pasta e basta", „Besondere Tischsitten" … Die Freude am Essen lädt dazu ein, das Lernen so anzugehen wie das Kochen oder das Speisen an einer exquisiten Tafel. Nehmt euch gemeinsam mit Lehrkräften und Kindern die Zeit, eine richtig schöne Tafel zu decken und gemeinsam zu speisen. Wenn verschiedene Kulturen in der Schule vertreten sind, ist das eine tolle Möglichkeit, unterschiedliche Esskulturen kennen- und besser verstehen zu lernen.

Monster- und Fantasiefiguren-Mottotage:

„Drachen-Tag", „Magier und Feen", „Orakel und Wahrsagerinnen", „Elfen und Trolle" ... Lieben wir nicht alle die Jahreszeit, in der es früh dunkel wird und es Zeit für Geschichten ist? Warum nicht Halloween unter ein bestimmtes Motto stellen und an diesem Tag in die Welt der Monster und Feen abtauchen? Veranstaltet dazu eine Vorlesestunde mit einer Fantasygeschichte. Das ist gleichzeitig auch eine tolle Gelegenheit, Eltern als Lesepaten in die Schule zu holen und Lesestationen zu gestalten, an denen Groß und Klein Anregungen für das nächste Buch finden.

Einfach nur anders:

„Andersherum-Tag" (Klamotten auf links oder Rücken nach vorne - macht sich bei Kapuzenpullis klasse!) Passiert euch das auch manchmal, wenn ihr in Eile seid, dass ihr ein Kleidungsstück falsch herum anzieht? Das kann peinlich sein oder ihr macht einen Trend draus ... zumindest für einen Tag.

Bewegungs-Mottotag:

Der „Pirouetten-" oder „Hüpf-Tag" sorgt für etwas Bewegung zwischendrin. Bei bestimmten Wörtern oder Interaktionen muss man eine bestimmte Bewegung machen. Gerade beim Lernen ist Bewegung wichtig. Je öfter wir das in unseren Schulalltag einbauen, desto selbstverständlicher wird Bewegung für eure Kinder. Dieser Tag braucht ein bisschen Vorbereitung, sonst wird es zu chaotisch. Sprecht euch als Eltern mit den Lehrenden ab.

Wer: Eltern, Lehrkräfte, Lernende
Ab 10 Personen
Nach Vorliebe

Jellybean count

Alles, was ihr braucht, sind ein großes verschließbares Glas und Jelly-beans, aber es gehen auch Smarties oder andere Süßigkeiten, die sich nicht so leicht zählen lassen. Jeder darf für 50 Cent (oder einen anderen Betrag) schätzen, wie viele Bonbons drin sind. Die Person, die am nächsten an der korrekten Anzahl dran ist oder sie womöglich genau trifft, bekommt alle Jellybeans. Das Geld wird für einen guten Zweck gestiftet, den die Schulgemeinschaft gemeinsam bestimmt. Oder es kommt einem Projekt in der Schule zugute.

Wir klugscheißen gemeinsam

Kennt auch ihr diese Menschen, die immer alles besser wissen? Die euch auf den Geist gehen und wirklich den letzten Nerv rauben? Aber seien wir mal ehrlich, haben wir nicht alle ein bisschen Klugscheißer in uns? Statt zu meckern finden wir es viel spannender, wie ihr gemeinsam zu Wissenstitanen werdet und euch gegenseitig mit euren Interessen und eurem Wissen inspiriert.

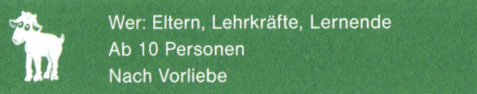

Wer: Eltern, Lehrkräfte, Lernende
Ab 10 Personen
Nach Vorliebe

Eltern haben die Hausaufgaben gemacht

Wir fragen uns immer wieder, ob Eltern glauben, dass wir vollkommen blöde sind und nicht merken, dass die Hausaufgaben nicht von dem Kind gemacht wurden und sie das selbst übernommen haben, weil der Sohn oder die Tochter eine gute Zensur benötigt. Ein klassisches Beispiel aus dem Englischunterricht: Um die Weihnachtszeit konnte Max aus der 10. Klasse kaum einen Satz richtig auf Englisch schreiben, und zwei Monate später gibt er einen fast perfekten Text ab, der sprachlich dem Abiturniveau entspricht. Für Lehrkräfte eine schwierige Situation und für Max natürlich auch.

Warum also nicht einen Hausaufgabenjoker einsetzen (allerdings ohne Benotung)? Einmal im Jahr dürfen Schüler die Hausaufgaben von ihren Eltern machen lassen.

Wer: Eltern, Lehrkräfte, Lernende
Ab 10 Personen
Nach Vorliebe

Pub-Quiz in der Schule

In England sind „Pub Quiz Nights" sehr beliebt, und sei es vielleicht nur, um einen Grund zu haben, in Gesellschaft ein Bier zu trinken. Es ist ein bisschen wie „Wer wird Millionär?" im Team gespielt und ist oft das wöchentliche soziale Ereignis in der Nachbarschaft. Ohne das Bier, aber in guter Gesellschaft könnt ihr das auch im Unterricht einbauen. Lasst das Elternteam gegen das Klassenteam zu Inhalten antreten, die die Kinder gerade im Unterricht lernen.

Wahlweise kann man auch thematische Lernolympiaden durchführen:
Wer ist besser im Kopfrechnen? Wer schreibt schöner? Wer lernt ein Gedicht schneller? Wer kann besser buchstabieren? Wer findet das längste Wort? Wer kann am schnellsten lernen, in einer völlig anderen Sprache bis 20 zu zählen?

Außerhalb der Schule
Ihr stellt euch die Frage, wie sind meine Kinder versorgt, wenn ich noch nicht zu Hause bin, der Hort aber schon vorbei ist? Oder wer passt auf die Kinder auf, wenn ich einen wichtigen Termin (z. B. Elternabend) habe? Hier unsere Ideen!

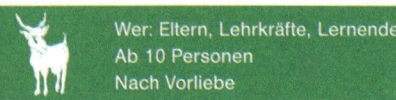
Wer: Eltern, Lehrkräfte, Lernende
Ab 10 Personen
Nach Vorliebe

Betreuungsjoker für dringende Fälle

Fühlt euch als Klassengemeinschaft verantwortlich, solche schwierigen Situationen gemeinsam zu lösen. Ihr müsst keine besten Freunde sein und könnt trotzdem organisatorische Herausforderungen der Kinderbetreuung gemeinsam meistern. Wenn es mit Carpooling bzw. Carsharing klappt, warum nicht auch mit Kidpooling? Vernetzt euch, und wenn jemand einen Betreuungsnotstand hat, springt ein, wenn es euch möglich ist.

Wer: Eltern, Lehrkräfte, Lernende
Ab 10 Personen
Nach Vorliebe

Gesundes Frühstück

Larissa erzählt: Frühstück vom Förderverein

In meiner Grundschule gab es jeden Mittwoch in der ersten großen Pause ein gesundes Frühstück. Dort konnte man Obst, frische Brötchen und im Winter einen heißen Kakao für Centbeträge erworben. Das Frühstück wurde vom Förderverein der Schule organisiert, und viele Eltern beteiligten sich beim Verkauf in der Pause. Für uns Schülerinnen und Schüler war nicht nur das Frühstück eine willkommene Abwechslung, sondern auch der Kontakt zu den Eltern unserer Kumpels. Viele Eltern haben sich häufig und gerne engagiert, da ein Austausch mit Lehrenden und Lernenden in ungezwungener Atmosphäre möglich war. Vielleicht gibt es ja auch in eurer Schule den Bedarf, in der Kantine oder im Kiosk auszuhelfen. Außerdem gibt es eine Vielzahl an Lehrkräften, Eltern und Externen, die sich gerne mehr in das Schulgeschehen einbringen wollen – dann könnte die Gründung eines Fördervereins vielleicht genau das Richtige sein!

Wer: Eltern, Lehrkräfte, Lernende
Mind. 1 Klasse oder die ganze Schule
Nach Vorliebe

Lesefestival[54]

Wieso nicht mal das Lesen und Vorlesen feiern? Schließlich ist es eine der wichtigsten Kompetenzen, die wir in der Schule erlernen - außerdem kann man ein echtes Fest daraus machen! Während eines Lesefestivals können die Lernenden (z. B. eines Jahrgangs) ihre Fertigkeiten an unterschiedlichen Stationen zum Besten geben. Begleiten und mitmachen können dabei Eltern, Geschwister und auch Großeltern. Das Schuljahresende eignet sich besonders gut, um die Fortschritte in der Lesekompetenz zu würdigen. Bei der Profiversion verbindet ihr dann das Lesefestival mit einer Übernachtungsparty in der Schule.

Folgende Ideen bieten sich für das Lesefestival an:

- Junior-Autorinnen und -Autoren: Die Lernenden lesen selbst verfasste Geschichten vor.
- Lesespiele: z. B. Wortgeschüttel; Raus die Maus (weitere Lesespiele findet ihr im Internet[55]), idealerweise schon erprobt im Klassenzimmer.
- Vorlesen: Eine Lehrkraft, Lernende oder Eltern lesen in einem gemütlich eingerichteten Raum den Lernenden und ihren Eltern vor. Alternativ werden verschiedene Genres (Fantasy, Krimi, Reise, Liebesroman ...) in unterschiedlichen Vorlesezimmern präsentiert.
- Internet-Rallye: Wenn ihr digital gut aufgestellt seid, dann gestaltet eine Internet-Rallye zum Thema Lesen! Stellt fünf bis zehn Fragen, die anhand von (vorgegebenen) Internetseiten beantwortet werden.

Elterntankstelle

„Schatz, ich putze das Auto am Wochenende, wenn du dafür heute zum Elternabend gehst!" Kommt euch das so oder ähnlich bekannt vor? Elternabende gehören nicht unbedingt zu den Vorhaben, die man nach Feierabend kaum erwarten kann. Dass man dann trotzdem dort erscheint, liegt wahrscheinlich am schlechten Gewissen (und natürlich nie daran, sich überzeugen zu wollen, ob die Mutter von Konstantin tatsächlich schwanger ist ...). Wie wäre es aber, wenn der Elternabend nicht kräftezehrend ist, sondern erfrischend und inspirierend - zum Auftanken eben? Dafür können im Raum Flipcharts verteilt werden, deren Aufschriften die Eltern beispielsweise mit folgenden Aussagen zum Nachdenken bringen: „Ich liebe es, wenn mein Kind ...", „Ich bin besonders stolz auf mein Kind, wenn ...", „Was brauche ich von der Lehrkraft ...?", „So lerne ich / So lernt mein Kind gerne ..."

Entspannte Hintergrundmusik und (geöffnete und schön hergerichtete!) Snacks können dabei Wunder wirken, um eine lockere Atmosphäre zu schaffen! Ihr könnt dasselbe auch vorher mit der Klasse gemacht haben, denn auch ihr als Eltern freut euch sicherlich, wenn ihr von euren Kindern (ungewöhnliches) Feedback bekommt.

Wer: Eltern, Lehrkräfte, Lernende
Ab 10 Personen
Nach Vorliebe

High-Five

Es gibt immer mal Tage, an denen ihr vergesst, euren Kindern ein Kompliment zu machen oder ihnen eine positive Rückmeldung zu geben. Also lasst es uns sichtbar machen, was euch gerade positiv auffällt. Auf einem Blatt Papier macht ihr mit Farbe einen Handabdruck. Schreibt dazu, für was ihr eurem Kind ein High-Five geben wollt. Das wäre zum Beispiel eine tolle Gemeinschaftsaktion am Elternabend. Der Lehrende hängt die High-Fives an die Tafel, eine tolle Überraschung und ein guter Push für den nächsten Schultag! Genauso funktioniert es aber auch andersherum: Am Tag des Elternabends können die Kinder in der Schule zusätzlich ein High-Five für euch aufschreiben - das sorgt für Energie am Abend.

Wer: Eltern, Lehrkräfte, Lernende
Ab 10 Personen
Nach Vorliebe

Spieleabend

Der klassische Spieleabend eignet sich super als Aktion im Klassenzimmer, an der auch Eltern teilnehmen können. An Gruppentischen werden verschiedene Karten-, Brett- oder Wortspiele angeboten. Es können auch thematische Tische eingerichtet oder Spiele in getrennten Klassenzimmern angeboten werden. Bei einer Make-and-Take-Station wird ein Spiel selbst gebastelt, das dann mit nach Hause genommen werden kann.

Wer: Eltern, Lehrkräfte, Lernende
Ab 10 Personen
Nach Vorliebe

Ein Herz für Gedichte

Gedichte haben ja, zugegeben, eher den Ruf, altmodisch zu sein. Aber wenn ihr schon mal bei einem Poetry-Slam wart, dann wird sehr schnell klar, wie modern Lyrik eigentlich ist, wenn sie zeitgemäß dargestellt wird. Poetry-Slams erheben Gedichte wieder in einen Kultstatus, und das auch zu Recht, denn sie sind absolute Schatztruhen! Startet einen Aufruf an alle Gedichtbegeisterten und -profis in eurer Schulgemeinschaft und verwandelt das Klassenzimmer in eine Bühne. Wie wäre es, eine lange Nacht der Gedichte zu starten? Dann wird der Raum zum hippen Coffeehouse und Schauplatz der Literatur. So könnte es aussehen:

- Lernende, Lehrkräfte oder Eltern tragen eigene Gedichte vor.
- Ihr ladet einen Lyriker oder eine Poetry-Slammerin ein.
- Die Gedichtform *Haiku*[56] vorstellen – und dann die Fünf-Minuten-Challenge: Jeder schreibt ein Haiku in fünf Minuten. Wer traut sich, es vorzulesen?
- Stellt die Cinquain-Gedichtform vor! Jemand verfasst die erste Zeile, wer links danebensitzt, schreibt die zweite, der oder die Nächste die dritte Zeile usw.
- Bei Reimspielen werden Reimpaare gebildet.
- Lest ein besonders schönes und simples Gedicht vor, die Zuhörenden beschreiben und kommentieren dann seinen Inhalt mit Farben, Formen, Gefühlen oder Erinnerungen.

Es gibt noch so viel mehr, was wir gemeinsam machen können ...

Teil 3: Anhang

Register

Quellen und Literaturhinweise

1   Vgl.: Abraham Maslow: *Bedürfnispyramide*. Landeszentrale für politische Bildung Baden-Württemberg, Fachbereich Jugend und Politik: *Die Maslowsche Bedürfnispyramide. Motivation und Bedürfnisse des Menschen*. Stuttgart o. J.: https://www.lpb-bw.de/fileadmin/Abteilung_III/jugend/pdf/ws_beteiligung_dings/2017/ws6_17/maslowsche_beduerfnispyramide.pdf (zuletzt abgerufen am 02.12.2021)

2   Vgl.: *„Learnlife" - The open ecosystem for a new lifelong learning paradigm*: http://www.learnlife.com/ (zuletzt abgerufen am 02.12.2021)

3   Einer der Ideengeber dafür war „Learnlife" in Barcelona, Spanien. Wer sich einen Überblick über die Methoden machen möchte, klickt hier: http://www.learnlife.com/methodologies (zuletzt abgerufen am 02.12.2021)

4   Vgl.: John Hattie, Wolfgang Beywl, Klaus Zierer: *Lernen sichtbar machen für Lehrpersonen*. Baltmannsweiler: Schneider-Verlag Hohengehren, 3. Aufl. 2017

5   Vgl.: Lerntypen in Frederic Vester: *Denken, Lernen, Vergessen. Was geht in unserem Kopf vor, wie lernt das Gehirn und wann läßt es uns im Stich?* München: Deutscher Taschenbuchverlag, 8. Auflage 1982, S. 41 ff.

6   Vgl.: Modell der multiplen Intelligenzen in Howard Gardner: *Abschied vom IQ – die Rahmen-Theorie der vielfachen Intelligenzen*. Stuttgart: Klett-Cotta 2005

7   Vgl.: Die „Schlaus" in Béa Beste, Stephanie Jansen: *Gemeinsam schlau statt einsam büffeln. So lernen Kinder und Eltern zusammen*. Berlin: Dudenverlag 2020, S. 84 ff.

8   Vgl.: Staatsinstitut für Schulqualität und Bildungsforschung (ISB): *Bildungs- und Erziehungsauftrag der Grundschule*: https://www.lehrplanplus.bayern.de/bildungs-und-erziehungsauftrag/grundschule (zuletzt abgerufen am 02.12.2021)

9   Vgl.: Justiz-online. Justizportal Nordrhein-Westfalen: *§ 1 SchulG, Schulgesetz für das Land Berlin, Landesrecht Berlin*. Die Sammlung Gesetze des Bundes und der Länder auf dieser Seite wurde vom Kooperationspartner Wolters Kluwer Deutschland GmbH erstellt: § 1 SchulG, Auftrag der Schule – Gesetze des Bundes und der Länder (lexsoft.de) (zuletzt abgerufen am 02.12.2021)

10 Begriffsdefinition von Individualität auf Duden-Online: https://www.duden.de/rechtschreibung/Individualitaet (zuletzt abgerufen am 02.12.2021)

11 Ekkehard von Braunmühl: *Antipädagogik. Studien zur Abschaffung der Erziehung*. Weinheim: Beltz 1976, S. 123

12 Nora Imlau: *Der Familienkompass*, Berlin: Ullstein 2020, S. 10

13 Vgl.: Bill Sears, Martha Sears: *The Attachment Parenting Book: A Commonsense Guide to Understanding and Nurturing Your Baby*. New York, Boston: Little, Brown and Company 2001: https://archive.org/details/attachmentparent00sear/page/2, S. 2 ff. (zuletzt abgerufen am 02.12.2021)

14 Vgl.: Kristina Reiss, Mirjam Weis, Eckhard Klieme, Olaf Köller (Hrsg.): *PISA 2018. Grundbildung im internationalen Vergleich*. Münster/New York: Waxmann 2019: https://www.pisa.tum.de/fileadmin/w00bgi/www/Berichtsbaende_und_Zusammenfassungungen/PISA_2018_Berichtsband_online.pdf (zuletzt abgerufen 03.12.2021)

15 Vgl.: Carol S. Dweck: *Mindset – The new Psychology of Success*. New York: Penguin/Ballantine 2007, S. 6

16 Vgl.: Organisation for Economic Co-operation and Development, EDU/WKP(2018)2 von John P. Martin: *Skills for the 21st century. Findings and policy lessons from the OECD survey of adult skills*; OECD Education Working Paper No. 166, dated 17 January 2018: https://www.oecd.org/officialdocuments/publicdisplaydocumentpdf/?cote=EDU/WKP(2018)2&docLanguage=En (zuletzt abgerufen am 02.12.2021)

17 Vgl.: Béa Beste, Stephanie Jansen: *Gemeinsam schlau statt einsam büffeln*. Berlin: Duden 2019

18 Vgl.: Eric Berne: *Spiele der Erwachsenen: Psychologie der menschlichen Beziehungen*. Reinbek bei Hamburg: Rowohlt 2002. Siehe auch: Sharina Alves: *Die Transaktionsanalyse nach Eric Berne. Grundlagen, Persönlichkeitsinstanzen und psychologische Hintergründe*. München: GRIN 2017, S. 29 ff.

19 Eric Berne: *Spiele der Erwachsenen: Psychologie der menschlichen Beziehungen*, Reinbek bei Hamburg: Rowohlt 2002

20 Eric Berne: ebd.

21 Vgl.: Chris Libby: *The end of bullying?* dated October 20, 2015: https://www.livehappy.com/positive-psychology/the-end-of-bullying (zuletzt abgerufen am 02.12.2021)

22 Vgl.: *Die Welt: Mobbing schlägt dauerhaft auf die Gesundheit*. Die Welt Online, veröffentlicht am 19.08.2013: https://www.welt.de/gesundheit/psychologie/article119175226/Mobbing-schlaegt-dauerhaft-auf-die-Gesundheit.html#:~:text=Dabei%20zeigte%20sich%2C%20dass%20solche,eine%20psychische%20Krankheit%20zu%20entwickeln (zuletzt abgerufen am 02.12.2021)

23 Vgl.: Geelong Grammar School | Exceptional Education - Geelong Grammar School (ggs.vic.edu.au) (zuletzt abgerufen am 02.12.2021)

24 Vgl.: John P. Meyer, Natalie J. Allen: *A three-component conceptualization of organizational commitment*. In: *Human Resource Management Review*, Volume 1, Issue 1, 1991, S. 61–89: https://www.sciencedirect.com/science/article/abs/pii/105348229190011Z?via%3Dihub (zuletzt abgerufen am 03.12.2021)

25 Corinna Knauff: *Ich bin eine gute Mutter! Warum es Ihrem Kind besser geht, wenn Sie nicht immer perfekt sind*. Frankfurt: Campus Verlag 2009, S. 77

26 Vgl.: Kathrin Looks: Studie: *Hassliebe Hausaufgaben. Eltern in der Zwickmühle*. Veröffentlicht am 09.06.2021: https://www.scoyo.de/magazin/schule/studie-hausaufgaben-stress/ (zuletzt abgerufen am 02.12.2021)

27 Dan Pink: *Dan Pink über die überraschende Wissenschaft der Motivation*. Deutsche Übersetzung: Sven Henckel, Lektorat: Robert Grimm. In: *TEDGlobal* 2009, https://www.ted.com/talks/dan_pink_the_puzzle_of_motivation?language=de (zuletzt abgerufen am 03.12.2021)

28 Ken Mogi: *Ikigai. Die japanische Lebenskunst*, Köln: Dumont 2020, S. 10 f.

29 Ken Mogi: ebd.

30 Vgl.: Cathy N. Davidson: *65% of Future Jobs Haven't Been Invented Yet? Cathy Davidson Responds to Cathy Davidson and the BBC*. Blogbeitrag vom 31.05.2017, https://www.hastac.org/blogs/cathy-davidson/2017/05/31/65-future-jobs-havent-been-invented-yet-cathy-davidson-responds (zuletzt abgerufen am 03.12.2021)

31 Vgl.: John Hattie nach Miriam Lotz & Frank Lipowsky: *Die Hattie-Studie und ihre Bedeutung für den Unterricht. Ein Blick auf ausgewählte Aspekte der Lehrer-Schüler-Interaktion*: http://www.frank-lipowsky.de/wp-content/uploads/Lotz-Lipowsky_Hattie-Unterricht.pdf, S. 97 (zuletzt abgerufen am 17.02.2022)

32 Vgl.: Barbara hat uns mit einigen ihrer Vorschläge inspiriert, die sich vor allem auf den Elementarbereich beziehen: https://www.tollabea.de/fehler-ist-ein-anagramm-fuer-helfer-wir-brauchen-eine-bessere-fehlerkultur-in-der-schule/ (zuletzt abgerufen am 17.02.2022)

33 Vgl.: Valerie Strauss: *Stop telling kids, you're bad at maths. You are spreading math anxiety, like a virus*, in: Washington Post Online, 25.04.2016, https://www.washingtonpost.com/news/answer-sheet/wp/2016/04/25/stop-telling-kids-youre-bad-at-math-you-are-spreading-math-anxiety-like-a-virus/ (zuletzt abgerufen am 02.12.2021))

34 Katharina Looks: Studie: *Angst vor Mathe – wie schlecht ist die Stimmung unter SchülerInnen wirklich?*, 2. Juni 2021: https://www.scoyo.de/magazin/ratgeber/umfrage-test/wie-schlecht-denken-schueler-ueber-mathe-wirklich/ (zuletzt abgerufen am 17.08.2021)

35 Charles Spielberger: „The measurement of state and trait anxiety: Conceptual and methodological issues". In: L. Levi (Hrsg.): *Emotions: Their Parameters and Measurement*. New York 1975, S. 1

36 Vgl.: John Hattie nach Miriam Lotz & Frank Lipowsky: Die Hattie-Studie und ihre Bedeutung für den Unterricht. Ein Blick auf ausgewählte Aspekte der Lehrer-Schüler-Interaktion: http://www.franklipowsky.de/wp-content/uploads/Lotz-Lipowsky_Hattie-Unterricht.pdf, S. 97

37 Vgl.: Marshall B. Rosenberg: *Gewaltfreie Kommunikation. Eine Sprache des Lebens.* Paderborn: Junfermann 2011

38 Mindfulsun: *Ich habe noch nie ein artiges Kind gesehen – Über Bewertungen und Prägungen und wie wir sie auflösen können.* Blogbeitrag auf Tollabea.de vom 07.12.2020; https://www.tollabea.de/ich-habe-noch-nie-ein-artiges-kind-gesehen-ueber-bewertungen-und-praegungen-und-wie-wir-sie-aufloesen-koennen/

39 Vgl.: Pamela Li: *4 Types of parenting styles and their effects on the child.* dated November, 25 2021: https://www.parentingforbrain.com/4-baumrind-parenting-styles/ (zuletzt abgerufen am 02.12.2021)

40 Pamela Li: ebd. und https://www.socialnet.de/lexikon/Erziehungsstil (zuletzt abgerufen am 4.02.2022)

41 Vgl.: Haim Omer und Philip Streit: *Neue Autorität: Das Geheimnis starker Eltern.* Göttingen: Vandenhoeck & Ruprecht 2019

42 Vgl.: Haim Omer: Neue Autoritäten Teil 1/3. Video von BildungsTV vom 03.12.2014: https://www.youtube.com/watch?v=l83VwlnV5Gg&t=36s (zuletzt abgerufen am 03.12.2021)

43 Vgl.: Haim Omer und Philip Streit: ebd.

44 Vgl.: https://prinzessinnengarten-kollektiv.net (zuletzt abgerufen am 02.12.2021)

45 Vgl.: https://www.bienen-schule.de (zuletzt abgerufen am 02.12.2021)

46 Vgl.: Ute Ziegler: *Bildungsräume und räumliche Settings. Bildungsbauten – „Der Raum ist der dritte Pädagoge".* BL Verlag AG Online o. D.: https://architektur-technik.blverlag.ch/bildungsbauten-der-raum-ist-der-dritte-paedagoge/ (zuletzt abgerufen am 02.12.2021)

47 Vgl.: https://learnlife.com/barcelona/co-working (zuletzt abgerufen am 02.12.2021)

48 Vgl.: https://burningman.org/ (zuletzt abgerufen am 02.12.2021)

49 Vgl.: *Stricken gegen Stress und Gedächtnisverlust: Positive Effekte fürs Gehirn,* taz Online, o. D.: https://taz.de/Stricken-gegen-Stress-und-Gedaechtnisverlust/!5121818/ (zuletzt abgerufen am 02.12.2021)

50 Vgl.: Deutscher Gehörlosen-Bund e. V.: Der Deutsche Gehörlosen-Bund nimmt Stellung zu den Zahlen der Schwerbehindertenstatistik – 0,1 Prozent der Gesamtbevölkerung sind gehörlos, also ca. 83.000 Menschen in Deutschland, vom 17. Juli 2019: http://www.gehoerlosenbund.de/sachthemen/statistik%20der%20gehörlosen%20menschen (zuletzt abgerufen am 31.12.2018)

51 Vgl.: arbeitskreis soziale bildung und beratung e.V. Gewaltprävention für Grundschulen, o. D.: https://www.asbb.ms/gewaltpraevention/grundschule/index.php (zuletzt abgerufen am 02.12.2021)

52 Zum Beispiel: https://business-academy-ruhr.de/branchen-social-media-im-unternehmen/social-media-fuer-schulen/ (zuletzt abgerufen am 02.12.2021)

53 Zum Beispiel: https://www.kinderspiele-welt.de/alte-spiele/huepfspiele.html (zuletzt abgerufen am 02.12.2021)

54 Viele weitere Ideen findet ihr auf: TeacherVision von Teacher Vision Staff: Reading Carnival: https://www.teachervision.com/reading-carnival (zuletzt abgerufen am 02.12.2021)

55 Zum Beispiel: Hessisches Kultusministerium Institut für Qualitätsentwicklung (Hrsg.): *Lesespiele im Grundschulunterricht.* Oktober 2010: https://www.schule-bw.de/themen-und-impulse/ideenpool-lesen/grundschule/grundschule34/methoden_konzepte_projekte/lesen-im-unterricht/lesespiele-ideen/Lesespiele_im_Grundschulunterricht.pdf (zuletzt abgerufen am 02.12.2021)

56 Vgl. https://de.wikipedia.org/wiki/Haiku (zuletzt abgerufen am 30.09.2021)

Die letzte Seite

Wenn ihr an dieser Seite angelangt seid, dann ist das nur aus drei Gründen möglich:

Ihr habt den Mut gehabt, in die Zukunft zu schauen und ans Ende zu blättern, und möchtet nun noch mehr wissen. Wir laden euch ein, meldet euch bei uns. Über Tollabea.de oder auf den Social-Media-Kanälen und schaut auf die Webseite (www.duden.de/erfolgreiche-Schulzeit) zu unserem Buch nach Vorlagen (Passwort: LernenundMotivation!) und Inspirationen.

Wir haben das große Glück gehabt, mit euch in der großen Tollabea-Community im Vorfeld zum Buch viele Erfahrungen auszutauschen und Fragen zu stellen. Einen riesigen Dank an euch alle, die ihr für dieses Projekt eine wertvolle Stimme seid.

Die Entstehung dieses Buches wäre nicht ohne unser persönliches Umfeld möglich gewesen. Im lebhaften Entstehungsprozess hatten wir emotionale, lebenspraktische und kulinarische Unterstützung von allen Seiten, besonders von unseren Familien und Freunden, die uns den Raum gegeben haben zu sein und uns geduldig und humorvoll zugehört haben.

Ein besonderer Dank geht an Susanne Klar und das ganze Duden-Team, die auch an unsere Idee und an die Zukunft der Bildung im Miteinander glauben.

Jetzt bleibt uns nur noch eines zu tun:
Tschüss Meckerziege!

So fördern Eltern ihre Kinder am besten

Béa Beste · Stephanie Jansen
Gemeinsam schlau statt einsam büffeln
ISBN 978-3-411-75645-2
Auch als E-Book erhältlich:
ISBN 978-3-411-91289-6